Xavier Lacroix

LES MIRAGES DE L'AMOUR

BAYARD ÉDITIONS/CENTURION

NOVALIS

3e édition

ISBN 2.227.31702.7

3, rue Bayard, 75008 Paris

Pour le Canada

ISBN 2.890.88924.6

Je remercie mon ami François Poinas
qui a accompagné toute la rédaction de cet ouvrage.

Je remercie aussi pour leur aide et leurs conseils :
Jean-Claude Sagne, Anne Pénicaud,
Monique Dupré-Latour, Pierre Giuliani.

INTRODUCTION

Connaissez-vous un terme qui fasse plus l'unanimité que celui d'amour ? Qui, aujourd'hui, n'est pas amoureux de l'amour ? Ce mot magique évoque tant de biens… La reconnaissance mutuelle, l'unité par-delà la séparation, le repos au milieu des combats, le moment où enfin notre existence prend du prix aux yeux de quelqu'un, dans un monde où les relations sont si souvent fonctionnelles ou anonymes. Comment ne pas reconnaître, en même temps, que ce qui est à la source des plus grandes joies est aussi la cause des plus grandes souffrances ? Que ce qui promet le bonheur apporte souvent déceptions, malentendus, violences même parfois ? On pourrait alors s'attendre, au nom de la philosophie du bonheur, à une certaine ambivalence à son égard. Or il n'en est rien. Dans la culture occidentale régnante, superficiellement du moins, l'amour est l'objet d'une véritable vénération, pour ne pas dire adoration. Comment se fait-il que cette culture, si prompte à débusquer les mythes et à dénoncer les illusions, applique si peu son esprit critique à un état pourtant bien pourvu en ce domaine ? Est-ce parce qu'une intuition, communément partagée, reconnaît en l'amour, en son irréductible mystère, un foyer de sens sans équivalent, la réponse au désir le plus profondément inscrit dans le cœur de chacun, au-delà de toute analyse ? Ou – hypothèse impie – est-ce parce que ce terme, avec sa nébuleuse d'images et de résonances, est l'un de nos derniers objets de culte, l'ultime refuge du mythe, de la magie ou du religieux dans un monde sécularisé ? Le dernier lieu d'enchantement dans un monde désenchanté ?

Tout se passe comme si, au moment où se relâchent les appartenances communautaires, où les religions sont marginalisées et où les liens sociaux deviennent, pour la plupart, de plus en plus précaires, l'investissement dans la vie affective allait, symétriquement, se renforçant, parfois même s'exaspérant. Dans un monde de plus en plus vaste, complexe, difficile, le couple, avec ses apparentes évidences, devient la planche de salut. De lui, tout – ou presque – est attendu : harmonie, équilibre, entente sexuelle, intellectuelle et culturelle, communication, transparence même, parfois. Le bonheur ne se représente qu'à deux. On voit ici que le diagnostic d'individualisme, si souvent porté sur nos sociétés, quelque peu stéréotypé, s'avère également partiel, peut-être même surfait. Au moins autant qu'à l'autonomie, bien davantage qu'à l'autosuffisance, nombre de nos contemporains aspirent à la proximité, à l'abandon dans les bras d'un autre, au plaisir du corps-à-corps, au sentiment de fusion peut-être, mais aussi, et non moins, à la communauté de destin et à la fidélité [1].

Il n'est pas de culture qui, autant que la nôtre, ait valorisé l'amour et la nébuleuse de significations qui gravitent autour de ce terme. Il y eut, bien sûr, au XIXe siècle le romantisme, au XIIe l'amour courtois, dans l'Antiquité la poésie lyrique et, sous tous les cieux, les amoureux. Mais les courants littéraires en question ne concernaient qu'une petite partie de la population ; ils n'exprimaient pas (encore) les aspirations de l'ensemble et n'étaient pas relayés, multipliés, standardisés par les médias de

1. La grande enquête de l'INSERM sur le comportement sexuel des Français (« Rapport Spira », 1992) indique que 85 % de ceux-ci sont « monopartenaires » (20 % des hommes et 10,5 % des femmes vivant en couple depuis au moins cinq ans ont eu un autre partenaire que leur conjoint dans les cinq ans), *Populations et sociétés*, février 1993, n° 276.

masse. Oui, les amoureux ont toujours existé, mais ils n'incarnaient pas un modèle normatif; Éros avait transpercé leurs cœurs des flèches de la passion, mais cette dernière demeurait une folie, un écart, une menace, souvent comptée au nombre des maladies. Sur elle ne reposaient ni le mariage, ni l'échelle des valeurs éthiques, ni même la légitimation des conduites sexuelles. Elle n'était pas considérée comme le fondement principal des liens entre les personnes, et, moins encore, de la famille. L'affectivité était seconde par rapport à l'institution, au devoir et aux liens sociaux. Ce n'était pas d'elle que les sujets attendaient la finalité de leur existence[2]. La vie conjugale, y compris chez les couples heureux (qui existaient !), avait bien d'autres objectifs que l'amour; le lien y trouvait bien d'autres ancrages : une bonne terre à cultiver, une boutique à « faire tourner », une maisonnée à faire vivre, une lignée à prolonger, la patrie et l'Église à servir en leur donnant de nouveaux fils et filles. Les institutions comptant autant, sinon plus, que les sentiments, la subjectivité tenait une moins grande place.

Longtemps le mariage a trouvé sa justification dans des fonctions sociales : légitimer la procréation, donner un statut à la femme, garantir la liberté des jeunes gens vis-à-vis de leurs parents, assurer la reconnaissance sociale de l'union, constituer une unité économique de production. Toutes ces fonctions semblent aujourd'hui facultatives en ce sens que, au moins partiellement, elles peuvent être remplies hors du mariage. Voici donc ce dernier investi de finalités essentiellement et presque exclusivement affectives. Mais l'amour peut-il être le seul fondement du couple et, *a fortiori*, de la famille ? Le seul support de la durée ? Peut-il être à la fois énergie, fondement et finalité des liens ? Une raison suffisante pour en douter pourrait être le paradoxe suivant : jamais une culture n'a autant valorisé l'amour que la nôtre, et jamais le nombre de solitaires n'a été aussi

---

2. Voir à ce propos les excellentes analyses de Louis ROUSSEL in *La famille incertaine*, Odile Jacob, 1989, p. 33-38.

grand[3]. Alors qu'il n'a jamais autant reposé sur l'amour, le lien conjugal a rarement été aussi précaire. C'est au détriment du lien que le couple est valorisé. L'hypertrophie du subjectif traduit moins un renforcement du pôle sujet qu'un affaiblissement des références objectives.

Trop d'attentes vis-à-vis de l'amour tue l'amour ou, du moins, accentue sa fragilité, et cela de deux manières : d'une part seront mal acceptées les désillusions consécutives à une telle inflation des demandes ; d'autre part, les ressources du sentiment seront bien faibles pour faire face aux inéluctables difficultés, obstacles et conflits qui ne manqueront pas de surgir. Au risque de paraître provocateur, je citerai d'entrée de jeu la définition du mariage donnée par le sociologue américain Peter Berger : « Le mariage est un acte dramatique dans lequel deux étrangers se rencontrent et se redéfinissent[4]. » Nous sommes loin des chansonnettes. Mais où l'homme et la femme, ces deux « étrangers » puiseront-ils l'énergie nécessaire pour supporter cet affrontement, dépasser les crises, accepter d'être ainsi, l'un et l'autre « redéfinis » ? Dans l'amour, répondra-t-on. Soit, mais quel sens accorde-t-on alors à ce terme ? L'amour peut-il vaincre les aléas de l'amour ?

À l'inflation de l'affectif correspond le règne du psychologique. C'est à travers la grille de lecture d'un savoir psychologique vulgarisé que, dans leurs rubriques, tribunes et autres courriers des lecteurs, magazines ou journaux interprètent, le plus souvent, la vie du couple. Une vulgate psychanalytique s'impose alors, aux allures parfois de nouveau catéchisme. Osons donc demander quelles incidences peut avoir sur la vie du couple la représentation de celle-ci à travers la primauté de notions comme *processus*, *mécanismes*, *manque*, *narcissisme*, *pulsions*, *investissement*, *désinvestissement*, *perte*… On pense ici à tous ces personnages de films ou de romans qui, analysant

3. Le nombre de ménages constitués d'une seule personne, c'est-à-dire de personnes vivant seules était de 3,2 millions en France en 1968, de 6 millions en 1990 (INSEE, recensement de 1990, *La Documentation française*, 1991).

4. Cité par Louis ROUSSEL, *op. cit.*, p. 217.

indéfiniment leurs émois intérieurs, en viennent à accorder à ces derniers une importance telle qu'ils deviennent déterminants. Nouvelle forme de fatalité. Obéissance à un destin intérieur. Parler, et donc penser, en termes de désir plutôt que de volonté, de « fonctionnement » (mot très en vogue) plutôt que de conduite, de refoulement plutôt que de renoncement, induit une certaine philosophie du couple, de l'amour et du sujet. Un sujet passif, jouet de ses affects, en quête permanente de son identité, absorbé dans une introspection envahissante.

Sur son versant actif, cette quête de l'harmonie subjective et intersubjective sera celle du couple idéal où tout serait clarifié, où régneraient la transparence, l'épanouissement, la communication parfaite. Dans cette nouvelle quête du Graal beaucoup s'épuisent, qui en viennent à sacrifier leur couple réel mais imparfait à l'image d'un couple parfait… mais irréel. Il est bien vrai que la parole est notre premier lien, le premier lieu du lien. Mais elle est aussi ce qui sépare, ce qui révèle les différences et peut parfois creuser un fossé béant entre les êtres si les mots, parfois durs à entendre, ne sont pas sous-tendus et relayés par une dynamique de dépassement et par une volonté de construction. Comment ne pas évoquer ici ces personnages de Woody Allen que l'on voit, après de longues heures de parole, alternativement entre eux et auprès de leur psychanalyste respectif, glisser inéluctablement vers la séparation, tandis que, dans *Meurtre mystérieux à Manhattan*, un couple est sauvé… par le jeu ou, plus exactement, par une enquête policière dans laquelle, à la manière de Tintin, il se jette à corps perdu.

La venue au premier plan du psychoaffectif est, pour une large part, due au fait que c'est de ce registre que les sujets attendent la révélation de leur identité. Cela nous paraît si évident, si naturel, que nous en oublions les paramètres socioculturels d'une telle attitude. « La vie quotidienne de nos ancêtres, écrit Louis Roussel, n'était pas exempte de joies, de rires, de tendresse et d'exaltation. Leur cœur n'était pas si différent du nôtre. Ce qui nous distingue radicalement d'eux, c'est […] que l'affectivité n'était pour eux ni le fondement de leur identité ni la finalité de leur vie[5]. » L'histoire nous montre que c'est lorsque les ancrages collectifs, institutionnels et communautaires de l'existence viennent à s'estomper que le « souci de soi » prend de l'importance et que le sujet se replie sur sa vie privée ou intime. Tel fut notamment le cas dans le monde hellénistique, lorsque la crise issue des bouleversements de la cité grecque, aux IVe et IIIe siècles avant Jésus Christ, vit naître le stoïcisme, que l'on a pu qualifier de « philosophie pour temps de crise » et dont, précisément, une des caractéristiques se trouve être « l'intérêt porté à la psychologie et, plus précisément, à la psychologie des profondeurs ». Dans un monde tourmenté, où les repères deviennent chancelants, il s'agit de viser, par l'attention à la vie intérieure, la « préservation de soi »[6].

La grande différence, bien sûr, entre cette philosophie et le climat de pensée actuel est qu'en ce dernier les voies d'accès à l'identité (ou à la vérité de soi) sont fort éloignées de l'ascèse et du détachement à l'égard des passions. Plutôt que l'ataraxie, ou l'absence de troubles, c'est plutôt le délice d'être troublé qui est recherché ; l'attachement est préféré au détachement, l'émotion à la raison, le débordement à la maîtrise de soi. Contrairement à ce que laisseraient croire certains diagnostics un peu simplistes d'individualisme, c'est de la relation à l'autre qu'est attendu le salut du moi. Détaché de ses liens institutionnels, communautaires ou religieux, le sujet n'a point de cesse qu'il ne trouve contre qui se blottir pour fuir le vide social dans la chaleur du corps-à-corps.

> « Sur la terre, tout est gâché,
> Empêché, presque arraché,
> Alors il faut s'amouracher,
> S'aimer, vivre attaché. »

---

5. L. ROUSSEL, *ibid.*, p. 38.
6. Voir Maria DARAKI, *Une religiosité sans Dieu. Essai sur les stoïciens d'Athènes et saint Augustin*, La Découverte, 1989, p. 9.

Ainsi chante Alain Souchon. La soif d'attachement voudrait compenser la souffrance de l'arrachement, la perte de toutes les attaches. À « l'ère du vide[7] » répond la fuite de ce dernier vers le plein de l'affection, le trop-plein du désir. Vivre, c'est aimer et aimer c'est vivre. « *Sans amour on n'est rien du tout* », chantait Édith Piaf. Il vaut la peine de s'arrêter sur un tel refrain. Que penser de cette affirmation ? Ne contient-elle pas une part de vérité, peut-être même fondamentale ? Ne rejoindrait-elle pas la phrase de saint Paul sur laquelle se termine magnifiquement (mais aussi de manière ambiguë) *Bleu*, le film de Krysztof Kieslowski : « *S'il me manque l'amour, je ne suis rien* » ? Peut-être, probablement... Mais, si tel est le cas, il importe d'autant plus, pour l'authenticité de l'avènement du sujet en sa vérité, que l'amour n'aille pas se confondre avec la fuite désespérée devant ce *rien* ou avec la peur panique de se trouver face à l'inconsistance de sa propre existence.

N'est-ce pas pourtant ce qui risque d'avoir lieu lorsque l'amour en vient à jouer le rôle d'*antidépresseur* ? Tel semble être le cas chez nombre de ces couples juvéniles que Tony Anatrella nomme « bébés couples ». C'est de plus en plus tôt, parfois dès treize ou quatorze ans, que l'on voit garçons et filles « sortir ensemble », c'est-à-dire s'engager dans une relation de type amoureux. À tel point que certains, lorsqu'ils n'ont pas encore connu ce type de relations à l'âge de dix-huit ans, se sentent comme dépareillés, se demandant s'ils sont « normaux ». Fragilisés face à l'entrée dans un monde difficile, nombre d'entre eux tentent de trouver à deux la solidité qu'ils n'éprouvent pas eux-mêmes, dans l'amour la planche de salut qui les délivrera de leurs incertitudes. Les adultes considéreront alors avec attendrissement ces jeunes tourtereaux, sans voir ce qu'une telle intimité précoce peut avoir d'enfermant, ni les expériences dont elle prend parfois la place : des relations plus diversifiées et plus ouvertes, une vie sociale plus large et, plus radicalement, la soli-

---

7. O. Mongin, *L'ère du vide*, Seuil, 1991.

tude. À l'âge des transformations et des découvertes, qui est ou qui fut le temps des grandes amitiés, moment privilégié aussi pour la vie associative, les « mouvements », l'aventure et surtout la recherche de sa vocation personnelle, les voici déjà engagés dans une relation duelle, parfois proche d'être exclusive, se comportant parfois même comme des couples établis. Pour un adolescent à la personnalité fragile, la relation amoureuse permettra d'éviter l'expérience du manque, fonction que l'auteur de *Non à la société dépressive*[8] compare à celle de la toxicomanie. L'amour comme drogue ? Osons envisager cette hypothèse. L'amour de l'amour ne vise-t-il pas, bien souvent, à combler un vide ? « J'ai besoin qu'un garçon me touche, sinon je pense que je suis morte. » Ainsi s'exprime Carole, quinze ans, citée par Françoise Dolto[9]. La fuite du vide peut prendre la forme du besoin de contacts charnels, de sensations vives, de la chaleur du corps-à-corps. Mais une telle relation, dans laquelle on s'accroche à l'autre comme à une bouée de sauvetage, mérite-t-elle vraiment le nom de relation ? « Que serait, demande Rilke, l'union de deux êtres encore imprécis, inachevés, dépendants ?[10] »

De sociologique ou psychologique, la question devient spirituelle. Elle est celle de l'affrontement au vide, à l'irréductible solitude de l'acte d'exister. L'impatience d'accoster aux visages souriants de l'amour n'est-elle pas tentative (ou tentation) d'éviter les vrais combats de l'existence, qui accompagnent toute croissance personnelle ? Peut-on construire une relation véritable et une existence personnelle digne de ce nom sur la fuite de la solitude ?

Il ne s'agit pas ici de nier les bienfaits de la proximité, de la tendresse partagée ni de ces confidences dans lesquelles les amoureux retrouvent une peu de la chaleur de la vie. Que celle-ci soit un bienfait, que, dans la rencontre entre deux visages et la

8. T. ANATRELLA, *Non à la société dépressive*, Flammarion, 1993.
9. F. DOLTO, *Le complexe du homard*, Hatier, 1989.
10. R. M. RILKE, *Lettres à un jeune poète* (1904), in *Œuvres en prose*, Seuil, 1966, p. 335.

reconnaissance entre deux sujets qui s'appellent par leur nom, ait lieu un événement très précieux et, en soi, irréductible à toute critique, nous ne le nierons pas. Ce ne sont pas les bienfaits de la rencontre amoureuse que vise notre interrogation, mais les rôles qui lui sont impartis, les fonctions qu'elle est censée remplir, les confrontations à travers elle évitées. Ce qui pose problème, c'est, par le comblement à tout prix du vide affectif, l'évitement du vide existentiel et le détournement du vide spirituel. Confrontations qui, conscientes et assumées, seraient sources de progrès dans la construction du sujet. S'y poserait immanquablement la question de la consistance de l'existence personnelle, la question de Hamlet, *to be or not to be*. Un philosophe du siècle dernier, compatriote de ce prince danois, distinguait le « désespoir qui se sait » et le « désespoir qui s'ignore »[11]. N'est-ce pas alors une façon inconsciente de désespérer de soi que de ne concevoir sa propre existence qu'accrochée à celle d'un autre, justifiée par celle-ci ? Soeren Kierkegaard poursuivait en distinguant du « désespoir défi », où l'on veut à tout prix être soi-même par soi-même, le « désespoir faiblesse », dont une des figures consiste à se perdre dans l'autre, « choir en pâmoison »[12], de crainte d'assumer l'irréductible solitude de l'acte d'exister, la responsabilité de soi.

Mais, objectera-t-on, l'exigence de relations de qualité et l'espérance en un bonheur possible du couple, loin d'être des marques de faiblesse, ne sont-elles pas des sources d'avancées ? Une telle visée n'est-elle pas un des meilleurs ressorts qui soient pour aller plus loin que les compromis médiocres ou les existences parallèles ? Vivre une authentique entente, dans une rencontre véritable et, qui plus est, dans une relation durable, quel projet est-il davantage source de progrès personnels et interpersonnels ? Quelle plus grande aventure, tant spirituelle que psychique ? Il y a une intuition, en cet investissement dans la qualité

11. S. Kierkegaard, *Le traité du désespoir* (1849), trad. fr., Gallimard, 1949.
12. *Op. cit.*, p. 119, 125.

de la vie relationnelle, intuition que, si cette dernière est l'un des plus grands bienfaits qui soient en ce monde, c'est parce que la rencontre de l'autre est notre meilleure chance d'accéder à la vraie vie qui est dépassement, oubli de soi, libération par rapport aux pesanteurs et aux entraves de notre ego. N'y a-t-il pas une mystique dans ce prix accordé au lien, qui est aussi prix accordé à l'autre ? Intuition qu'en l'autre, rencontré dans son unicité, est présent un infini ? Comme une révélation de Dieu ? La passion amoureuse ne s'apparenterait-elle pas à la prière ?

Le malheur est que rien ne se prête davantage aux contrefaçons que la mystique. Bien souvent, la prière en question se transformera en idolâtrie. L'autre sera divinisé, en ce sens que de lui sera attendu ce que seul un dieu pourrait donner. À moins que ce ne soit l'amour lui-même qui se trouve divinisé, moyen et lieu du contact avec l'absolu, planche de salut, rédempteur. De la parole chrétienne « Dieu est amour », on passera à « l'Amour est dieu ». Éros n'était-il pas un dieu (ou, selon les traditions, un demi-dieu) ? L'amour de l'amour peut être un autre nom du désir de trouver une idole devant laquelle se prosterner, une puissance à laquelle sacrifier, une consolation du désespoir.

« Il fait de son mieux pour séduire les femmes, mais ce qu'il cherche c'est surtout l'étreinte consolante, infinie, rédemptrice, qui le sauvera de l'atroce relativité du monde récemment découvert. » Ce que Milan Kundera écrit du docteur Fleischman, personnage d'une de ses nouvelles[13], pourrait se dire de beaucoup de quêtes de l'amour. La question est alors : l'amour peut-il vraiment apporter ce qui lui est ainsi demandé ? L'étreinte d'une femme ou d'un homme a-t-elle quelque chance d'être ainsi infinie et rédemptrice ? Peut-elle sauver de l'atroce relativité du monde ?

C'est le temps qui sera l'épreuve de vérité. S'y révélera le relatif comme tel ; les limites de l'autre et de la relation ne manqueront pas de se manifester et de reconduire au principe de réa-

---

13. M. KUNDERA, *Risibles amours* (1968), Gallimard, coll. Folio, 1986, p. 161.

lité, qui est aussi principe d'incarnation. C'est alors que se poseront les vraies questions. L'amour sera-t-il capable d'assumer l'écart entre l'autre rêvé et l'autre réel ? Il lui faudra, pour cela, faire appel à d'autres ressources que celles de l'émotion, de la passion, ou même du désir. Car, s'il y a un infini dans l'autre, il ne saurait coïncider avec l'illimité de mon désir. Comment passer de l'illimité de l'autre imaginaire à l'infini de l'autre réel, et donc fini, telle est la question. Si l'on choisit de continuer à nommer « amour » le ressort d'un tel passage, reste alors à préciser en quoi celui-ci se distingue du sentiment ou de l'amour romantique dont les représentations continuent à régner dans notre culture.

Une relation durable ne saurait s'édifier sur les seules bases de la passion amoureuse. Vouloir vivre en même temps les vertus de la durée et les charmes de l'amour naissant, telle est l'utopie contradictoire qui conduit tant de couples à l'échec. Nous sommes ici face à un écueil très répandu, celui de la confusion entre lien conjugal et lien amoureux. Non qu'il ne soit possible, ni même souhaitable, d'être à la fois conjoints et amoureux ; mais la confusion consiste à croire que le premier puisse s'édifier sur les seules bases du second, ou de la même manière que celui-ci. Si, avec Jean Lemaire, nous entendons par *conjugal* le lien susceptible de surmonter les crises[14], force est de reconnaître que, pour cela, le sentiment ne suffit pas. Les mêmes processus psychoaffectifs qui ont conduit à « tomber amoureux » conduiront au conflit, à la guerre, à des moments critiques parfois très douloureux. Le dépassement de l'épreuve, la poursuite de l'aventure commune ne pourront être rendus possibles que par le recours à d'autres ressources, à une énergie d'un autre ordre, par des références plus objectives aussi que le labyrinthe de chacune des deux subjectivités. Par quels termes caractériser ce qui peut venir nourrir le lien, l'étayer, lui donner forme, telle est une des questions que nous inscrivons à notre cahier des charges.

14. J. LEMAIRE, *Le couple, sa vie, sa mort*, Payot, 1979, p. 31.

Ce que nous reprochons au néoromantisme diffus de la culture contemporaine n'est pas sa mise en avant de l'amour, mais de prétendre en faire la seule référence, le seul critère, tout en le mitigeant d'accommodements qui ne vont pas jusqu'au bout de son intuition. D'un côté, en effet, on affirmera qu'*il suffit d'aimer*, que l'amour peut à lui seul tenir lieu de morale et se substituer à l'institution ; mais, de l'autre, on se gardera bien d'aller trop loin dans la prise de conscience de ce que signifie authentiquement « aimer », d'accorder trop de créance à cette visée. L'idéalisation de l'amour rejoint les eaux d'une philosophie désillusionnée qui s'obstinera à ne concevoir celui-ci que comme une passion alors que, parallèlement, les démystifications de la passion font partie de la culture de base inculquée dès le secondaire, avec la vulgate stendhalienne par exemple. Ou encore on fera mine de ne pas voir la contradiction potentielle entre l'éthique commune du bonheur, à laquelle on demeure attaché, et la mystique de l'amour, à laquelle on croit adhérer. Entre la visée du sacro-saint épanouissement de l'ego et celle de l'accueil de l'altérité. Entre la logique de la possession et celle du don. Entre une philosophie en dernier ressort égocentrée et le dynamisme de la générosité. « Nous n'avons plus les moyens de notre culture amoureuse, trop riche pour des esprits trop pauvres », affirment deux jeunes auteurs que je rejoins sur beaucoup de points[15]. Tout se passe comme si la soif d'amour était l'ultime expression d'un héritage spirituel recouvert ou entouré de toutes parts par une philosophie reposant sur des postulats qui lui sont étrangers : absence de souffrance, affirmation de soi, autonomie. D'où tant de contradictions, tant d'élans perdus.

« Avoir les moyens » d'une culture de l'amour, ce serait donc, d'une part, reconnaître que d'autres ressources, d'autres appuis sont nécessaires à la vie et à la relation elle-même. Que si l'amour est l'essentiel, il n'est pas, ne peut pas être, « tout ».

15. Hubert AUPETIT et Catherine TOBIN, *L'amour déboussolé*, François Bourin, Paris, 1993, p. 242.

L'essentiel n'est pas tout. Ce serait, d'autre part, accepter d'en payer le prix, en se référant à des principes d'évaluation cohérents avec la visée qui lui est propre. Peut-on aimer sous conditions ? L'amour peut-il aller sans souffrance ? Y a-t-il des limites au don ?

En ce que nous nommons les *mirages de l'amour*, il ne s'agit donc pas exactement des « illusions de l'amour ». L'objet de notre critique n'est pas ce qu'il pourrait y avoir d'illusions dans l'intention propre à l'amour, sur la base d'une démarche de type rationaliste, réductionniste, sceptique ou nihiliste. Non. Que le lecteur de cet ouvrage soit d'avance averti que l'auteur, en dernier ressort, ose faire fonds sur l'affirmation de Vladimir Jankélévitch selon laquelle « l'amour a toujours raison[16] ». Bien plus, qu'il adhère à la certitude de saint Jean de la Croix selon laquelle « *À la fin du jour, c'est sur l'amour qu'on vous examinera*[17] ». Intuition partagée, donc, que l'amour est le lieu d'une vérité irréductible, d'une révélation de l'humain que rien ne peut remplacer. Que loin de pouvoir être jugé, c'est lui qui nous jugera ou, plus exactement, c'est selon lui que nous serons jugés ultimement. Qu'est-ce donc, en effet, au soir d'une vie, devant l'imminence de la disparition de tout le réel, qui « fera le poids » face à la mort ? Quoi d'autre qu'avoir été capable de sortir de soi avant d'en « être sorti » par l'arrachement ultime ? D'anticiper librement ce passage ? Avoir connu l'émerveillement de la rencontre, avoir donné, ou au moins tenté de donner, le meilleur de soi-même, pouvoir dire « j'ai aimé », comme le personnage de Gertrud dans le film de Karl Dreyer. Fût-ce d'un amour malheureux... Qui ne pressent qu'il y a là quelque chose d'irremplaçable ?

« Mirages » sont ces images qui apparaissent au voyageur assoiffé au milieu du désert. Miroirs de ses désirs sur la base de phénomènes réels mais qui, n'étant pas interprétés pour ce qu'ils

16. V. Jankélévitch, *Les vertus et l'amour* (tome II du *Traité des vertus*, 1970), volume 1, Flammarion, coll. Champs, 1986, p. 141.

17. Jean de la Croix, *Maximes*, n° 80, DDB, 1967, *Œuvres complètes*, p. 983.

sont, deviennent alors apparence trompeuse. À mi-chemin entre rêve et réalité, entre désir et désert. Il faudra accepter la traversée de celui-ci pour que celui-là trouve enfin son objet. Objet légitime, nécessaire même, bien réel, mais que l'on a cru trop tôt avoir rencontré.

J'aurais aimé traduire dans la typographie du titre la ressemblance formelle entre *mirages* et *rivages*. Car nous ne nous arrêterons pas aux premiers. À quoi bon critiquer les rêves si nulle réalité n'est en jeu ? Les rêves eux-mêmes, d'ailleurs, peuvent être porteurs d'une certaine vérité. Que serions-nous sans eux ? « À bout de songes, la vérité se supprime. Le mensonge est à son apogée », écrit Edmond Jabès[18]. Les mirages qui, comme les miroirs, sont reflets, peuvent être annonciateurs de ce qui se tient à l'horizon : les rivages – ou le visage – de l'amour. Que serait donc cet amour que nous espérons et redoutons à la fois de découvrir ? Il ne serait pas le produit de notre imagination, le prolongement de notre ego, mais le fruit d'une révélation. Il se donnerait, il se donne selon sa propre évidence, comme vie, comme la vraie vie. Quel(s) nom(s) lui donner ? Telle est une des questions de notre traversée.

Un itinéraire s'est ainsi dessiné. Nous dresserons d'abord un état des lieux critique à l'égard des mythes, fondamentaux ou superficiels, qui régissent aujourd'hui les représentations courantes de l'amour (chapitre I). Puis nous mesurerons, en vue de différenciations, l'impressionnante amplitude et pluralité des significations évoquées par un terme qui se trouve au voisinage de tant d'autres (chapitre II). Après ce double balisage, notre attention se portera sur une des expériences les plus précieuses de la vie, qui se trouve aussi être une vertu et que les mythologies de l'amour éclipsent trop souvent, l'*amitié* (chapitre III). Dans la même perspective, il est une dimension que beaucoup croient pouvoir fuir dans l'amour et qui pourtant s'avère indissociable de celui-ci, comme de l'existence personnelle et libre,

18. E. JABÈS, *Le livre des questions* (1967), Gallimard, coll. L'imaginaire, p. 82.

la *solitude* (chapitre IV). Après ces mises en valeur prendra place un travail de discernement à propos de ce qui est si souvent confondu avec l'amour lui-même, le *sentiment amoureux* : effervescence de l'imaginaire ou découverte émerveillée de l'autre ? En quoi est-il déjà l'amour ? En quoi ne l'est-il pas encore ? (chapitre V) Lorsque nous passons de la passion à l'action, l'amour devient engagement. La capacité à instaurer et maintenir vivante une relation que nous définirons comme relation d'*alliance* se révélera être un des principaux critères de dépassement des mirages de l'amour naissant. C'est ici que prendra place l'examen de ce qui doit accompagner l'amour pour qu'il puisse donner naissance à un lien durable (chapitre VI). Enfin nous pourrons aborder aux *rivages de l'amour* en rassemblant autour de trois termes le fruit de ces approches analytiques puis éthiques. Passant alors de la trilogie à l'unité et de l'essence au mystère, nous recevrons d'un terme grec intraduisible, transmis par les Écritures judéo-chrétiennes, l'évocation de la fine pointe de l'amour, c'est-à-dire de la visée ultime à partir de laquelle toutes les autres acceptions de ce mot sont, en dernier ressort, évaluées, et cela bien au-delà des sphères confessionnelles. Notre ambition serait ici d'élaborer une *philosophie de l'agapè*, selon l'hypothèse que cette dernière est porteuse d'une vérité, c'est-à-dire est le lieu d'une révélation de l'humain, à valeur universelle (chapitre VII).

I

AU ROYAUME DES MYTHES

Il semble exister une affinité particulière entre l'amour et les mythes, sans que l'on puisse dire clairement lequel engendre l'autre : est-ce l'amour qui suscite les mythes, ou ces derniers qui font naître celui-là ? Ce n'est pas un des moindres paradoxes de l'amour (et nous verrons qu'ils sont nombreux) que celui d'avoir un double ancrage, corporel et mental ; un pied dans le réel, un autre dans l'imaginaire. Ce que nous appelons communément « amour » a un enracinement sensible, sexuel, corporel. Mais, même pour la pensée la plus matérialiste, tout se passe comme s'il ne pouvait être éprouvé qu'en s'entourant d'une sorte d'aura mythique, c'est-à-dire de représentations, images, récits, fictions qui lui donnent un pouvoir magique. Ainsi, pour Edgar Morin, l'amour est un « complexe » qui a une double composante, physique et mythologique[1]. Mais cette aura ne naît pas par génération spontanée ; elle provient pour une bonne part de la rencontre des histoires individuelles avec des images, modèles et idéaux venus de beaucoup plus loin qu'elles et qui les font plonger dans une mémoire collective. Les mythes sont

1. « L'amour est enraciné dans notre être corporel et, dans ce sens, on peut dire que l'amour précède la parole. Mais l'amour est en même temps enraciné dans notre être mental, dans notre mythe, lequel suppose évidemment le langage, et on peut dire que l'amour procède de la parole » (in *Paroles d'amour*, collectif, Syros, 1991, p. 25).

en quelque sorte des rêves collectifs. Voici alors un second paradoxe de l'amour : à l'heure où, selon les sociologues, le couple est devenu le premier lieu de la quête de soi, le principal recours d'où chacun attend la révélation de son identité propre, les mythes qui lui donnent forme sont, en tant que tels, communs, aujourd'hui comme hier. L'amour semble être l'aventure la plus personnelle qui soit, l'œuvre la plus originale de chaque sujet au sein d'un monde aux règles par ailleurs si contraignantes, aux modèles si standardisés. Mais échappe-t-il vraiment à la règle, cet amour que l'on croit si spontané ? René Girard appelle « bovarysme » l'attitude consistant à obéir à une suggestion de la culture tout en croyant suivre un désir très personnel[2]. « *Il y a des gens qui n'auraient jamais été amoureux s'ils n'avaient entendu parler de l'amour* », insinue La Rochefoucauld[3]... Aimer, c'est toujours aimer « à la manière de », c'est peu ou prou intérioriser un modèle. Les supports de ces modèles sont légion aujourd'hui : roman, cinéma, télévision, chansons, messages publicitaires... Or, voici que ces médias culturels obéissent eux-mêmes à des modèles, qu'ils transmettent en même temps qu'ils contribuent à les élaborer. Des métamodèles, si l'on veut, des références communes, des images récurrentes que nous appellerons « les mythes de l'amour ».

Au sens strict, le terme de « mythe » désigne une parole sur l'origine, qui est une parole de vérité en ce sens que s'y exprime une vérité fondamentale sur notre condition. Mais, sans perdre de vue ce sens, nous en élargirons l'acception, comme il est devenu courant de le faire, à quelques représentations qui trouvent dans la conscience et l'inconscient collectifs des résonances assez fortes pour que l'on soit fondé à penser qu'elles en expriment des dimensions constitutives. Ainsi donc, si, au sens fort, le mythe peut être dit, selon l'expression de Denis de Rouge-

2. R. GIRARD, *Mensonge romantique et vérité romanesque*, Grasset, 1961, Livre de poche, p. 18. L'expression est de Jules de Gaultier. Nous reviendrons sur cette question au chapitre suivant.

3. *Maximes* (1678), n° 136.

mont, « langage de l'âme » ou « image du monde en raccourci »[4], en un sens plus faible il se rapproche de la fable, de l'idéal type ou de l'idéologie[5]. Dans tout mythe se rencontre un mélange d'illusion et de vérité ; il voile et dévoile à la fois. Illusion dans la mesure où il traduit la logique de l'imaginaire, produisant un monde qui est le miroir du désir ; vérité dans la mesure où, poussant à ses limites cette logique, la radicalisant, il en montre la cohérence profonde. Les « grands mythes » ont surtout une fonction de révélation, les « petits mythes », fabriqués et contingents, surtout une fonction de substitution. Nous commencerons par les premiers et continuerons par les seconds.

Une question planera au-dessus de ce parcours parmi les récits, les images, les modèles : serions-nous prisonniers de la dualité, évoquée en commençant, entre le corporel et l'imaginaire (schéma d'Edgar Morin) ? Sommes-nous voués à balancer entre un réel biologique et des constructions fictives ? N'y a-t-il pas un troisième terme ? Si nous ne pouvons pas échapper aux mythes, peut-être n'en sommes-nous pas prisonniers... Alors que ceux-ci, quelle que soit leur nature, peuvent être dits *en arrière* de nous, ne pourrait-il pas se dessiner *en avant* de nous l'utopie ou, mieux, la visée d'un amour non imaginaire qui, finalement, s'avérera plus réel que le « réel » physique, non miroir mais révélation ? Penser cette utopie, ou cette réalité fondamentale, de façon non mythique, tel serait le grand défi de cet ouvrage.

Les androgynes toujours

« Jadis, notre nature n'était pas ce qu'elle est à présent ; elle était bien différente. D'abord, il y avait trois espèces d'hommes, et non

4. D. DE ROUGEMONT, *Les mythes de l'amour*, Gallimard, coll. Idées, 1961, p. 23.

5. Nous sommes proches alors du mythe tel que l'entend Roland BARTHES dans ses *Mythologies*, c'est-à-dire comme « idée-en-forme ». « Il abolit la complexité des actes humains, leur donne la simplicité des essences, il supprime toute dialectique, toute remontée au-delà du visible immédiat, il organise un monde sans contradictions parce que sans profondeur » (Seuil, coll. Points, 1957, p. 321).

deux, comme aujourd'hui : le mâle, la femelle et, outre ces deux-là, une troisième composée des deux autres ; le nom seul en reste aujourd'hui, l'espèce a disparu. C'était l'espèce androgyne, qui avait la forme et le nom des deux autres, mâle et femelle, dont elle était formée. [...] De plus, chaque homme était dans son ensemble de forme ronde, avec un dos et des flancs arrondis, quatre mains, autant de jambes, deux visages tout à fait pareils sur un cou rond, et sur ces deux visages opposés, une seule tête, quatre oreilles, deux organes de la génération, et tout le reste à l'avenant[6]. »

Des être difficiles à représenter, donc. Retenons cette forme sphérique, image de totalité, et les deux sexes, soit du même genre, soit de deux genres différents. Mais voici que ces êtres, « *d'une force et d'une vigueur extraordinaire* », voulurent escalader le ciel pour combattre les dieux. Délibération au sommet, donc. La difficulté vient de ce que l'on ne veut pas détruire les hommes car, avec ceux-ci, on détruirait le culte qu'ils sont les seuls à rendre aux dieux. La solution vient de Zeus : ne pas détruire les humains, mais les affaiblir en les coupant en deux. Ce qui fut fait, avec l'aide d'Apollon qui, après chaque section, retournait le visage vers la coupure « *afin qu'en voyant sa coupure, l'homme devint plus modeste* ».

Tous ceux qui ont « fait du latin » peuvent savoir d'où vient le mot « sexe » : du verbe *secare*, couper. Être sexué, monosexué, c'est être sectionné – j'allais écrire « sexionné ». C'est alors que va survenir Éros (que l'on peut traduire aussi bien par Désir que par Amour) : « *Quand le corps eut été ainsi divisé, chacun, regrettant sa moitié, allait à elle et, s'embrassant et s'enlaçant les uns les autres avec le désir de se fondre ensemble, les hommes mouraient de faim et d'inaction, parce qu'ils ne voulaient rien faire les uns sans les autres.* » Ainsi donc « *Éros recompose l'antique nature, s'efforce de fondre deux êtres en un seul et de guérir la nature humaine. Chacun de nous est donc*

6. PLATON, *Le Banquet*, trad. E. Chambry, Garnier-Flammarion. Pour l'ensemble du passage : 189d- 193d.

comme une tessère[7] *d'hospitalité, puisque nous avons été coupés comme des soles et que d'un nous sommes devenus deux ; aussi chacun cherche sa moitié.* » Ceux qui sont issus de la troisième espèce, les androgynes, recherchent leur moitié au sein de l'autre genre, tandis que ceux qui sont nés des êtres doublement mâles ou doublement femelles, « *s'attachant à ce qui leur ressemble* », recherchent leur moitié dans le même genre.

> « Et voilà les gens qui passent toute leur vie ensemble, sans pouvoir dire d'ailleurs ce qu'ils attendent l'un de l'autre ; car il ne semble pas que ce soit le plaisir des sens qui leur fasse trouver tant de charme dans la compagnie l'un de l'autre. Il est évident que leur âme à tous deux désire autre chose, qu'elle ne peut pas dire, mais qu'elle devine et laisse deviner. Si, pendant qu'ils sont couchés ensemble, Héphaïstos leur apparaissait avec ses outils et leur disait : "Hommes, que désirez-vous l'un de l'autre" ? et si, les voyant embarrassés, il continuait : "L'objet de vos vœux n'est-il pas de vous rapprocher autant que possible l'un de l'autre, au point de ne vous quitter ni nuit ni jour ? Si c'est là ce que vous désirez, je vais vous fondre et vous souder ensemble, de sorte que de deux vous ne fassiez plus qu'un [...] et qu'après votre mort, là-bas, chez Hadès, vous ne soyez pas deux, mais un seul, étant morts d'une commune mort." À une telle demande nous savons bien qu'aucun d'eux ne dirait non et ne témoignerait qu'il veut autre chose : il croirait tout bonnement qu'il vient d'entendre exprimer ce qu'il désirait depuis longtemps, c'est-à-dire de se réunir et de se fondre avec l'objet aimé et de ne plus faire qu'un au lieu de deux. »

Le mythe est universel. On le réfère généralement à Platon parce que la version que nous venons d'en lire est tirée du *Banquet*, mais d'une part le récit vient de beaucoup plus loin, d'autre part il est mis sur les lèvres de quelqu'un dont il est peu probable qu'il soit le porte-parole de Platon, à savoir Aristophane, qui était pour Platon un adversaire, après avoir été celui de Socrate. (La pensée de Platon est certainement beaucoup plus proche de celle, nettement plus riche, du discours de ce dernier dans la

7. Fragment d'objet en argile que l'on brisait pour que chacun en conserve la moitié, en mémoire de cette hospitalité.

suite du texte.) Le thème des deux moitiés séparées se trouve déjà dans les *Upanishads*[8] ; il traverse l'art et la littérature universelle, on en trouve des traces dans le second récit de la Genèse et la reprise dans le Talmud[9]. Freud l'a repris à son compte dans *Au-delà du principe de plaisir*. Quiconque parle de son conjoint en disant « ma moitié » se réfère sans le savoir à cet archétype. Et Michel Tournier dans *Le roi des aulnes :* « Remonter la pente, restaurer l'Adam originel[10], le mariage n'a pas d'autre sens. »

Le mythe peut séduire. Il exprime le vœu spontané du désir. Mais prenons garde : nous avons bien lu que « s'embrassant et s'enlaçant les uns les autres avec le désir de se fondre ensemble, les hommes mouraient de faim et d'inaction ». Zeus trouvera un artifice pour pallier cela (191b), mais la formulation de l'objet du désir suggérée aux amants par Héphaïstos aboutit toujours à une « commune mort ». Il faudra bien se demander si une telle version du désir ou de l'amour est compatible avec la vie. Peut-on vivre en « ne faisant plus qu'un au lieu de deux » ?

Le thème de la totalité reconstituée, ou encore de la complémentarité entre deux « moitiés », n'est peut-être pas celui par lequel le mythe opère le plus aujourd'hui. Le schéma n'a pas très bonne presse ; l'idéal d'autonomie est passé par là. Mais le mythe demeure très prégnant quand même, par d'autres voies. J'en relèverai quatre.

L'ajustement parfait

« Comment savoir si on a trouvé le bon ? », me demandait un jour une jeune auditrice. Très répandue en effet est l'idée qu'il

---

8. Voir Jean NAUDOU, « Sexualité et ascèse dans les religions de l'Inde », dans M. BERNOS (dir.), *Sexualité et religions*, Cerf, 1988, p. 19.

9. J'ai présenté ces rapprochements, ainsi que la différence profonde de signification entre le récit d'Aristophane et celui de la Genèse dans *Le corps de chair*, Cerf, 1992, p. 187-193. Pour le Talmud, voir J. EISENBERG et A. ABECASSIS, *Et Dieu créa Ève*, Albin Michel, 1979, p. 145.

10. Censé être androgyne, selon la tradition talmudique que Michel Tournier vient de rapporter. *Le roi des aulnes*, Gallimard, coll. Folio, 1970, p. 35.

existe quelque part une « âme sœur », une sorte de double en négatif de soi-même, dont il serait possible de dire que « nous sommes faits l'un pour l'autre ». Comme la clé pour la serrure, comme tenon et mortaise. Le romantisme a exalté une telle croyance :

> « Mon cœur me l'avait dit : toute âme est sœur d'une âme,
> Leur destin, tôt ou tard, est de se rencontrer. »

Commentaire de Gustave Thibon : « Mythe stupide et vénéneux de l'âme sœur créée spécialement pour chacun de nous et qu'il suffit de rencontrer pour réaliser sur terre le paradis de l'amour[11]. » Pourquoi une telle sévérité ? Parce que l'illusion ici véhiculée est à l'origine de la plupart des échecs de la vie des couples. Illusion de l'existence, quelque part sur terre, d'un être dont la rencontre comblerait tous nos désirs, en compagnie duquel l'existence ignorerait déceptions, défaillances et conflits. Cette illusion sera à l'origine de toutes les autres. Lorsque, avec le temps, on découvrira l'écart, les failles, le manque, à travers les imperfections et « défauts » de l'autre, le raisonnement suivant aura lieu : le (la) partenaire idéal(e) existe, mais pas ici. Ce n'est pas toi, cet être capable de s'ajuster parfaitement à moi, que je vais désormais chercher ailleurs. Je me suis seulement trompé d'adresse. Ainsi sacrifiera-t-on le couple réel au couple idéal, le partenaire imparfait mais présent au partenaire rêvé. « On trompe parce qu'on s'est trompé, poursuit Louis Beirnaert dans un texte capital pour notre sujet, dans la mesure où l'on s'est laissé tromper par l'amour qui se dévoile ici comme un leurre. Il fait miroiter la promesse d'une union sans faille là même où la blessure de la différence donne lieu à l'émergence de la mort. Plaisir et joie d'amour trompent la mort, font se tromper sur la mort. Les deux amants, à leur insu, se laissent piéger. [...] Tous

11. G. Thibon, *Ce que Dieu a uni*, Lardanchet, 1946, p. 171. La citation est de Lamartine, Thibon n'en donnant pas la référence.

deux se trompent, dans la mesure où ils sont trompés par le *mirage de l'amour*[12]. »

La fusion

« Ne faire plus qu'un au lieu de deux. » Lorsque Héphaïstos (dieu des forgerons, ne l'oublions pas) propose aux amants de les *fondre* ensemble, le récit poursuit qu'« aucun des deux ne dirait non ». Que ce vœu soit intrinsèque au désir sexuel, même s'il doit finalement être démenti, est une chose ; qu'il s'étende à toute la vie du couple en est une autre, beaucoup plus problématique. J'ai évoqué tout à l'heure la montée de l'idéal d'autonomie, que relèvent tous les sociologues[13]. Celui-ci promeut la médiation du désir et du vouloir individuels, sur fond de refus d'une unité due à la subordination qu'illustrerait bien ce trait de Sacha Guitry : « Dans le mariage, l'homme et la femme ne font qu'un, la question est : lequel ? » Mais cela n'empêche pas de viser quand même, à l'horizon de ce refus, le modèle d'une unité totale, d'un couple où tout serait partagé. Toutes les activités doivent être communes, tout doit être communicable et communiqué, on ne vise pas moins que la transparence. Le « nous conjugal » devient alors absorbant, abolit le « je » et le « tu » – du moins en a-t-on le sentiment. Pour certaines complexions psychologiques, ce sont les limites du moi elles-mêmes qui deviennent incertaines. On parle alors de « moi poreux ». Il est des discours sur le couple qui, depuis quelques décennies, accréditent une telle dérive. Je pense en particulier à certains discours chrétiens nourris de bons sentiments. Les désaccords, les conflits et *a fortiori* l'agressivité sont ressentis comme des échecs, déniés, honteusement tus. Certains auront le sentiment d'étouffer, dans ce qu'un sociologue américain a appelé les « tyrannies de l'intimité »[14]. Ils n'oseront pas, en vertu de cette vision englo-

12. L. BEIRNAERT, *Aux frontières de l'acte analytique*, Seuil, 1987, p. 153-154. (On aura au passage reconnu l'origine du titre de ce livre.)

13. Par exemple Gilles LIPOVETSKY dans *L'ère du vide*, Gallimard, 1983.

14. Richard SENNETT, *Les tyrannies de l'intimité*, trad. fr., Seuil, 1979.

bante du couple, ménager des aérations, des pauses, un espace de respiration dans cette vie commune abusive. Mais ils ne parviendront pas à trouver la bonne distance ; aussi ne trouveront-ils de salut que dans la fuite, le départ, la rupture. La question est donc : comment vivre une proximité, une solidarité dignes de ce qu'implique la notion d'alliance (si tel a été l'engagement), tout en restant aptes à vivre la solitude, la liberté intérieure, la consistance personnelle. J'envisage moins ici la sauvegarde du fameux « jardin secret » individualiste que l'idée selon laquelle la force du lien, considérée comme un bien, n'exclut pas, mais appelle plutôt, la singularité de chaque destinée, la respiration de la vie subjective de chacun des acteurs (qui doivent rester « acteurs »).

> « Aimez-vous l'un l'autre, mais ne faites pas de l'amour une entrave :
> Qu'il soit plutôt une mer mouvante entre les rivages de vos âmes.
> Emplissez chacun la coupe de l'autre, mais ne buvez pas à une seule coupe.
> Partagez votre pain, mais ne mangez pas de la même miche. [...]
> Et tenez-vous ensemble, mais pas trop proches non plus :
> Car les piliers du temple s'érigent à distance,
> Et le chêne et le cyprès ne croissent pas dans l'ombre l'un de l'autre[15]. »

L'extinction du désir

Selon le récit d'Aristophane, lorsqu'ils sont parvenus à se trouver dans les bras l'un de l'autre, les amants n'ont plus rien à désirer, si ce n'est que cet état dure. Leur désir est *satisfait*, ils ont obtenu *satis*, assez. Toute une philosophie du désir se profile ici, selon laquelle celui-ci tend vers le non-désir, autrement dit vers sa propre suppression. Freud, il faut bien le dire, n'est pas loin de ce point de vue lorsqu'il se réfère au mythe des Androgynes dans *Au-delà du principe de plaisir*. En effet, que perçoit-il, au-delà dudit principe ? Ce qu'il appelle « l'instinct de mort »

15. Khalil GIBRAN, *Le prophète* (1923), Casterman, 1956, p. 17.

ou encore, reprenant l'expression d'une de ses contemporaines, « le principe de nirvana », c'est-à-dire « la tendance à maintenir l'appareil psychique à un niveau d'excitation constant et aussi bas que possible ». D'où la thèse fameuse (et fort réjouissante) selon laquelle « le principe de plaisir est au service des instincts de mort »[16]. Une telle représentation trouve des échos dans la conscience commune, même si elle ne correspond pas à l'intentionnalité propre au désir, qui est vie et affirmation de la vie[17]. Une certaine vulgarisation sexologique, dans la ligne de Wilhelm Reich, propose, elle aussi, l'assouvissement ou la suppression de toute tension comme le but ultime des pratiques sexuelles. La notion de décharge y est centrale, comme si le désir en lui-même était une maladie. Dans leur pamphlet sur les normes inavouées du *Nouveau désordre amoureux*, Pascal Bruckner et Alain Finkielkraut épinglent bien cette orientation : « Au fond, le culte de l'orgasme n'a peut-être qu'une fonction : concentrer la seule émotion dans le sexe et libérer les corps de tout désir. [...] La bonne relation sexuelle ne sera rien d'autre que la réparation d'une étrangeté, la domestication, sous tutelle génitale, d'une force indomptée que la décharge totale éliminera. L'amour est un patient travail de soulagement des tensions. L'érotisme est un désordre qu'il faut stabiliser. L'orgasme comme plaisir terminal est la restitution de ce dérèglement à l'ordre établi. Une bonne pulsion est une pulsion morte[18]. »

Élargie à une philosophie d'ensemble de l'existence, cette représentation du désir donne la visée d'un bonheur à deux, statique et clos. La tranquillité derrière les volets clos du pavillon « Sam' suffit ». Un bonheur si étale qu'il sera bientôt envahi par

---

16. S. Freud, *Au-delà du principe de plaisir* (1920), in *Essais de psychanalyse*, Petite Bibliothèque Payot, 1951, p. 70, 79, 80.

17. La phénoménologie interprète bien mieux désir et plaisir dans ce sens. Voir Jean-Paul Sartre, *L'être et le néant*, Gallimard, 1943, p. 462 ; Maurice Merleau-Ponty, *Phénoménologie de la perception*, Gallimard, 1945, p. 181 ; Emmanuel Lévinas, *Totalité et infini*, Martinus Nijhoff, 1968, p. 82.

18. P. Bruckner, A. Finkielkraut, *Le nouveau désordre amoureux*, Seuil, coll. Points, 1977, p. 27, 50.

l'ennui, autre manière de s'apparenter à la mort. En revanche, interprété selon la dynamique propre à l'amour, le désir ne tend pas vers « l'extinction des feux », vers un non-désir ; il est plutôt, comme le dit Hegel, désir de désir, c'est-à-dire désir de rencontrer un autre désir, un sujet de désir lui-même toujours désirant et toujours désirable. Un chemin infini qui ne va pas sans souffrance et qui est à l'opposé du bonheur entendu comme béate satisfaction.

Le bisexualisme

Une quatrième façon pour le récit d'Aristophane de demeurer d'actualité est sa manière de traiter la différence sexuelle. L'orientation, qu'aujourd'hui nous nommerions « hétérosexuelle », du désir n'y est qu'un cas particulier ; elle est issue de l'une des trois « espèces » originelles, celle qui était mâle et femelle. Des deux autres espèces provient le désir que nous appelons « homosexuel » et qui semble avoir la préférence du narrateur[19]. Retenons déjà ce modèle de l'androgyne originel. De différentes manières, il opère dans la culture actuelle. Au moment où, dans bien des domaines, les frontières entre le masculin et le féminin deviennent floues, certains doutent de l'importance structurante de la différence, déniant tout fondement autre que culturel à celle-ci et émettant le vœu d'une vie de l'esprit neutre, asexuée, quand ce n'est pas d'une humanité bisexuée. Voici par exemple ce que l'on pouvait lire dans *Le Monde* il y a quelques mois, à propos pourtant de la famille, domaine où la portée de la différence sexuelle pourrait être plus évidente qu'ailleurs : « La famille ne peut donc plus désormais se fonder sur des liens natu-

---

19. « Certains disent qu'ils sont sans pudeur ; c'est une erreur : ce n'est point par impudence, mais par hardiesse, courage et virilité qu'ils agissent ainsi, s'attachant à ce qui leur ressemble. Et en voici une preuve convaincante, c'est que, quand ils ont atteint leur complet développement, les garçons de cette nature sont les seuls qui se consacrent au gouvernement des états. » Tandis que, de l'attrait des hommes pour les femmes, il est dit seulement que « c'est de là que viennent les amours adultères » (192a) !

rels, mais suppose le geste supplémentaire d'un amour librement consenti. Librement, c'est-à-dire sans référence à aucun préalable, fût-il le préalable de la différence biologique entre hommes et femmes, qui n'est peut-être que le dernier nom de nos superstitions[20]. » Luce Irigaray dénonce comme « nouvel opium du peuple » un tel déni de la première de toutes les différences, qui va dans le sens d'une réduction du sens de l'altérité : « Ce rêve de dissolution de l'identité matérielle, corporelle et sociale, aboutit à un ensemble de mirages, à des conflits sans fin ni finalité, à des guerres d'images ou de reflets et à l'attribution de pouvoirs à tel ou telle pour des motifs plus imaginaires ou narcissiques que fondés sur des capacités effectives[21]. »

Quant à l'affirmation d'une équivalence entre le désir homosexuel et le désir hétérosexuel, elle aussi fait partie des traits caractéristiques de notre culture. Non que le nombre des personnes à structure homosexuelle augmente, mais la question est de plus en plus présente dans les médias et dans les esprits[22]. De même que, dans le mythe, l'homosexualité est souvent présentée comme le fait d'une quasi-espèce, rejoignant ainsi le mot de Michel Foucault : « Le sodomite était un relaps, l'homosexuel est une espèce. » On parlera de « communauté homosexuelle » et, parfois même, de « peuple homosexuel ». Un clivage se produit alors : tandis que certains revendiquent le « droit à la différence », d'autres réclament un « droit à l'indifférence ». Dans la première position, la différence entre homosexualité et hétérosexualité tend à prendre le pas sur la différence entre homme et

---

20. Tribune d'Alain DAVID, délégué national de la LICRA, in *Le Monde* du 20 septembre 1995.

21. L. IRIGARAY, *J'aime à toi*, Grasset, 1992, p. 105.

22. Selon le « rapport Spira », c'est-à-dire l'enquête sur *Le comportement sexuel des Français* commandé par le ministère de la Recherche à l'INSERM en 1992, 4,1 % des hommes et 2,6 % des femmes ont déclaré avoir eu « au moins un partenaire du même sexe » au cours de leur existence. Le nombre de personnes à structure homosexuelle exclusive et permanente ne peut être qu'inférieur. Les chiffres sont plutôt revus à la baisse par comparaison avec les rapports précédents (*Population et sociétés*, n° 276, février 1993).

femme, ce qui serait une mutation d'importance[23] ! Dans la seconde position, l'indifférence à l'orientation ne peut pas ne pas traduire une indifférence à la différence elle-même. S'il est secondaire d'intégrer ou de ne pas intégrer la différence sexuelle dans le désir, c'est que cette différence elle-même est secondaire. Nous sommes bien renvoyés à l'androgynie[24].

En 1993, le *Petit Robert* qui, jusque-là, définissait l'amour comme « inclination envers une personne d'un autre sexe », supprime la détermination relative au sexe. Comment nier en effet qu'une relation d'affection puisse naître entre personnes du même sexe ? Mais est-on fondé pour autant à affirmer qu'il n'y a pas de caractéristique propre à l'affection qui relie un homme et une femme par rapport à celle qui peut naître entre deux hommes ou deux femmes ? Ce serait faire peu de cas de tout ce qui se joue dans la difficile rencontre entre le masculin et le féminin, entre deux identités dont l'histoire, la relation à l'origine, à l'altérité, au corps et au langage sont irréductibles[25]. Mais ces enjeux sont de peu de poids si domine l'apologie d'une affection où l'on s'attache à « celui qui vous ressemble ». Derrière les androgynes se dessine Narcisse.

---

23. ... Et qui n'irait pas sans aberrations. La différence sexuelle est structurante, alors que la différence entre les orientations, de soi, ne l'est pas. « Il n'y a pas d'identité homosexuelle, pas plus qu'il n'y a une identité de travesti ou de pédéraste, écrit Tony Anatrella. Car la différence se joue dans la reconnaissance d'être homme ou femme et non dans le fait d'être hétérosexuel ou homosexuel. L'acquisition de l'identité sexuelle se joue structurellement de façon plus fondamentale dans l'acceptation et l'intériorisation inconsciente de son corps sexué » (*L'amour et le préservatif*, Flammarion, 1995, p. 17).

24. J'ai développé une critique de ce point de vue dans l'ouvrage collectif *L'amour du semblable. Questions sur l'homosexualité*, X. LACROIX (dir.), Cerf, 1995.

25. Voir Luce IRIGARAY, *Le temps de la différence*, Livre de poche, 1989. Voir aussi Nicole CHOPELIN, *Hommes et femmes. L'identité relationnelle de l'être humain*, Profac, Université catholique de Lyon, 1994.

Narcisse et Pygmalion

Fils d'une nymphe et d'un fleuve, Narcisse, jeune homme d'une éclatante beauté, a déçu plusieurs nymphes amoureuses de lui. Pour le punir de son égoïsme, la déesse Némésis le conduit près d'une source. Or, « *tandis qu'il tente d'apaiser sa soif, une autre soif grandit en lui. Pendant qu'il boit, séduit par l'image de sa beauté qu'il aperçoit, il s'éprend d'un reflet sans consistance, il prend pour un corps ce qui n'est qu'une ombre. Il reste en extase devant lui-même et, sans bouger, le visage fixe, absorbé dans ce spectacle, il semble une statue faite de marbre de Paros. Il admire tout ce par quoi il suscite l'admiration. Il se désire, dans son ignorance de lui-même. Ses louanges, c'est à lui-même qu'il les décerne. Les ardeurs qu'il ressent, c'est lui qui les inspire. Il est l'aliment du feu qu'il allume*[26]. »

Amoureux de sa propre image, Narcisse rencontre celle-ci sous la forme d'un reflet mouvant à la surface de l'eau. Dans la vie réelle, beaucoup poursuivent, sans jamais l'atteindre, une telle image, qu'ils portent en eux-mêmes comme une virtualité ; ils en recherchent la confirmation non dans des miroirs matériels, mais dans le regard d'autrui. C'est Freud qui forgea le terme de narcissisme pour désigner le fait de se prendre soi-même comme objet d'amour[27]. Il le définit d'abord comme un stade de l'évolution sexuelle avant de le comprendre comme une constante de la libido, le point de départ, en quelque sorte, de celle-ci[28]. Il deviendra une des deux sources principales du désir amoureux :

---

26. OVIDE, *Les métamorphoses*, III, 415-428, trad. J. Chamonard, Garnier, 1953, tome I, p. 141.

27. « Le terme de narcissisme apparaît pour la première fois chez Freud en 1910, pour rendre compte du choix d'objet chez les homosexuels ; ceux-ci "se prennent eux-mêmes comme objet sexuel ; ils partent du narcissisme et recherchent des jeunes gens qui leur ressemblent, qu'ils puissent aimer comme leur mère les a aimés eux-mêmes" » (J. LAPLANCHE et J.-B. PONTALIS, *Vocabulaire de la psychanalyse*, PUF, 1968, p. 261).

28. « Le moi doit être considéré comme un grand réservoir de libido d'où la libido

l'amour de soi projeté en l'autre par identification, l'autre source étant l'attrait sexuel proprement dit, tourné vers le plaisir.

Si le terme a longtemps eu des connotations péjoratives (comme associé au repli sur soi), il est de plus en plus courant de considérer qu'il fait partie de la construction de soi (« il faut d'abord s'aimer soi-même avant d'aimer les autres »). Comment nier en effet que l'estime de soi, le désir d'être soi-même, l'accord avec soi fassent partie des ressorts de la vie personnelle, mille fois préférables certainement à la haine ou au mépris de soi ? Mais une telle insistance est aussi un phénomène de société. Maints observateurs relèvent que notre culture favorise et développe le narcissisme[29]. Selon le sociologue américain Christopher Lasch, le narcissisme est devenu « une structure constitutive de la personnalité post-moderne[30] », liée à la désertion des valeurs et finalités sociales, à la désaffection des grands systèmes de sens. « C'est la révolution des besoins et son éthique hédoniste[31] qui, en atomisant en douceur les individus, en vidant peu à peu les finalités sociales de leur signification profonde, a permis au discours psy de se greffer sur le social, de devenir un nouvel ethos de masse » (*ibid.*). Une telle tendance peut chercher sa justification dans le subjectivisme, « nouvelle forme d'introversion dans laquelle nous venons à nous penser nous-mêmes comme des êtres dotés de profondeurs intérieures[32] ».

---

est envoyée vers les objets, et qui est toujours prêt à absorber de la libido qui reflue à partir des objets » (S. FREUD, *Psychoanalyse und libidotheori*, 1923, cité *ibid.*, p. 261).

29. « Chaque génération aime se reconnaître et trouver son identité dans une grande figure mythologique ou légendaire qu'elle réinterprète en fonction des problèmes du moment : Œdipe comme emblème universel, Prométhée, Faust ou Sisyphe comme miroirs de la condition humaine. Aujourd'hui, c'est Narcisse qui, aux yeux d'un nombre important de chercheurs, tout particulièrement américains, symbolise le temps présent » (G. LIPOVETSKY, *L'ère du vide*, Gallimard, 1983, p. 55).

30. Cité *ibid.*, p. 59.

31. Du grec *hédonè*, plaisir. « Hédonisme » : philosophie du plaisir.

32. Charles TAYLOR, *Source of the Self*, cité par F. DE SINGLY in *Le soi, le couple et la famille*, Nathan, 1996, p. 12. Taylor se démarque toutefois du subjectivisme comme idéologie de l'accomplissement de soi pour le penser comme idéal moral inhérent à la subjectivité moderne. L'idéal est alors celui de l'authenticité. « Chacun de nous a une

Mais « narcissisme » ne veut pas dire « solitude », pas même exactement individualisme. C'est d'autrui qu'est attendue la fonction de miroir. Or, dans un univers où les relations sociales deviennent de plus en plus fonctionnelles, le premier (non tout à fait le seul) lieu de cette demande sera la famille et, singulièrement, le couple. « Aujourd'hui, écrit François de Singly, l'individu se pense inachevé ; il a donc toujours besoin de très proches pour l'aider à découvrir des ressources enfouies au fond de lui-même[33]. » Une telle demande confère un rôle pédagogique, voire thérapeutique, au conjoint ou aux proches. Rendant compte d'une enquête américaine, de Singly indique que, parmi les six principaux rôles que peut assumer un conjoint[34], l'aide relationnelle vient en tête. Narcisse a donc besoin d'un vis-à-vis, qui s'investira dans cette tâche d'aide à la construction personnelle de son partenaire. Pour ce personnage, le sociologue a trouvé un idéal type : Pygmalion, autre figure des *Métamorphoses* d'Ovide.

Roi de Chypre, Pygmalion s'était voué au célibat (par répulsion envers la conduite impudique des femmes de son pays). Artiste de talent, « *il sculpta dans l'ivoire à la blancheur de neige un corps auquel il donna une beauté qu'aucune femme ne peut tenir de la nature ; et il conçut de l'amour pour son œuvre. [...] Son cœur s'enflamme pour ce simulacre de corps. Souvent il palpe des mains son œuvre pour se rendre compte si c'est de la chair ou de l'ivoire, et il ne s'avoue pas encore que c'est de l'ivoire. [...] Il la pare de vêtements, passe à ses doigts des bagues de pierres précieuses, à son cou de longs colliers ; à ses oreilles pendent de légères perles, des chaînettes sur sa poitrine.* » Le jour de la fête de Vénus, il demande à la déesse de donner vie à la statue. « *Rentré chez lui, Pygmalion se rend auprès de la statue de jeune fille et, se penchant sur le lit, il lui*

---

façon particulière d'être humain : chaque personne possède sa propre "mesure" ». Voir à ce propos l'article de J. Cometti in *Études*, mars 1996, p. 631.

33. F. de Singly, *op. cit.*, p. 15.

34. À savoir : socialisation de l'enfant, prise en charge des soins de l'enfant, rôle récréationnel, rôle sexuel, prise en charge de la vie quotidienne, rôle thérapeutique, aide relationnelle. *Ibid.*, p. 45.

donna des baisers. Il lui sembla que sa chair devenait tiède ; au toucher l'ivoire s'amollit, [...] c'était un corps vivant[35]. » Il étreint une femme réelle, Galatée.

L'interprétation du mythe, souligne de Singly, varie selon les époques. Jusqu'au début du XXe siècle, on en retenait surtout l'œuvre de l'homme, éducateur de la femme, qui façonne une créature conforme à ses attentes. Aujourd'hui, Pygmalion – qui peut aussi bien être Pygmalione –, dans la réversibilité des rôles, personnifie le travail de révélation du soi de l'autre. Lui-même (ou elle-même), d'ailleurs n'est pas totalement désintéressé(e). « Il a besoin de son œuvre, besoin d'être regardé pour vivre. [...] Il s'investit dans autrui pour être lui-même[36]. » Il est donc, de son côté, un autre Narcisse. Un Narcisse actif, en quelque sorte.

Il serait naïf de croire qu'une telle logique soit naturellement en accord avec la perspective du couple durable. Entre l'une et l'autre visée, les points de contradiction ou de fragilité ne manquent pas. Relevons-en au moins trois. Le premier tient au fait que l'idéal de développement total de la personnalité ne peut pas ne pas engendrer, d'une manière ou d'une autre, de l'insatisfaction. Une « réalisation de soi » sans renoncement(s) est un leurre, particulièrement dans le contexte de la vie en couple. L'alternative sera donc : ou bien renoncer à ce rêve, ou bien changer de partenaire, « chacun d'entre eux éclairant telle ou telle partie de l'identité latente, restée dans l'ombre dans les unions précédentes[37] ». Le second point tient à la durée. À travers le temps, chacun des sujets changera. Si donc le conjoint a pour principale fonction d'assurer la validation de l'identité de son coéquipier, il devra être capable de modifier, avec un art consommé, sa manière d'être. Tâche parfois très difficile. « La mobilité conjugale est obligatoire : elle est assurée par une nouvelle définition des fonctions assurées par chacun des partenaires, ou elle engendre la séparation, précédant la formation éventuelle d'autres

35. OVIDE, *op. cit.*, X, 245-290, *ibid.*, tome II, p. 140.
36. F. DE SINGLY, *op. cit.* p. 47, 50.
37. *Ibid.* p. 46.

couples. » Enfin, troisième point de contradiction, il peut sembler à la conscience psychologique que la fidélité à soi-même et la fidélité à l'autre ne soient pas conciliables. Le conjoint qui a aidé à devenir soi au commencement de la relation peut être devenu gênant. L'un ou l'autre peut avoir le sentiment que la relation l'engloutit, ne va pas dans le sens de la continuité de son ego : « Des femmes veulent rompre une union qui, estiment-elles, les a détruites progressivement en les enfermant dans des rôles qui les empêchent d'être elles-mêmes[38]. » À un certain niveau d'analyse, selon une certaine logique psychologique, la durée du couple sur des décennies devient improbable.

Les concepts et catégories de la vulgate psychologique ou psychanalytique sont presque exclusivement centrés sur l'ego. À tel point que les auteurs d'un ouvrage stimulant, *L'amour déboussolé*[39], ont pu judicieusement intituler leur chapitre sur le règne des « psy » : « Le capitalisme du moi ». Les textes freudiens sur l'amour semblent, pour la plupart, cautionner le propos de Benjamin Constant selon lequel « l'amour est le plus égoïste des sentiments ». Un exemple : « L'autre mérite mon amour lorsque, par des aspects importants, il me ressemble à tel point que je puisse en lui m'aimer moi-même. Il le mérite s'il est tellement plus parfait que moi qu'il m'offre la possibilité d'aimer en lui mon propre idéal[40]. » Au-delà même du narcissisme proprement dit, il sera communément traité de la relation en termes d'investissement, de bénéfices, d'économie. « Fondamentalement, l'investissement du moi persiste et se comporte envers les investissements d'objet comme le corps d'un animalcule protoplasmique envers les pseudopodes qu'il a émis[41]. »

Chez Freud lui-même, les analyses ont un caractère rigoureux et ne prétendent pas saisir autre chose que la logique immanente

---

38. *Ibid.* p. 52, 53.

39. Hubert AUPETIT et Catherine TOBIN, *L'amour déboussolé*, *op. cit.*

40. S. FREUD, *Malaise dans la civilisation* (1930), trad. C. Odier, *Revue française de psychanalyse*, 1934, nº VII-4, p. 692.

41. S. FREUD, cité par Laplanche et Pontalis, *op. cit.*, p. 261.

au fonctionnement psychique. Mais leur usage médiatique et vulgarisé sert de caution au subjectivisme régnant, pour lequel le « narcissisme » n'est pas seulement un concept analytique, mais une philosophie globale des relations humaines et même du réel. La dimension objective de celui-ci, comme celle des valeurs, s'estompe comme paysage dans le brouillard, tandis que seuls comptent les désirs de l'individu, ses « envies », ses « besoins ». Tony Anatrella a analysé cette dérive dans une éducation affective où prime l'idée d'épanouissement, « accentuant la subjectivité de l'individu au détriment de la relation aux réalités[42] ».

Un des indices que la relation ou, plus encore, sa représentation est à dominante narcissique sera en effet l'effacement, dans les discours et analyses à propos du couple, de la référence à des réalités tierces, extérieures au face-à-face duel en double miroir. Pourtant, « plus l'amour est authentique, plus il s'étend à des tiers », peut affirmer Roberto Nebuloni, philosophe italien héritier du grand courant personnaliste français des années trente à cinquante[43]. On est frappé du contraste entre le discours de ces auteurs, qui accordaient une grande place à la portée sociale de l'amour, à sa dimension de fécondité, à ses exigences éthiques, et les discours actuels où le subjectif envahit tout. La perspective de fécondité en particulier, si constamment oubliée (voire déniée), est pourtant un des principaux ressorts de l'ouverture du couple non seulement au tiers, mais à la durée, à la vie sociale, au réel. Son absence à l'horizon des représentations dominantes tant de l'amour que de la sexualité conduit à la pauvreté de ce que Aupetit et Tobin appellent « nos accouplements de monades stérilisées[44] ».

---

42. T. ANATRELLA, « Les effets d'une éducation », *Études*, mai 1995, p. 617.

43. R. NEBULONI, « La communauté familiale, symbole de l'idéal éthique », in *La famille, des sciences à l'éthique*, Paul Moreau (dir.), Centurion, 1995. Le courant personnaliste en question pourrait être évoqué par les noms de Gabriel Madinier, Jean Lacroix, Jean Guitton, Maurice Nédoncelle, Gabriel Marcel, etc.

44. « Comprendre pourquoi les émois que nous tirions de nos accouplements de monades stérilisées semblaient si pauvres à côté des jonctions charnelles dont nous rêvions » (*op. cit.*, p. 92).

« Crédule enfant, à quoi bon ces vains efforts pour saisir une fugitive apparence ? L'objet de ton désir n'existe pas ! Celui de ton amour, détourne-toi et tu le feras disparaître. Cette ombre que tu vois, c'est le reflet de ton image. Elle n'est rien par elle-même, c'est avec toi qu'elle est apparue, qu'elle persiste, et ton départ la dissiperait, si tu avais le courage de partir[45] ! »

Narcisse ignore que l'image qu'il aime est la sienne. Quand il le découvrira, il mourra. Son amour comme lui-même vivaient de son illusion. La déception n'est pas moins cruelle quand c'est en autrui que le sujet n'a aimé que sa propre image. Elle l'est même plus car, comme l'a écrit Simone Weil, « l'amour a besoin de réalité. Aimer à travers une apparence corporelle un être imaginaire, quoi de plus atroce, le jour où l'on s'en aperçoit[46] ? » Bien souvent, on fera reproche à l'autre de cette déception ; on lui fera grief de ne pas être le reflet de soi-même, de ce que nous sommes aussi bien que de ce que nous ne sommes pas, de ce que nous voudrions être comme de ce que nous voudrions avoir. « Quand deux êtres se déçoivent réciproquement, écrit très justement Gustave Thibon, il est à peu près sûr que chacun n'a aimé que soi-même en l'autre[47]. »

Les métamorphoses de Tristan

Amors par force vos demeine !
Combien dura vostre folie ?
Trop avez mené cette vie.
Ainsi les admoneste Ogrin.
Tristan li dist : or escoutez
Si longuement l'avons menée
telle fut nostre destinée[48].

45. Suite de l'histoire de Narcisse, *Métamorphoses*, *op. cit.*, v. 435.
46. S. WEIL, *La pesanteur et la grâce* (1948), coll. 10-18, p. 70.
47. G. THIBON, *Ce que Dieu a uni*, Lardanchet, Lyon, 1946, p. 124.
48. Dialogue entre Tristan, Iseut et l'ermite Ogrin. Récit de BÉROUL (XIIe siècle) ; cité par D. DE ROUGEMONT, *L'amour et l'Occident* (1939), coll. 10/18, p. 32.

Orphelin de naissance, élevé par son oncle maternel, le roi Marc de Cornouailles, Tristan a été chargé d'une mission : aller chercher en Irlande, au-delà de la mer, la future épouse du roi, de laquelle un oiseau a rapporté un cheveu d'or et qui s'avérera être la princesse Iseut. Pendant la traversée du retour, une servante sert par mégarde aux deux jeunes gens le philtre d'amour destiné aux époux. Les voici pris par la passion amoureuse, à laquelle ils cèdent. Tristan conduit quand même Iseut au roi son époux mais, trahi par des barons « félons », il est banni. Il reviendra passagèrement à la cour, ils mèneront ensemble une vie errante, avant qu'Iseut ne retourne vers le roi. À l'agonie de Tristan, séparés de nouveau par la mer et trompés par une autre Iseut, ils ne se retrouveront que trop tard. Iseut embrassera alors le corps de Tristan inanimé, avant de le rejoindre dans la mort.

Le premier auteur de cette légende est inconnu, ce qui lui donne déjà un aspect mythique ; mais ce qui l'apparente le plus au mythe est le pouvoir qu'elle exerce sur nous, et d'abord sur notre littérature. Dans un essai qui a fait date, Denis de Rougemont a montré que cette histoire constitue en effet la matrice d'où est issue la quasi-totalité de nos romans d'amour : une passion éprouvée comme fatale, les règles sociales et morales transgressées, un amour réciproque malheureux. De celui-ci, de Rougemont relève principalement trois traits caractéristiques : tout d'abord, il a besoin d'obstacle, à tel point que l'on peut se demander si ce n'est pas cet obstacle qui le fait vivre ; en second lieu et par conséquent, il y a bien des raisons de se demander si l'objet de l'amour des amants n'est pas leur amour lui-même. « Ce qu'ils aiment, c'est l'amour, c'est le fait même d'aimer. Et ils agissent comme s'ils avaient compris que tout ce qui s'oppose à l'amour le garantit et le consacre dans leur cœur, pour l'exalter à l'infini dans l'instant de l'obstacle absolu, qui est la mort[49]. » Le troisième trait caractéristique de cet amour est en effet son affinité avec la mort. Si la vraie vie est impossible sur

49. D. DE ROUGEMONT, *op. cit.*, p. 33.

terre, si vivre c'est être séparés, la mort est la seule issue. Avec Tristan et Iseut, nous nous trouvons sur le chemin de *Roméo et Juliette*, *Phèdre*, *Madame Bovary, Le soulier de satin*, mais, aussi bien, de romans ou de films contemporains. Que l'on songe à *Belle du Seigneur, West side story* ou *L'amour à mort*.

Toutefois, objectera-t-on, la littérature n'est pas la réalité et la forme d'amour la plus fréquente en Occident a bien été – et est encore – celle de millions de couples légitimes, fidèles, et parfois heureux. Mais précisément, « l'amour heureux n'a pas d'histoire » (p. 11)… et nous aimons les histoires. Le rôle de la littérature n'est pas tant de raconter la vie que de traduire l'envers de ce qui est vécu, son négatif en quelque sorte, ce que nous ne vivons pas mais pourrions vivre, les possibles qui habitent notre imaginaire. Plus précisément – telle est l'hypothèse de Denis de Rougemont – la littérature occidentale, ou le règne du mythe de Tristan, est née de la rencontre entre deux traditions spirituelles, elles-mêmes religieuses. La première, que de Rougemont appelle « orientale », est celle qui exalte Éros, lequel ne se confond nullement avec la sensualité, mais peut se définir comme tension vers l'un, aspiration à la sublimation dans un absolu[50]. En contrepoint la seconde voie, chrétienne, promeut l'amour du prochain, la fidélité, le mariage. Non la fusion, mais la communion. L'exaltation de la passion sera alors, au sein du monde chrétien, la traduction de la nostalgie de l'Éros sur un mode narratif, sous forme d'une « histoire ». Aussi de Rougemont peut-il définir l'amour-passion comme « la forme terrestre du culte de l'Éros » (p. 59). La passion amoureuse peut apparaître alors comme une disposition para-mystique ou même comme une ascèse[51], en tant qu'elle s'oppose au bonheur ordinaire et tranquille. Elle est, au fond, plus religieuse que sexuelle.

---

50. « Le dieu Éros exalte et sublime nos désirs, les rassemblant dans un Désir unique qui aboutit à les nier. Le but final de cette dialectique, c'est la non-vie, la mort du corps » (p. 54).

51. Pour ces deux expressions, cf. *Les mythes de l'amour*, p. 65, et *L'amour et l'Occident*, p. 44.

C'est, selon de Rougemont, un des traits caractéristiques de l'Occident que de percevoir la douleur comme voie de connaissance. « Nous aimons la brûlure et la conscience de ce qui brûle en nous » (p. 42).

Mais le mythe n'est pas qu'une échappée. Informant nos rêves, il détermine aussi nos existences. Le prestige de la passion, le curieux attrait pour une force qui provoque tant de malheurs ne peut pas ne pas interférer, un jour ou l'autre, avec les émois ou les nostalgies, les rêves ou les insatisfactions du « bon père – bon époux bourgeois ». On objectera alors que le mythe a perdu de sa prégnance. Trois arguments plaideraient pour une inactualité de Tristan aujourd'hui. Le premier serait que, comme nous l'avons entrevu, le mythe ne tient que par les obstacles qui suscitent la passion, au premier rang desquels se trouvent les règles sociales, l'interdit, l'institution. Est-il besoin de dire que ce paramètre se trouve aujourd'hui fortement affaibli ? Les interdits se font rares (j'entends parfois affirmer qu'il n'en est qu'un, celui de l'inceste) ; le désir a de moins en moins maille à partir avec l'institution. « Point de passion concevable dans un monde où tout est permis[52]. » Le second argument est que Tristan et Iseut sont tout sauf hédonistes. Le moins que l'on puisse dire est que ce n'est pas la « possession » qu'ils semblent chercher. À plusieurs reprises, on les voit susciter eux-mêmes des obstacles à leur rencontre. Image éloquente que celle de l'épée entre leurs deux corps pendant leur sommeil. Enfin – troisième argument –, Tristan et Iseut, comme Roméo et Juliette et comme Phèdre, iront jusqu'au bout de leur destin. Jusqu'au bout de la logique de la passion qui est « désir de ce qui nous blesse et nous anéantit par son triomphe[53] ». Ce triomphe est la mort des amants. Aujourd'hui, le goût pour la passion, très atténué, s'associe à l'aspiration au bonheur en vue d'un compromis honorable entre ces deux logiques. Déjà, avec le romantisme, le mythe s'était

52. *Les mythes de l'amour*, p. 52. Ou encore : « L'absence de sacré exténue les passions, que la conscience d'une profanation faisait flamber » (p. 62).

53. *L'amour et l'Occident*, p. 41.

beaucoup affadi, la mystique qui l'inspirait originellement s'étant muée en une simple délectation dans la tristesse (la *delectatio morosa* des anciens auteurs spirituels). Et le néo-romantisme contemporain veut bien des émotions, mais sans en payer le prix ; il veut bien ressentir, mais non souffrir. L'amoureux contemporain voudrait être à la fois Tristan – mais un Tristan heureux – et époux fidèle. Comme nous le verrons plus loin, il voudrait « tout concilier ».

L'affaiblissement du mythe peut aussi, Dieu merci, s'interpréter en termes plus favorables : au crédit notamment d'un sens de l'amour plus proche de la tendresse modérée, plus réaliste donc, et qui, loin de se poser en transgression de la conjugalité, tend à se couler dans son modèle. En un sens, c'est un signe de santé que de ne pas être fasciné par la logique destructrice de cette histoire.

Il serait toutefois prématuré de conclure que le mythe n'opère plus. Tristan reste une des grandes figures de l'amour. En se gardant de confondre tous les amoureux dans le même portrait, il est possible de repérer, soit chez eux soit dans les représentations qui les habitent, plusieurs points communs avec les amants de Cornouailles. Le premier pourrait être symbolisé par le philtre d'amour, ce breuvage magique qui rendit instantanément Tristan et Iseut amoureux l'un de l'autre. Image de l'amour comme fatalité, le philtre pouvant être interprété comme l'alibi de la passion. Dans la ligne du romantisme, ne continuons-nous pas à considérer l'amour comme *fatum*, c'est-à-dire selon une logique destinale ? Tomber ou ne pas tomber amoureux, le rester ou ne pas le rester, subir ou non la dissolution du couple ne restent-ils pas subordonnés aux processus psychiques dont nous avons plus haut entrevu le pouvoir ? Le langage de la psychologie a pris le relais de celui de la passion pour mettre en avant le côté passif de l'amour, ce qui en lui est étranger à l'ordre de la décision ou de la volonté. D'externe, la fatalité est devenue interne. L'imaginaire a remplacé le breuvage, les pulsions les passions.

Le second point de continuité pourrait être désigné par un des titres de chapitres de Denis de Rougemont : « L'amour de l'amour ». Étant donné le prestige de l'amour et toutes les promesses qui lui sont attachées, il est tentant de le viser pour lui-même, la personnalité du partenaire n'étant pas loin d'être réduite au statut de moyen ou d'occasion. Tristan aime-t-il Iseut ? Est-il aimé par elle ? De Rougemont se permet d'en douter et glane un aveu : « Il ne m'aime pas, ne je lui » (p. 31). L'orientation hédoniste de l'amour peut rejoindre sur ce point celle de l'amour-passion, dans la mesure où c'est le sentiment, l'affect lui-même qui est objet d'amour, plus que la personne de l'autre en sa réalité, son extériorité, sa présence.

Un troisième point commun sera le rôle de l'interdit. Celui-ci se déplace, certes, se raréfie sans doute, mais il continue à opérer. Divers auteurs ont souligné que c'est lui qui alimente, voire suscite la passion ou même, simplement, le désir[54]. « Sans l'adultère, que seraient nos littératures[55] ? » Cet interdit demeure, bien qu'atténué. Toutefois, la fragilisation de l'institution matrimoniale et, d'une façon plus générale, le déplacement des limites font apparaître de nouveaux interdits, de nouveaux « tabous » même. À travers deux romans sinon contemporains, du moins de notre siècle (*Lolita* et *L'homme sans qualités*), de Rougemont en repère deux : l'amour des petites nymphes (nous dirions la pédophilie) et l'inceste. Plus loin, il en ajoute un troisième, qui opère moins dans la vie réelle que dans la littérature : l'amour dans le mariage ou, plus précisément, l'érotique du mariage[56]. Connaissez-vous beaucoup de romans ou de films qui racontent les heurs et les malheurs, les aléas et les renouveaux, l'histoire à travers la durée (et sans divorce !) d'un amour conjugal ? Il n'est pas du

---

54. Notamment Georges Bataille, René Girard ou, en littérature, Henri Bosco.

55. *L'amour et l'Occident*, p. 13.

56. « L'érotique du mariage est une terre inconnue pour la littérature occidentale » (*Les mythes de l'amour*, p. 76). Les exemples existent, mais ils sont rares et n'appartiennent pas aux œuvres majeures : *Le zèbre*, d'Alexandre JARDIN, ou tel feuilleton télévisé. Certains films d'Éric Rohmer ou d'Ingmar Bergman feraient exception.

tout certain que cela soit dû seulement aux exigences de la narrativité. Et de Rougemont peut demander : « Cette convention littéraire condamnant le mariage accompli n'est-elle pas un tabou bien autrement redoutable, aux yeux de l'écrivain et du lecteur, que toute espèce d'inceste ou de passion maudite [57] ? »

Nous avons relevé le caractère antisocial de l'amour de Tristan et Iseut. De cela aussi nous trouvons des traces dans le sens contemporain de l'amour (ce sera notre quatrième point commun). Mieux qu'« antisocial », le terme d'« a-social » conviendrait assez à ces amours qui se veulent extérieures à toute institution, à toute traduction en termes de statut social (« époux », « épouse »), à toute notion de droits et de devoirs. Même lorsqu'il se coule plus volontiers dans des formes ou réseaux de socialité, c'est souvent comme refuge contre les dures lois de la vie en société que le couple est valorisé. On dira qu'une telle représentation, intimiste, est propre à un âge, l'adolescence. Mais, précisément, c'est ce modèle, celui de l'amour adolescent qui est la figure type de notre culture, que Tony Anatrella a pu qualifier d'« adolescentrique [58] ». Tristan et Iseut, comme Roméo et Juliette, ne sont-ils pas, en quelque sorte, des adolescents ?

Nous pouvons relever un cinquième et dernier point de continuité entre les mythes actuels de l'amour et celui de Tristan dans la parenté entre l'amour et la mort. Plus nettement encore que pour plusieurs des points précédents, ce sont ici les représentations culturelles qui sont en cause. Mais comment ne pas retrou-

---

57. *Ibid.* Dans le film de Rohmer *L'amour l'après-midi*, le personnage principal prend une décision, que tout le reste du film fait apparaître comme très positive, de fidélité. Commentaire d'une journaliste de *Télérama* : « Alors qu'il s'apprête à rejoindre Chloé, nue dans son lit, il ôte son pull à col roulé : son reflet dans la glace lui rappelle un jeu qu'il a eu, quelques jours plus tôt, avec son épouse et sa fille. Il s'enfuit en courant. Sa course et la plongée dans la cage d'escalier ne laissent aucun doute : c'est un autre gouffre qui s'ouvre devant lui, celui du regret éternel. De n'être pas allé jusqu'au bout de son désir, d'avoir raté une occasion, de s'être, en quelque sorte, résigné. » L'escalier est bienvenu pour permettre à la journaliste de plaquer, sans aucune autre justification cinématographique, *sa* philosophie du couple sur cette scène (n° 2421, juin 1996, p. 34).

58. Notamment dans *Interminables adolescences*, Cerf-Cujas, 1988.

ver ce fil conducteur de *La fureur de vivre* aux *Nuits fauves*, de *Sparkenbroke*[59] à *L'empire des sens*? Il n'est pas rare que l'attrait de l'amour soit apparenté à celui de la mort, que la passion prenne une coloration morbide. Depuis quelques années, la présence et la menace du sida apportent un substrat très concret à l'antique affinité entre l'amour et la mort, au travail de Thanatos sous celui d'Éros. Si nous repensons au dernier film de Cyril Collard, comment ne pas reconnaître que, même en l'absence du virus, les relations y auraient une tonalité mortifère? Et ce film a été célébré, à tort ou à raison, comme emblématique de la sensibilité d'une génération. Indéniablement, dans notre univers culturel, la tristesse que Tristan porte dans son nom s'exprime bien davantage que la joie de vivre.

Don Juan dévalué

> « *Les inclinations naissantes ont des charmes inexplicables, et tout le plaisir de l'amour est dans le changement*[60]. »

Don Juan est un peu comme le reflet inversé de Tristan. Le grand seigneur espagnol s'oppose à l'orphelin breton comme la gaieté à la tristesse, la possession à la séparation, la multiplicité à l'unicité. L'aimée, pour Tristan, est inaccessible, alors que c'est Don Juan lui-même qui est inaccessible aux femmes qu'il séduit. Denis de Rougemont note que cette histoire, dont l'origine remonte au XVIIe siècle[61], n'est vraiment devenue un mythe, c'est-à-dire n'a vraiment exercé un pouvoir sur les consciences,

---

59. Roman anglais de Charles MORGAN, trad. fr. éd. du Rocher, 1990.

60. MOLIÈRE, *Dom Juan ou le festin de pierre*, acte I, scène II.

61. En 1630 paraît en Espagne *El burlador de Sevilla y convidado de piedra* (Le trompeur de Séville et l'invité de pierre), pièce écrite par un religieux, Gabriel Tellez, moine de l'ordre de la Merci, qui prit pour nom d'auteur celui de Tirso de Molina. L'apologue originel avait une visée édifiante, mais les interprétations ultérieures, très nombreuses, se révélèrent souvent diamétralement opposées à la leçon primitive.

qu'à partir du XVIIIe siècle. Son image, celle d'une sensualité débordante, continue à habiter nos représentations, la musique aidant, avec un éclat exceptionnel, par la grâce du génie de Mozart. Il n'est pas certain pour autant que Don Juan puisse être compté parmi les mythes principaux de notre imaginaire amoureux. À cela nous pouvons trouver deux types de raisons.

La première est que l'histoire de Don Juan suppose une société où les règles soient nombreuses et impératives. Ses aventures tiennent une bonne partie de leur sel de leur caractère transgressif. Don Juan et ses conquêtes, telle Zerline, violent les lois sacrées du mariage. À l'évidence son jeu aurait moins de saveur s'il avait lieu dans un monde sans interdits, sans statut social, sans écart de rang, sans risque. Que serait (pour nous) Don Juan sans le Commandeur ? Bien différent est le contexte actuel. Des règles existent certes, mais nettement moins sacralisées. Dans certaines sphères socioculturelles, c'est presque la transgression elle-même qui est devenue la norme (reculant alors de plus en plus loin les limites sans lesquelles elle-même n'existerait pas). Le caractère sacrilège et finalement tragique de Don Juan correspond peu à la culture que décrit Gilles Lipovetsky, aux normes souples, indolores et utilitaires[62]. D'où un affadissement de l'image, une dégradation de cet aristocrate qu'était Don Juan[63]. Un personnage de Milan Kundera exprime fort bien cela :

> « Don Juan était un conquérant. Mais, je vous le demande, comment voulez-vous être un conquérant dans un territoire où personne ne vous résiste, où tout est possible et où tout est permis ? L'ère des Don Juan est révolue. L'actuel descendant de Don Juan ne *conquiert* plus, il ne fait que *collectionner*. Au personnage du Grand Conquérant a succédé le personnage du Grand Collectionneur, seulement le Collectionneur n'a absolument plus rien de commun avec

62. G. LIPOVETSKY, *Le crépuscule du devoir*, Gallimard, 1992.

63. « Dans le vertige de l'anarchie où il se plaît, ce grand seigneur n'oublie jamais son rang naturel. Son naturel, c'est le mépris ; rien n'est plus loin de la nature » (*Les mythes de l'amour*, p. 113).

Don Juan. Don Juan était un personnage de tragédie. Il était marqué par la faute. Il péchait gaiement et se moquait de Dieu. C'était un blasphémateur et il a fini en enfer. Don Juan portait sur ses épaules un fardeau tragique dont le Grand Collectionneur n'a pas la moindre idée, car dans son univers toute pesanteur est sans poids. Les blocs de pierre se sont changés en duvet. Dans le monde du Conquérant, un regard comptait ce que comptent, dans le monde du Collectionneur, dix années de l'amour physique le plus assidu. [...] Le Grand Collectionneur n'a rien de commun ni avec la tragédie ni avec le drame. L'érotisme, qui était le germe de catastrophes, est devenu, grâce à lui, une chose pareille à un petit déjeuner ou à un dîner, à la philatélie, au ping-pong, ou à une course dans les magasins. Le Collectionneur a fait rentrer l'érotisme dans le monde de la banalité. Il en a fait les coulisses et les planches d'une scène où le vrai drame n'aura jamais lieu[64]. »

Il est une autre raison, plus positive, pour laquelle le mythe de Don Juan ne peut pas être considéré comme très prégnant aujourd'hui. Le modèle de l'amour fidèle et monogame l'a emporté. L'amour et l'institution, longtemps opposés moyennant quelques accommodements, se sont réconciliés. Très tôt, dès l'adolescence, la représentation dominante, même dans les rêves, est de trouver l'âme élue pour un amour réciproque, unique et durable. L'assouplissement des règles, comme celui des mœurs, n'est pas exclusif de ce sage projet. Les statistiques le confirment : 87 % des Français estiment la fidélité « tout à fait fondamentale ou très importante » et 80 % affirment avoir été « toujours fidèles »[65]. Je suis conscient d'être passé, ici, des représentations aux mœurs, mais ce qui est significatif, c'est que l'imaginaire correspond d'assez près à ceux-ci. Le modèle romantique du grand amour fait plus rêver que les « mille et trois » femmes du grand séducteur.

Don Juan n'est pourtant pas absent de notre univers. Il donne

64. M. KUNDERA, *Risibles amours* (1968), Gallimard, 1986, coll. Folio, p. 143-144.
65. Sondage *Panorama*-CSA, février 1993.

encore figure à quelques traits de l'amour aujourd'hui. Tout d'abord, il incarne encore aux yeux de beaucoup la vitalité et l'élan inépuisable du désir. Selon Kierkegaard, « il ne séduit pas mais il désire, et ce désir a un effet séducteur. Il désire et continue à désirer et il jouit toujours de l'assouvissement du désir [66]. » L'attrait pour la pure spontanéité d'une part, la définition de l'amour comme désir d'autre part correspondent assez bien à notre culture. Le désir de désirer, le prestige de ce seul mot qui est devenu le « Sésame, ouvre-toi » de la plupart des analyses de l'amour vont dans le même sens. Un autre point de continuité avec le mythe serait la valorisation de l'amour naissant. Qui ne ferait sien le propos du Dom Juan de Molière placé en exergue de ces lignes ? L'image non seulement la plus spontanée mais aussi la plus représentée de l'amour est celle de ses commencements. Le sociologue italien Francesco Alberoni en fait la théorie en définissant l'amour, qu'il nomme *innoramento* (enamourement), comme « l'état naissant d'un mouvement collectif à deux [67] ». Les amants sont saisis par le mythe d'une communauté nouvelle qui les arrache à une communauté ancienne. Le charme de l'amour viendrait de ce passage de l'ordinaire à l'extraordinaire. Charme par essence passager. Car, ensuite, en l'absence d'obstacles et sous le poids des habitudes, l'extraordinaire va redevenir ordinaire et l'histoire sera à recommencer. Nous rencontrons ici un autre thème très actuel qui, à lui seul, pourrait constituer un mythe, celui du « refaire sa vie ». Mais peut-on réellement revenir au commencement, « repartir à zéro » ? Le modèle des recommencements souriants, comme celui de l'amour toujours naissant, ont cela de mythique qu'ils gomment le caractère nécessairement dramatique de cette voie. Ils correspondent au rêve d'une éternelle jeunesse, d'un amour qui reste étranger à ce pire ennemi qu'est (alors) le vieillissement.

---

66. S. Kierkegaard, « Les étapes érotiques spontanées », in *Ou bien ou bien* (1842), Gallimard, 1943, p. 78.

67. F. Alberoni, *Le choc amoureux* (1979), trad. fr., Ramsay, coll. Pocket, 1981, p. 9. Nous y reviendrons au chapitre v.

L'amour type est l'amour juvénile. Beaucoup sont alors pris dans la contradiction entre une image de l'amour incompatible avec la durée et la persistance de l'idée selon laquelle l'amour est le seul fondement du lien durable (dont nous avons dit qu'il continue à être désiré).

L'Éden immédiat

« Mais là-haut
Dans l'air les nuages et les montgolfières
Légère légère la main d'Lily
Sur la joue de Peter
Lily Peter tout seuls à l'hôtel de l'Univers[68]. »

Profonde est, chez tout homme, la nostalgie de l'Éden, d'un paradis que l'amour permettrait de retrouver. Dans la Bible pourtant, qui ne cultive pas le mythe, cet Éden est définitivement perdu. Contrairement à ce que laisserait croire une lecture qui ne s'en tiendrait qu'aux trois premiers chapitres de la Genèse, l'objet de l'espérance biblique est en avant, non en arrière, objet de promesse à partir d'un exode, d'un exil. La Terre promise n'est pas l'Éden ; pour y parvenir il faut franchir des déserts. Or, il se trouve qu'au beau milieu de l'extraordinaire chant d'amour que l'on appelle Le Cantique des cantiques figure le mot *pardès*, que l'on traduit ordinairement par « jardin », mais dont la transcription presque littérale est « paradis ».

> « Elle est un *pardès* bien clos, ma sœur, ma fiancée,
> un *pardès* bien clos » (4, 12).

L'amour serait-il donc quand même le lieu du paradis retrouvé ? En un sens, oui, mais en rappelant aussitôt que, dans

68. Chanson d'Alain Souchon.

ce poème, les rencontres alternent avec les séparations, les moments de plénitude avec la quête anxieuse :

« Sur ma couche, la nuit, j'ai cherché celui que mon cœur aime.
Je l'ai cherché, mais ne l'ai point trouvé !
Je me lèverai donc et parcourrai la ville.
Dans les rues et sur les places,
je chercherai celui que mon cœur aime.
Je l'ai cherché mais ne l'ai point trouvé ! » (3, 1).

Que l'amour soit lieu de plénitude, qu'il soit comme le paradis trouvé ou retrouvé, l'expérience en est si irrécusable que, comme telle, elle est au-delà des mythes. En revanche, le mythe, c'est-à-dire l'imaginaire englobant, revient au galop dès lors que cette plénitude est confondue avec quelques stéréotypes, réduite à tel ou tel modèle schématique qui en fait le reflet de nos désirs ou des *a priori* de notre culture. J'appelle *Éden immédiat* – en donnant au mot « immédiat » son double sens temporel et sensitif, « sans délai » et « objet de possession », « à portée de main » – ce rêve d'un paradis sans désert, sans quête ni renoncement, sans contradiction ni dépassement, dont la caricature (assurément la plus grossière) serait la prolifération des « Éden club », « Éden plage » ou « Éden palace ». Trois objets de désir, trois valeurs incontestées vont s'y mêler en un tout composite et indiscerné, l'amour, le sexe, le bonheur, comme si « naturellement » ils allaient de pair.

Un hédonisme syncrétique

L'expression est de sociologues qui, dans un rapport de synthèse, rendent compte de ce qui peut apparaître aujourd'hui comme nouveau principe régulateur du lien conjugal. Ce principe, selon eux, est double : d'une part il réside dans « le sentiment partagé par les deux conjoints que leur bonheur ou, si l'on veut, leur "accomplissement" passe par l'union avec l'autre conjoint », mais d'autre part il est référé à « la quête de l'authenticité de l'alliance ». Question des sociologues : « Peut-on régler les différends et finalement organiser la vie commune à partir de ces deux références ? » La réponse est dubitative, l'une et l'autre risquant d'entrer en concurrence. « L'option la plus "rationnelle" sera alors le choix léger, celui qui permet le plus la compatibilité entre les différents objectifs souhaités. Point d'exclusivité, ni d'irréversibilité. On s'oriente alors vers un bonheur fait d'un agrégat de gratifications. Comme en économie, on tente de "maximiser" les possibles. On revient à une conception arithmétique du bonheur, vers ce que l'on peut appeler un hédonisme syncrétique[69]. »

« Eudémonisme syncrétique » conviendrait sans doute encore mieux, dans la mesure où c'est une philosophie du bonheur qui est impliquée ici[70]. Philosophie selon laquelle celui-ci pourrait résulter d'un providentiel agrégat entre amour, durée et gratifications. Ces trois termes vont-ils naturellement de concert ? Un amour en quête de gratifications peut-il fonder la durée ? Plus largement, c'est l'équation même entre bonheur et amour qu'il faut remettre en cause. La philosophie la plus spontanée et la plus classique du bonheur a toujours été celle de l'accomplissement de soi. Or, en deçà d'une conversion délibérée au sens de l'altérité, la visée de ce dernier, compris comme « épanouissement », est foncièrement égocentrée, surtout si elle est accommodée au goût de l'individualisme contemporain. La quête du bonheur se conjugue alors avec celle de l'identité évoquée plus haut. Plus, même, si l'on suit Aristote et Épicure, l'homme heureux est défini comme « autosuffisant »[71]. (Je traite ici du bonheur visé, tel qu'on se le représente. Compris véritablement comme « bon-heur », c'est-à-dire comme « ce qui arrive de

69. « Une nouvelle forme d'alliance », in *La famille à l'orée du XXIe siècle. Bilan des réflexions menées dans le cadre de l'année internationale de la famille*, ministère des Affaires sociales, 1995, tome II, p. 46-47. Le chapitre a été dirigé par Louis Roussel et Irène Théry.

70. En grec, *eudaimôn* signifie « bonheur ».

71. Voir l'article de Francis Wolff, « L'ami paradoxal », revue *Autrement*, n° 17, février 1995, p. 83.

bon», il peut recevoir un sens beaucoup plus ouvert[72].) De mon bonheur, donc, ou, plus exactement, de l'idée que je m'en fais, je reste le centre. Une fidélité reposant sur l'eudémonisme ne pourra donc être que très relative, fortement conditionnelle : nous resterons ensemble *si* mon épanouissement y trouve son compte. Est-ce encore de l'amour ? La logique de ce dernier ne peut pas ne pas être différente. L'amour est décentrement, acceptation de l'entrée de l'autre dans mon existence, ce qui est nécessairement un dérangement, une aventure, un chemin risqué. Si, comme nous le ferons finalement, nous le considérons dans sa visée, dans sa « mystique » propre, c'est du côté d'une quête que nous serons conduits, quel que soit le nom que l'on donne à l'objet de celle-ci : altérité, transcendance, infini, vérité, sainteté. Une éthique de la sainteté ne coïncide pas avec celle du bonheur immédiat. Elle comprend la vie comme un exode permanent ; elle est, si nous reprenons les termes d'Emmanuel Lévinas, « destitution de la souveraineté du moi », « exposition à l'autre », « substitution », « abnégation »[73]. Ces derniers termes font peur. Ne rappellent-ils pas l'idée de sacrifice ?

L'amour sans sacrifice : voilà, au fond, à quoi rêvent nos eudémonistes. Le terme peut légitimement déplaire s'il évoque les dérives plus ou moins morbides qui ont pu accompagner l'idée de « se sacrifier ». Mais on peut faire une lecture non sacrificielle du sacrifice. Le terme désigne alors la part de renoncement inhérente à toute forme de don réel ou, tout simplement, à l'accueil de l'altérité de l'autre dans sa propre existence. Que serait un amour sans dérangement, sans renoncement à des pans entiers de ce qui, jusque-là, semblait constituer l'identité propre ? Il n'est pas d'amour sans souffrance, la souffrance n'étant pas le

---

72. Étymologiquement, *eu-daimôn* signifie la même chose, « faveur divine ». J'ai rédigé en 1976 une critique de l'idéal de bonheur, que je ne renie pas aujourd'hui. « Les derniers hommes », in *Exister - Cahier du centre Kierkegaard*, n° 1, février 1976. J'y développais l'idée que le meilleur moyen de manquer le bonheur est de le viser.

73. Expressions d'Emmanuel LÉVINAS. *De Dieu qui vient à l'idée*, Vrin, 1982, p. 133 ; *Autrement qu'être*, Martinus Nijhoff, 1986, p. 63 et suiv.

malheur. Elle n'est confondue avec celui-ci qu'aux yeux d'une philosophie qui, comme l'hédonisme, ne comprend le bonheur que comme absence de douleur. L'horreur à l'égard du sacrifice peut ainsi se comprendre comme indice de la croyance béate en une harmonie préétablie entre le bonheur et l'amour.

Que l'on me comprenne bien. Je suis loin d'affirmer que ces deux bienfaits sont incompatibles. Dieu merci, ils vont souvent de pair. Le bonheur est l'un des fruits de l'amour. Cela étant, j'ai voulu poser deux affirmations. La première est la différence entre le bonheur *reçu* comme fruit de l'amour, comme « cadeau », et le bonheur *visé* comme « idéal de l'imagination[74] », dont les représentations sont ordinairement égocentrées. Si la fin est le bonheur, l'amour (et donc autrui) n'est qu'un moyen. Il y a une différence entre « fruit » et « fin ». La seconde affirmation est qu'entre l'idéal du bonheur et celui de l'amour peuvent exister des tensions, des contradictions, des alternatives. Autrement dit, que des choix peuvent s'imposer. Beaucoup, croyant en l'harmonie préétablie, voudraient ne pas avoir à choisir. Ils se sont engagés sur la voie d'une éthique de l'altérité (par exemple sur celle de la fidélité), mais ils souhaiteraient conserver les bénéfices d'une quête identitaire. Ou alors, autre cas de figure, ils croient avoir choisi, se représentant par exemple le bonheur à deux, mais ce qui gouverne leurs actes en réalité est le calcul hédoniste. Notre culture, qui est aussi celle des supermarchés (où tout est présenté en même temps, et ce que l'on n'achète pas un jour, on peut s'imaginer l'acheter un autre jour), porte à tout vouloir concilier. Elle porte au syncrétisme, comme cela se traduit dans d'autres domaines[75]. Elle n'éduque pas à la décision, à la voie unique, à la porte étroite, à la patience.

74. Termes de KANT, *Critique de la raison pratique* (1788). Pour Kant, la quête du bonheur ne peut fonder la loi morale.

75. Je songe ici, par exemple, au *New Age*.

Sous les pavés, la plage

Si l'amour est perçu comme un ingrédient indispensable au bonheur, il sera lui-même, à son tour, considéré comme improbable sans quelques passages obligés, au nombre desquels, bien sûr, le sexe. Bonheur, amour, sexe, la triade est quasi insécable, et la corrélation circule dans les deux sens. Les premiers termes appellent le troisième et celui-ci, à son tour, promet ceux-là. « Sous les pavés, la plage » : l'indéniable portée poétique de ce slogan de Mai 68 évoque ce triple horizon. La plage, nouvel Éden, lieu du bonheur (pensons à Rousseau au bord du lac de Bienne), des amours estivales, de l'érotisme, au moins suggéré. Le sable qui est sous les pavés, assimilé à celui, si doux, de la plage, évoque un univers d'avant la culture, avant les normes, la civilisation. À la différence de celle-ci, cet univers est totalement bon ; sa bonté est celle d'une bonne nature – ou nature bonne –, en deçà des règles morales ou institutionnelles. Le paradoxe est alors que cette croyance aille de pair avec ce que l'on peut appeler l'antinaturalisme contemporain, c'est-à-dire l'allergie intellectuelle à l'idée de « nature », selon le principe que « tout est culturel »[76], à mettre en relation avec le mythe prométhéen selon lequel l'homme doit forger seul son destin. Si la nature comme source de normes, structurée et structurante, est rejetée, en revanche elle sera très prisée comme « sable », fluide et malléable à volonté, où il fait bon s'allonger.

« La sexualité paraît définitivement affranchie de toutes les servitudes organiques qui en limitaient l'exercice. Pour la première fois, l'amour, le plaisir, vont être totalement libres. C'est l'âge d'or et le paradis terrestre à la portée de tous. » Ainsi un journaliste pouvait-il résumer rétroactivement la philosophie de

76. H. AUPETIT et C. TOBIN épinglent très bien cette idéologie, notamment chez Mme BADINTER. *L'amour déboussolé*, *op. cit.*, p. 136-137. Je renvoie aussi à mon article : « La différence sexuelle a-t-elle une portée spirituelle ? », in *Homme et femme, l'insaisissable différence*, collectif, Cerf, 1992.

la libération sexuelle des années soixante-dix[77]. Si alors survient un mal comme le sida, il sera perçu et affirmé comme d'origine purement extrinsèque aux conduites et aux actes, une sorte de météorite venue par malchance de l'extérieur, comme s'il n'avait pas partie liée avec les comportements[78]. Comme il n'est pas question de remettre en cause ceux-ci, les messages de prévention s'attacheront à ne s'en tenir qu'à la promotion d'un seul acte, la pose d'une membrane de latex. Dans l'attente du miraculeux « vaccin » qui permettra de retrouver ce qu'André Glucksmann appelle « le vert paradis des amours sans sida[79] » – en attendant la prochaine pandémie. Car, en l'absence de toute règle et de toute limite, chaque virus n'est jamais qu'une « maladie écran ». Se démarquant de l'optimisme naïf que nous venons d'évoquer, Glucksmann rappelle que « toutes les maladies témoignent de l'irréductible chaos que la nature et les sociétés couvent[80] ».

Sous le sable, il y a bien des choses, y compris de mauvaises surprises. Au demeurant, comme un ouvrage sociologique récent vient de le montrer à propos des « seins nus »[81], la plage n'est pas un lieu si « naturel » qu'il y paraît. Des règles sociales y opèrent. De même, la sexualité que, pendant quelques années, l'on a dite « naturelle » est-elle soumise à des normes, explicites ou implicites. Ignorées ou contestées les règles morales, institutionnelles ou religieuses, d'autres prendront le relais, issues

---

77. G. BONNOT, *Le Nouvel Observateur*, 12 juin 1987, p. 87.

78. Alors qu'à l'évidence tel n'est pas le cas. « La libération des mœurs s'était accompagnée de celle des microbes, virus, champignons et bactéries jusque-là contenus dans les digues de la morale. » *L'amour déboussolé*, *op. cit.*, p. 36. Selon une étude sérieuse, parmi les premiers patients atteints du sida aux États-Unis, certains avaient plus de 500 partenaires par an (W. W. DARROW *et alii*, « Risk factors of human immuno-deficiency virus infections in homosexual men », *American Journal of Publics Health*, 1987, t. 77, p. 479-483).

79. A. GLUCKSMANN, *La fêlure du monde*, Flammarion, 1994, p. 29.

80. *Ibid.*, p. 126. Auparavant, Glucksmann a exposé la théorie de la *pathocénose*, selon laquelle « toutes les maladies s'équilibrent et se neutralisent les unes les autres, suivant les lieux et les époques » (p. 122).

81. J.-C. KAUFMANN, *Corps de femmes, regards d'hommes. Sociologie des seins nus*, Nathan, 1995.

d'une double provenance, le sentiment et la science. Entre la valorisation du sentiment amoureux d'une part et les impératifs de l'hygiène d'autre part, une sexualité à « double conduite » : elle commande d'un côté la subjectivité et ses affects, de l'autre l'objectivité et ses diktats. Entre l'idéal et l'élémentaire, le statut du désir et des pratiques sera pour le moins incertain.

Le nouvel ordre amoureux

La corrélation entre sexualité et amour semble aujourd'hui évidente. L'expression « faire l'amour » n'est-elle pas la plus usitée pour désigner l'union ? L'amour que l'on « fait » est alors associé à celui que l'on ressent, qui vient en quelque sorte le justifier. À la question « Accepteriez-vous de faire l'amour avec quelqu'un dont vous n'êtes pas amoureux ? », 65 % des 15-18 ans répondent « non », à un âge pourtant où la sexualité « opératoire », c'est-à-dire fonctionnelle ou exploratoire, tient une plus grande place que chez les adultes[82]. La subordination de l'acte au sentiment est aujourd'hui le principal ancrage d'une éthique de la sexualité. Presque tous les critères d'évaluation des conduites en découlent : sincérité, respect, dialogue, réciprocité, exclusivité, fidélité. On peut apprécier la présence de cet horizon de sens, qui, négativement, se traduira par le refus ou la désapprobation de conduites comme le viol, la violence, la prostitution, la pédophilie, le multipartenariat.

J'ai développé ailleurs le bien-fondé de ce lien, son ancrage anthropologique profond, sa fécondité interpersonnelle[83]. Toutefois, lorsque l'intégration dynamique devient confusion ou corrélation rigide, les écueils apparaissent, et cela dans les deux sens, aussi bien de l'amour vers le sexe que du sexe vers l'amour. S'il s'agit de légitimer ou de réguler l'union, force est de reconnaître que la présence de « l'amour » constitue une norme bien floue.

---

82. « Lycéens, qui êtes-vous ? », Sondage CSA-*Phosphore* (n° 123, avril 1991).

83. X. LACROIX, *Le corps de chair*, Cerf, 1992 ; X. Lacroix, *Le corps et l'esprit*, Vie chrétienne, 1995.

Quoi de plus fluctuant que ce repère ? Mesurerait-on une longueur avec un élastique ? Des premiers émois au pacte d'alliance mutuelle, quand commence le « véritable amour » ? Une des fins de cet ouvrage est de mettre en lumière les embranchements ou alternatives, les passages ou les étapes qui ponctuent les voies de l'amour. Quand celui-ci sera-t-il à même de légitimer, en lui donnant sens, l'engagement le plus intime du plus intime des corps ? La question se pose, en retour, pour l'acte lui-même. Il n'est pas du tout évident, non acquis d'emblée, que l'acte sexuel ait une signification amoureuse. Tant d'autres interprétations en sont possibles : instrumentale, érotique, ludique, transgressive, agressive, sacrale, procréatrice, sociale[84]... Au sein même de notre culture, où domine donc l'interprétation amoureuse, son statut, sa portée, son degré de gravité sont l'objet de bien des hésitations. Perplexité qui se traduit par exemple dans l'alternative suivante : l'acte a-t-il vocation à traduire l'entrée dans la relation amoureuse ou l'accomplissement de celle-ci ? Son inauguration ou son achèvement ?

Incertitude, donc. D'autant que bien connues sont les ruses du désir. Le sentiment peut servir d'alibi à celui-ci, être mis en avant pour le rendre avouable. Ruses dénoncées par Solal dans *Belle du Seigneur* : « Quelle importance accorder à un sentiment qui dépend d'une demi-douzaine d'osselets dont les plus longs mesurent à peine deux centimètres ? Quoi, je blasphème ? Juliette aurait-elle aimé Roméo si Roméo quatre incisives manquantes, un grand trou noir au milieu ? Non ! Et pourtant il aurait eu exactement la même âme, les mêmes qualités morales ! [...] Et ce n'est pas tout, et elles ne se contentent pas d'une inspection du visage ! Il leur faut du tout compris ! À cette première rencontre, de leur regard angélique et bleu elles t'ont déshabillé sans que tu t'en doutes et sans qu'elles s'en doutent elles-mêmes, car elles ne s'avouent pas leurs regardages[85]. » Ne risque-t-on

84. *Ibid.* (second titre), p. 38.
85. Albert COHEN, *Belle du Seigneur*, NRF, 1968, p. 302, 303.

pas de prendre (et faire prendre) pour tendresse ce qui est sensualité ou, à l'inverse, pour sensualité ce qui est tendresse ? L'écueil peut être d'interpréter hâtivement comme amour, avec tout ce que ce terme implique de sérieux et de gravité, des impulsions, des attitudes et des gestes qui, selon leurs motivations les plus déterminantes, relèvent plus de la stratégie, du jeu ou de l'affirmation de soi que d'un véritable engagement envers l'autre. On voit tous les malentendus qui peuvent en découler.

D'autant plus que, en sens inverse, le contexte culturel ambiant, fortement érotisé, ainsi que l'absence de seuil reconnu, pourront porter à interpréter ou traduire sur le registre de la plus grande intimité sexuelle une proximité affective qui pourrait se vivre autrement. Une amitié intime, une forte affection qui, en d'autres contextes, pourraient fort bien être qualifiées de fraternelles seront très vite et très communément interprétées à travers cette grille de lecture, autrement dit perçues comme amoureuses. L'amitié ou l'affection en question pourront en être troublées. Par ailleurs, il se trouve que l'érotisation de la relation conduit celle-ci plus loin encore sur la voie de l'intimité, voire de l'exclusivité. Un engagement prématuré dans une relation qui a toutes les couleurs d'une relation d'alliance sans en avoir les fondements suffisants peut préparer bien des déconvenues. Entre tendresse et sensualité, les relations demandent donc à être clarifiées. Tâche qui ne sera pas facilitée si l'une et l'autre se trouvent confondues et comme consacrées par l'onction de ce vocable qui leur apporte le sceau d'une inattaquable légitimation, « amour ».

Ainsi donc, à l'idéalisation de l'amour correspond celle du sexe. Que l'un et l'autre puissent avoir une portée plus trouble, que l'un puisse aller sans l'autre, finit par être oublié. Le premier apporte l'onction de sa sublimité au second, lequel en retour apparaît comme consécration obligée. Double sacralisation, donc, et dans les deux sens. C'est ici que ce qui, à première vue, pouvait apparaître comme « spontané » et « naturel » se révèle en réalité être le lieu et l'objet de normes tout à fait opérantes. De nouvelles obligations en naissent. Vivre un amour sans relations sexuelles, différer celles-ci, demande aujourd'hui beaucoup de conviction et de courage. En ce domaine comme en d'autres, les normes du groupe – son ironie notamment – sont encore plus redoutables que celles, anciennes, de l'autorité. « Aussi, écrit le sexologue Gilbert Tordjman, voyons-nous de plus en plus de jeunes filles consulter pour symptomatologie dépressive parce que, ne se décidant pas au rapport sexuel, elles ont un sentiment d'anomalie. Aussi voyons-nous des garçons paniqués, humiliés parce qu'ils n'ont pu répondre à l'invitation d'une partenaire plus libérée et plus agressive[86]. » Et ce n'est pas un mince paradoxe que de voir une corrélation d'origine apparemment si romantique et subjective donner lieu à des normes si contraignantes.

Le « sexuellement correct »

« Et si l'incitation à jouir
"par hygiène" remplaçait aujourd'hui
l'ancien impératif chrétien de procréation
qui pesait sur les œuvres de chair[87] *? »*

Nous ne sommes plus guère ici au royaume des mythes à proprement parler. Nous sommes encore dans celui des modèles, des discours englobants ou, si l'on préfère, de l'idéologie. La part mythique y demeure, au moins sous l'acception de ce que nous avons dénommé « petits mythes », en référence aux définitions de Roland Barthes[88].

Lors donc que les normes explicites se raréfient, elles ne laissent pas place au vide. De nouvelles normes apparaissent,

---

86. In *La première fois*, G. TORDJMAN (dir.), Ramsay, 1981, p. 14.

87. P. BRUCKNER, A. FINKIELKRAUT, *Le nouveau désordre amoureux*, Seuil, coll. Points, 1977, p. 26.

88. Rappel de la note 4.

implicites. Lorsque s'atténue le souci de la moralité, c'est celui de la normalité qui prend le relais. (Et l'on peut se demander si le sentiment de ne pas être « normal » n'est pas plus lourd à porter que celui – dont certains ont pu tirer une certaine gloire – de ne pas être moral.) Au reste, les nouvelles normes ne sont implicites qu'en ce qu'elles ne s'avouent pas comme telles. Car elles se formulent bel et bien. Le nouveau discours sur l'amour « fait l'économie d'une répression ouverte en ce que, loin d'interdire, il normalise, façonne des "besoins" nouveaux, forme les êtres à jouir dans ses procédés spécifiques. [...] La ligne de partage ne passe plus entre le permis et le défendu mais entre la norme et ses écarts[89]. » Il n'est que de lire, dans les journaux et magazines à grand tirage, ces anodines rubriques de « conseils » où derrière les « comment » se multiplient les impératifs : « le mieux est », « n'hésitez pas », « vous devez », « surtout ne pas », sous des titres comme : « Comment garder son amour d'été ? » ; « Êtes-vous un couple névrosé ? » ; « Les filles et les gays aiment-ils les mêmes mecs ? » ; « Votre père est-il homo ? Quelques signes pour l'encourager à faire son come out[90]. » Gilles Lipovetsky a analysé ce passage de la norme dirigiste et autoritaire à une norme indicative et souple qui, pour être humoristique et souriante, n'en est pas moins impérative[91].

Ne voulant ni ne pouvant recourir à une norme transcendante, cette nouvelle normalisation s'appuiera sur la référence la plus commune, qui offre le double intérêt d'être apparemment neutre tout en faisant autorité, le discours scientifique. À ce savoir incontestable s'adjoindra une finalité non moins indiscutable, l'hygiène. Devant l'évidence de la légitimité d'une telle fin, face aux impératifs si manifestes de la santé et de la survie, l'on ne peut que s'incliner. En 1961 déjà, Denis de Rougemont pouvait écrire : « Je ne vois guère d'autres interdits vraiment redoutables, aux yeux de l'homme du XXe siècle, que ceux que la

89. *Ibid.*, p. 7-8.
90. Tout cela en un seul numéro du magazine *20 ans*, septembre 1996.
91. G. LIPOVETSKY, *L'ère du vide*, *op. cit.*, p. 71.

Science et l'Hygiène pourraient faire prononcer par l'État[92]. » L'hygiène et la santé, ultimes refuges de l'obligation dans une culture dont le matérialisme est la philosophie commune.

Les choses se compliquent toutefois du fait qu'il ne s'agit pas seulement de santé biologique, mais aussi de santé psychique, psychosociale, même. En deçà des options du conformisme médiatique, le discours scientifique lui-même ne peut pas être neutre. Inévitablement il implique au pire une idéologie, au mieux une philosophie. Comment pourrait-il en être autrement, dès lors qu'il s'agit non seulement de comportements mais de conduites, c'est-à-dire d'actes engageant des finalités ? Comment pourrait-on tenir un discours absolument (ou exactement) objectif sur des réalités comme le couple, la fidélité, l'adultère, l'homosexualité ou même, simplement, le plaisir ? Au reste, donner une réponse exclusivement scientifique à une question de portée existentielle est déjà un choix. Il est des situations, éducatives notamment, où cela peut traduire une fin de non-recevoir à l'égard d'autres résonances de la question[93]. Répondre en termes exclusivement physiologiques relève de la même attitude qui limite les messages de prévention du sida au seul préservatif : un moyen commode d'éviter de parler des conduites, autrement dit d'aborder les questions morales. « La capote était un alibi pour ne pas réfléchir à nos mœurs », dit, à sa manière, Hubert Aupetit[94]. Mais quelle image de la sexualité – et de l'humain – véhiculent donc ces messages selon lesquels le seul lieu d'exercice de la responsabilité serait le recours au latex ? L'exclusivité de ce message tend, en accréditant le mythe d'une sexualité sans risques, à, selon les termes de Tony Anatrella, maintenir la pul-

92. *Les mythes de l'amour*, *op. cit.*, p. 88.

93. Dans un excellent article, « Sida, les limites d'une prévention », Bruno Larrose, psychothérapeute, s'interroge sur ce que signifierait, face à une question comme : « Est-il vrai qu'il y a plus de risques lorsqu'on a des rapports homosexuels ou anaux ? » de répondre exclusivement par : « Oui, car la muqueuse anale est plus fragile que la muqueuse vaginale » (*Études*, janvier 1990, p. 52).

94. *L'amour déboussolé*, *op. cit.*, p. 74.

sion sexuelle dans le sentiment de la toute-puissance infantile, à l'abri des interrogations existentielles et morales[95].

Derrière l'hygiénisme se profile une vision de l'homme, une philosophie (si le mot n'est pas trop riche ici) qui ne considère les conduites, réduites au rang de comportements[96], que comme la mise en œuvre de fonctions, c'est-à-dire, à peu de choses près, la satisfaction de besoins individuels ou sociaux. Fonctionnaliste est la pensée d'un monde où ne règne que l'utilité, où le « bien » est dans le bon fonctionnement soit de la « machine désirante », soit de la machine sociale. Aupetit et Tobin citent Saint-Exupéry – « la termitière future m'épouvante » – avant de poursuivre : « L'espèce est retournée à sa source biologique, le supplément d'âme confisqué au passage par une entité collective ratiocinante et toute-puissante. L'homme se retrouve un petit bipède fonctionnel [...]. Ainsi, la civilisation la plus éloignée de l'animal par ses ambitions, par ses réalisations, par ses cheminements spirituels, cette civilisation domestique va désormais s'asservir elle-même comme une espèce domestique[97]. »

Le côté apparemment minimaliste de l'idéologie fonctionnaliste n'empêchera pas que, sur les bases d'un discours sanitaire, certains ne travaillent à accréditer des pratiques sexuelles partielles ou problématiques. La gravité du danger (sida) est censée légitimer le recours à des slogans dont le message induit est que toutes les conduites se valent. Anatrella montre, exemples à l'appui, que l'image de la sexualité la plus mise en avant est celle d'une sexualité infantile, primaire et morcelée[98].

---

95. T. ANATRELLA, *L'amour et le préservatif*, Flammarion, 1995, p. 19. Lire à ce propos tout le chapitre : « Les illusions du sexe sans risques », p. 188-194.

96. Un comportement est un ensemble d'actions et de réactions en situation et objectivement observables. (La notion vaut pour les animaux.) Une conduite est une manière de se conduire, en référence à des normes et des valeurs.

97. *L'amour déboussolé*, *op. cit.* p. 189.

98. « On encourage l'immaturité ambiante en valorisant la pulsion pour elle-même, alors qu'elle ne peut être finalisée que dans la relation à l'objet » (*L'amour et le préservatif*, p. 32). Au début de l'ouvrage, T. Anatrella cite trois bandes dessinées à visée « préventive » où, en peu de pages, défilent successivement : inceste, masturbation,

Ainsi donc, affichant par ailleurs un credo difficile à contester, celui d'une éthique de la tolérance, de la non-culpabilisation, du refus de toute exclusion et de l'égalité des droits, s'impose un discours normalisateur et homogénéisant. Un discours quasi officiel, ressemblant étrangement au *politically correct* qui nous vient des États-Unis, où le refus allégué de toute discrimination donne lieu à une uniformisation sans précédent du discours. Paradoxe analysé avec finesse par Éric Zanetto qui, dans un article de la revue *Études*, montre combien cette illusoire neutralisation du langage, contraignant la langue et la pensée à l'indifférence, contient des germes de totalitarisme[99].

Il n'y a donc pas qu'en économie que règne la « pensée unique ». En matière de mœurs aussi, il est de plus en plus difficile de sortir d'un certain cadre de référence. Les médias relaient les options d'un milieu parisien au profil sociologique bien déterminé, mi-libéral, mi-libertaire (ces deux options se ressemblent beaucoup en matière d'éthique personnelle), qui, consciemment ou non, tente d'accréditer pour normatifs des modèles pourtant encore nettement minoritaires. En revanche, que des jeunes gens créent une association qui se donne pour but d'encourager ceux qui s'engagent à rester vierges jusqu'à leur mariage, et c'est un tollé général. Un tabou a été enfreint. Des articles d'une virulence étonnante chez des apôtres de la tolérance fleurissent dans plusieurs journaux ou magazines, de *Elle* au *Canard enchaîné*[100]. Que l'on puisse, par libre choix, rester

homosexualité, fellation, rapport anaux et cunnilingus (p. 23 à 25). Quant aux slogans, ils parlent d'eux-mêmes : « Vu tout ce qu'on porte à sa bouche en une journée, pourquoi refuser 60 microns de latex ? » ; « Quand vous faites l'amour avec Sophie, profitez-en pour protéger Valérie » ; « Quand vous faites l'amour avec Pierre, profitez-en pour protéger Virginie » ; « Avec 25 capotes, on peut avoir 25 partenaires » (p. 19 à 32).

99. Le droit à la différence codifiée, prévue, normalisée, va de pair avec l'attention accrue portée au règlement (plus que la loi) partagé par tous. Le mouvement d'émancipation, qui ne concerne que quelques "natures" bien connues, quelques déviances collectives – gare aux déviances individuelles – reste ainsi tout relatif » (Éric Zanetto, « Politiquement correct », *Études*, n° 384-1, janvier 1996, p. 47).

100. « Karine, 26 ans, a décidé d'attendre. Elle poireaute à AVA, "L'amour vrai attend", un mouvement épatant qui prône "la virginité avant le mariage". [...] En

continent au-delà de 18 ans, *a fortiori* si l'on est amoureux, paraît inconcevable ou suspect. L'idée de continence est automatiquement associée, assimilée presque, à celle de frustration ou de refoulement. Les tabous se sont déplacés. Si, il y a cinquante ans, c'étaient des termes comme « orgasme », « éjaculation » ou « clitoris » qui étaient imprononçables, le relais est pris aujourd'hui par « chasteté », « virginité », « pureté ».

Qu'ils soient confondus ou, au contraire, dissociés, amour et sexualité continuent à former le binôme de référence, la dyade sacrée. L'absence, dans leur sphère, de l'idée de fécondité semble relever d'une telle évidence que son rappel peut surprendre. Ce que certains ont pu appeler « la mentalité contraceptive » consiste à dissocier non seulement deux actes, ce qui est une chance pour la liberté, mais deux significations, ce sur quoi l'on peut s'interroger. L'amour d'une part, la sexualité d'autre part n'auraient-ils rien à voir avec la fécondité ? Comment se fait-il qu'une pratique qui met en permanence la femme en état de « stérilité artificielle [101] » ne suscite pas plus de questions ? Ce ne sont pas des papistes, mais (après d'autres) les très modernes Aupetit et Tobin qui osent lever ce tabou : « La pilule, pour cette jeune femme qui se dit à l'aise dans son époque, c'est le moyen de faire l'amour sans avoir d'enfants ; une commodité à ranger à côté d'autres produits de consommation : réfrigérateur, machine à laver la vaisselle... Le fait que cette substance agisse en permanence sur son corps n'éveille pas en elle de curiosité particu-

---

France, ils sont 600 engagés "par écrit à être sexuellement purs jusqu'au mariage". Six cents. Faciles à repérer. On les aura à l'œil cet été quand ils chanteront leur tube "C'est c'est c'est l'hymen". Reste le plus dur : définir le "sexuellement pur". On attend beaucoup de Karine et de ses copains pour nous donner une définition pénétrante (ou pas) de la chose. [...] Craignons que les modernes adorateurs de la virginité ne se jettent dans le plus classique des remèdes : les épousailles précoces. En attendant de prôner un jour la chasteté après le mariage ? » (*Le Canard enchaîné* du 5 juin 1996). (On mesure ici le pouvoir de l'ironie.) Voir à ce sujet l'article courageux de Jacques Duquesne dans *La Croix* du 26 juin 1996.

101. « L'état permanent de la femme aujourd'hui est celui de la stérilité artificielle » (L. ROUSSEL dans *La famille incertaine*, Odile Jacob, 1989, p. 157).

lière. C'est tant mieux, du reste, car la notice contenue dans la boîte ne lui serait d'aucun secours. [...] Il s'agit d'un médicament, qui doit être prescrit par un médecin. Mais y a-t-il un malade ? Faire l'amour n'est pas une maladie, avoir un enfant non plus. Que soigne-t-on quand on prend la pilule [102] ? »

Tout se passe comme s'il y avait, ici encore, une réalité à oublier : que l'acte sexuel n'est pas n'importe quel acte, mais aussi celui qui pourrait permettre de procréer, que « génital » signifie aussi « capacité d'engendrer », que nous sommes tous nés d'un tel acte et que par conséquent, du point de vue du sens, la fécondité est à l'horizon de la sexualité. Ces rappels ne sont pas prisés, ils seront caricaturés comme « réactionnaires » (comme s'ils prônaient la subordination de chaque acte à la procréation) ; ils prennent la sensibilité dominante à contrepied. À l'ancrage physiologique de l'union, à sa possible ouverture sur un a-venir nouveau, celle-ci préfère la griserie du présent, le pouvoir de l'imaginaire. N'a-t-on pas pourtant l'obscure intuition que, selon la formule d'Emmanuel Lévinas, « le dynamisme propre de l'amour le mène au-delà de l'instant présent et même au-delà de la personne aimée [103] » ?

L'amour tout-puissant

« Il suffit d'aimer [104]... »

À l'opposé des mythes minimalistes que nous venons de rencontrer (qui peut-être seraient plutôt des « anti-mythes »), voici, pour finir, le Grand Mythe : celui, toujours récurrent, de la divinisation de l'amour. Éros, selon Platon et pour une bonne part de la mythologie grecque, est un demi-dieu, un *daimon*, terme que l'on traduit généralement par « démon », mais qui, étant donné les connotations de ce terme, gagnerait à être traduit par « génie ».

102. *L'amour déboussolé*, p. 16.
103. E. LÉVINAS, *Difficile liberté*, Albin Michel, 1976, p. 57.
104. Titre d'un livre des années soixante.

Manière de dire sa position intermédiaire entre l'humain et le divin, manière de dire aussi que l'amour n'est pas un état ordinaire.

Mais beaucoup, depuis, ont franchi le pas en le divinisant pour de bon. À cela, il faut bien le dire, n'a pas peu contribué le christianisme ou, plus exactement, une certaine vulgarisation du message de celui-ci. Le propos central et mystérieux de saint Jean : « *O theos agapè estin* », « Dieu est *agapè* », se verra dans un premier temps traduit par « Dieu est amour », sans discernement du sens de ce dernier mot, c'est-à-dire en y englobant des significations affectives très mêlées. Dans un second temps, la proposition se renversera en « *l'amour est dieu* », le sentiment est divin, l'émotion est sacrée, c'est-à-dire point de contact avec le divin.

On entrevoit ici à la fois comment le christianisme a préparé le romantisme et comment celui-ci est un affadissement, une déformation, un retournement de celui-là. Il nous faudra opérer un travail de discernement, de conversion même, pour redécouvrir l'originalité de la révélation de l'amour comme *agapè* (d'origine non seulement chrétienne, mais juive). Un tel travail va de pair avec une critique des diverses formes de divinisation du sentiment ou des discours fleuris sur la toute-puissance de l'« amour ». Ces dernicrs ont beaucoup proliféré depuis quelques décennies, plus particulièrement peut-être dans les milieux d'obédience chrétienne. À quelle anthologie de sermons de mariage, recueils dits « poétiques », brochures, plaquettes, images, chants ne pourrait-on pas s'adonner ! On y verrait l'amour, appréhendé par ses cimes sublimes, présenté comme le seul ressort, le seul moteur de la vie du couple. En voici deux exemples, tirés d'un recueil de textes sur l'amour[105].

105. Je préfère, par discrétion, taire la référence.

Toujours,
quand il y a un vide dans ta vie,
remplis-le d'amour.

Adolescent, jeune, vieux,
toujours,
lorsqu'il y a un vide dans ta vie,
remplis-le d'amour.

Ne pense pas : « Je souffrirai. »
Ne pense pas : « Je me tromperai ».
Va, simplement, allégrement,
à la recherche de l'amour.

Cherche à aimer comme tu peux,
à aimer tout ce que tu peux,
aime toujours.

Ne te préoccupe pas de ton amour,
il porte en lui-même sa fin.

Ne le juge pas incomplet
parce que tu ne trouves pas de réponse à ta tendresse.
L'amour porte dans le don d'affection sa propre plénitude.

Toujours,
quand il y a un vide dans ta vie,
remplis-le d'amour.

(Armando Nervo)

Nous nous sommes rencontrés
Sur un petit chemin
C'était un jour d'été
Aux senteurs de lavande et de thym.

Compagnons de vacances
Nous partagions les mêmes jeux
La gaieté et l'insouciance
Des enfants heureux.

Quelques années ont passé
Sur le petit chemin
Mais c'est toujours l'été
Aux senteurs de lavande et de thym.

Il est notre bonheur
Il est notre chemin
Il a mille couleurs
Et mille doux parfums.

Il est Douceur, il est Amitié
Il est Joie, il est Enfant,
Au cœur du foyer
Il est là toujours présent.

Il se nomme Amour
Hier, aujourd'hui et demain
Il grandit de jour en jour
Sur le petit chemin.

(Sans signature)

Aux confins du rêve et de la réalité, l'amour sera soleil, chemin, fleur, oiseau... Il va de soi qu'une telle idéalisation déborde les sphères « catho » – que l'on pense par exemple à certains textes de Prévert ou Aragon, sans parler des chansonnettes. On pourrait placer dans la même catégorie les discours d'apparence « libérée » selon lesquels il paraît évident que le fondement du couple – et de la famille si vient un enfant – puisse être l'amour ressenti, quand ce n'est pas la passion amoureuse ; ou encore ceux qui affirment que l'amour permettrait de faire l'économie de la morale.

Les méfaits de cette adoration sont pluriels. Tout d'abord, elle correspond à une surcharge de sens et de valeur. Attendre que la relation elle-même, le lien comme tel se confonde purement et simplement avec l'amour ne peut pas ne pas conduire à des déboires. On risquera de se trouver tôt ou tard enfermé dans une logique binaire qui est aussi une logique du « tout ou rien » : ou bien nous nous aimons ; tout est merveilleux et nous restons ensemble ; ou bien nous ne nous aimons plus, c'est la catastrophe et nous nous séparons. Pourtant, dans une relation de couple ou, si tel est le cas, dans le lien conjugal, le sentiment n'est pas seul en cause. D'autres composantes, d'autres ingrédients interviennent comme constitutifs du lien. Celui-ci est aussi histoire, confluence de deux passés, recomposition de deux psychismes, œuvre commune, fondation, fécondité, communauté... Chacun de ces termes renvoie à des paramètres qui ne coïncident pas avec ceux de l'amour et méritent d'être considérés pour eux-mêmes. Ces réalités seront médiatrices de l'amour lui-même. Reconnue leur importance, on acceptera mieux les imperfections du couple. On renoncera à réaliser un couple parfait et, partant moins d'une telle image que des données réelles de nos complexions réelles, on goûtera à la beauté du relatif.

Un second méfait de la croyance naïve en la toute-puissance de l'amour est de conduire à oublier, pour les réalisations que nous venons d'évoquer, l'importance de ce que j'appellerai la sagesse pratique. Suffit-il d'aimer ? Non, osons le dire, il ne suffit pas d'aimer. L'amour, aussi fort soit-il, ne supprimera pas les difficultés à communiquer, à exprimer ses désirs ou ses peines, à savoir dire sereinement « non », pas plus que la peur d'être englouti dans la relation, la résurgence des images parentales, le manque d'imagination pour renouveler cette « longue conversation[106] » qu'est une vie de couple. On peut s'aimer et être incapables de vivre ensemble, incapables psychiquement de supporter la proximité quotidienne, de contrôler ses affects, de vaincre les obstacles qui ne sont peut-être pas insurmontables, mais que l'on ne sait pas lever. Il faut aussi du « savoir-faire » et du « savoir être » pour vivre en couple. L'amour ne lève pas magiquement les handicaps. Vivre ensemble doit faire l'objet d'un apprentissage. Il n'est pas dit que ce dernier puisse avoir lieu dans un contexte exclusivement duel. Il appelle la référence à des tiers dont nous verrons plus loin quel peut être le profil. Sans oublier le rôle que peut tenir l'institution.

Il apparaît en effet qu'un troisième méfait du culte de l'amour est de conduire à oublier, voire mépriser ou abandonner en douceur, les médiations sociales et institutionnelles. Dans le même sens, l'idée de rester ensemble ou de faire le maximum pour restaurer le lien afin de maintenir la cellule familiale – ne parlons pas du patrimoine ! – paraît indéfendable. Il y a tout de même lieu de se demander si, pour la stabilité du lien, le rôle de l'institution est aussi secondaire qu'il y paraît. Ce serait miracle que le sentiment, dont nous venons d'entrevoir tous les aléas, ne connaisse pas des pannes, des turbulences, des crises graves parfois. Au nombre des autres sources de continuité se présente alors le sens de l'institution, c'est-à-dire, en premier lieu, de la cellule sociale à laquelle l'union a donné naissance, la famille. Et si le maintien de celle-ci dans son unité et sa vitalité était du nombre des ingrédients de l'amour, venant l'alimenter, contri-

106. Expression du sociologue américain Peter Berger, cité par Louis ROUSSEL, in *La famille incertaine*, *op. cit.*

buer à lui donner consistance ? Compris comme forme sociale reconnue et assumée, le mariage lui-même pourra exercer ce que les psychologues appellent une fonction de « contenance », c'est-à-dire de référence et de limite, qui aidera à ne pas laisser la crise envahir tout le champ de conscience, apportant d'autres repères que subjectifs et affectifs. Roger Melh l'a très bien dit : « L'institution conjugale n'a pas, devant l'emprise de la passion, une force invincible. Du moins permet-elle parfois d'attendre des jours meilleurs, du moins laisse-t-elle du temps pour la réflexion, pour le retour sur soi. Elle retarde l'irrémédiable et c'est déjà beaucoup. Car un irrémédiable retardé a quelques chances d'être vaincu[107]. » À ceux qui affirment un peu légèrement, comme il est fréquent aujourd'hui, que la différence entre concubinage et mariage est caduque, on peut rappeler une statistique et poser une question. Quelles que puissent être leurs belles intentions de départ, les couples de concubins sont deux fois plus fragiles que les couples mariés[108]. N'y aurait-il donc pas une différence, au fondement du couple, lors de ce que j'appellerai sa fondation, entre des aveux ou des serments d'amour exclusivement intimes et une parole solennelle d'alliance, devant témoins et devant la loi ?

Ce que nous avons dit du sentiment, nous oserons l'affirmer de l'amour chrétien lui-même, c'est-à-dire de l'amour compris en son sens théologique. Même issu de Dieu, l'amour n'est pas « tout-puissant » au sens ordinaire de cette expression. Il s'agit en effet, selon les termes de saint Paul, d'une puissance qui se déploie dans la faiblesse[109]. Elle ne supprime pas plus les limites

---

107. R. MELH, *Essai sur la fidélité*, Paris, PUF, 1984, p. 73. Cité par France Quéré.

108. « Le mariage correspond à un risque de rupture plus faible, pour les couples qui ont un enfant comme pour les couples sans enfant : le risque de rupture de l'union est six fois plus fort si le couple n'est pas marié, tandis que la naissance d'un enfant ne diminue le risque que d'un tiers. » (Le rapport est donc du simple au double.) In *La famille à l'orée du XXIe siècle*, *op. cit.*, tome II, p. 27. L'analyse s'appuie sur une étude de L. Toulemon. J'ai abordé ce sujet dans *Le mariage, tout simplement*, Éditions de l'Atelier, 1994, chapitre III.

109. Deuxième épître aux Corinthiens 12, 9.

de l'affectivité qu'elle ne lève celles de l'intelligence. « La grâce ne supprime pas la nature, mais elle la perfectionne » : l'adage théologique repris par saint Thomas d'Aquin[110] s'applique aussi bien à l'amour, qui est un des fruits de celle-ci. Traits de caractère, blessures du passé, entraves psychiques de divers ordres ne seront pas magiquement levés par l'entrée dans le dynamisme de l'amour, aussi authentique soit-il, aussi divine soit son origine. La foi chrétienne est, certes, foi en son action, et cela de façon centrale, essentielle. Mais il s'agit d'une action intime, qui opère de l'intérieur, aux sources mêmes de la liberté et du désir, sans gommer ce qui est extérieur à ceux-ci, sans supprimer ce que Simone Weil appelle la « pesanteur ». De même donc que, pour ce qui concerne l'intelligence, sans faire monter le « QI », elle peut conduire à un regard plus sage et plus éclairé, pour ce qui concerne l'affectivité elle peut opérer de l'intérieur en pacifiant, unifiant, suscitant les actes appropriés. En étant, beaucoup l'ont expérimenté, source d'énergie. Mais tout cela de façon non magique, c'est-à-dire à travers le relais des médiations évoquées.

Une autre version de l'interprétation romantique de l'amour chrétien provient des avatars d'une injonction augustinienne citée à tout propos sans grand discernement : « *Aime et fais ce que tu veux.* » Magnifique exemple de détournement de citation. Notre contemporain bien-pensant entendra : « Du moment que tu aimes (que tu es amoureux), quoi que tu fasses, c'est bon. » Nous ne sommes pas loin de l'abbaye de Thélème… On pourrait déjà relever l'écart entre une telle lecture et le sens de la phrase dans sa lettre même : si ton vouloir est réellement conforme au choix de l'amour, il est bon. Mais le plus piquant est que la version laxiste est aux antipodes de la signification du propos d'Augustin tel qu'il ressort de son contexte, lequel est un encouragement à la fermeté en éducation : la cajolerie peut être perverse, alors que la sévérité peut être inspirée par l'amour. Le

110. Saint THOMAS D'AQUIN, *Somme théologique*, Ia, qu. 1, art. 8, et qu. 2, 111.

sens est presque : « Du moment que tu aimes… sévis tant que tu veux[111] ! » Précision importante toutefois : « … sans fiel, à la façon de la colombe, non du corbeau. » L'amour apporte donc sa note spécifique, mais ne se substitue pas à la loi, aux lois de notre condition.

Le point commun entre tous les « mythes » que nous venons de parcourir est, au fond, de nier la difficulté de la rencontre, que ce soit au profit de la totalité, de la fatalité ou encore de l'immédiateté, du conformisme, de la magie. Toujours difficile sera la rencontre réelle de l'homme et de la femme. Ne choisissant que l'une de ces figures, le mythe tente de supprimer les contradictions, de réduire le paradoxal à l'homogène. Mais l'amour est paradoxal, comme l'existence. Comment ne le serait-il pas, voulant réunir le spirituel et le sensuel, le spontané et le réfléchi, l'union et la séparation ? Tâches si immenses qu'il n'y pourra pas suffire à lui seul. Il faudra lui associer d'autres concours. C'est lorsqu'il devient englobant que l'amour devient mythique. Même en mystique chrétienne, l'amour n'est pas tout ; il y a aussi « la foi » et « l'espérance » !

---

111. « Un père bat son enfant, un marchand d'esclaves cajole son esclave. Si tu donnes à choisir entre deux choses, les coups et les cajoleries, qui ne choisira les cajoleries et qui ne fuira les coups ? Si tu regardes aux personnes, la charité frappe et la perversité cajole […]. Ce qui distingue les actes des hommes, c'est la charité qui est à la racine […]. Les épines aussi ont des fleurs ; il y a des actes durs qui paraissent cruels ; mais ils visent à corriger, inspirés par la charité. Une fois pour toutes t'est donc donné ce court précepte : *aime et fais ce que tu veux* […] L'amour sévit, la charité sévit, elle sévit en quelque sorte sans fiel, à la façon de la colombe, non du corbeau » (Saint AUGUSTIN, *Commentaire de la première épître de Jean*, VII, 8, Sources chrétiennes n° 75, p. 239).

II

LES NOMS DE L'AMOUR

Comment se fait-il que dans notre langue mais aussi, paraît-il, dans beaucoup d'autres, un même mot désigne des réalités si diverses, voire opposées ? Un terme identique pour le dévouement et pour la convoitise, pour la jouissance et pour l'élan vers Dieu, pour le désir et pour l'attachement, pour l'affection maternelle et pour le plaisir vénal, pour la passion dévorante et pour l'amour conjugal, pour le chocolat et pour un tableau de Vermeer… Il paraît qu'en arabe il existe cent termes pour désigner l'amour[1]. Autant que pour Dieu mais, des noms de celui-ci, l'homme ne connaît que quatre-vingt-dix-neuf, l'ultime restant inconnaissable. En serait-il de même pour l'amour ?

On pourrait songer, en français, à le remplacer par tel ou tel terme choisi parmi une belle constellation de noms plus ou moins approchants : *tendresse*, *affection*, *amitié*, *inclination*, *dilection*, *préférence*, *goût*, *possession*, *passion*, *attachement*, *attention*, *charité*, *bienveillance*, *dévouement*… Aucun d'entre eux, pourtant, ne s'avère parfaitement équivalent. Il y a dans ce petit mot à la sonorité à la fois douce et sourde une nuance irremplaçable. Il est sans doute significatif, et nous tiendrons cela pour un bienfait de notre langue, qu'un seul et même terme, en lequel

1. Tahar BEN JELLOUN, présentation de l'*Encyclopédie de l'amour en islam*, de Malek CHEBEL, in *Le Monde*, 14 juillet 1995.

ne peut pas ne pas se traduire une intuition commune, se trouve ainsi à l'intersection du plus charnel et du plus spirituel, de l'égoïsme et de l'altruisme, du plus consacré et du plus transgressif. Si ce nom n'existait pas, il faudrait l'inventer.

Il n'empêche que, dès que l'on s'y arrête, on se trouve perplexe, devant des tensions qu'il faut bien assumer : tantôt il est perçu comme une passion, quelque chose qui vous « tombe dessus » ou dans lequel vous tombez sans y pouvoir mais, tantôt il est entendu comme faisant l'objet d'un commandement : « Tu aimeras ton prochain comme toi-même[2]. » Souvent il est confondu, ou presque, avec le désir, en situation, donc, de poursuite ou de manque ; mais bien souvent aussi il est associé à l'attachement, dont on dit parfois qu'il tue le désir. Certains ne le conçoivent qu'à l'état naissant, d'autres ne discernent sa vérité que dans la patiente fidélité. Il apparaît tantôt comme une folie, tantôt comme le sommet de la sagesse. Et, comble de paradoxe, les philosophes le classent aussi bien parmi les passions que parmi les vertus !

Faut-il s'en tenir à cet amalgame de significations composites, à ce flux de mouvements contraires ? Même si, en dernier ressort, la visée ultime demeure innommée – car il s'avérera, disons-le tout de suite, qu'il n'existe aucun synonyme parfait au mot « amour » –, nous ne sommes cependant pas tout à fait à court de notions pour qualifier ces mouvements contraires, différencier les niveaux d'expérience, repérer les alternatives existentielles.

Distinctions classiques

Si, du latin *amor*, nous héritons de la pléiade de significations que nous venons d'entrevoir, d'autres langues, plus analytiques, nomment différemment des choses en effet assez différentes. Tel

2. Lévitique 19, 18.

est notamment le cas du grec, pour lequel quatre verbes (au moins) désignent distinctement quatre manières d'aimer[3].

Sterguein, que l'on peut traduire par « chérir », « aimer tendrement », « supporter » (aussi !), est réservé aux liens parentaux, à l'affection familiale. On ne songe pas toujours, lorsque l'on parle d'amour, à cette forme qui diffère à bien des égards de l'affection amoureuse, tout en ayant avec elle des points communs. Amour à part entière, oui ; mais l'interdit de l'inceste est passé par là et, pour des raisons plus fondamentales encore, on ne saurait interpréter l'affection maternelle, paternelle ou fraternelle à travers les mêmes catégories que celles de l'affection amoureuse. Des aspects tout à fait essentiels de l'amour s'y manifestent pourtant.

Eran, « désirer », « être épris de », « aimer passionnément », est, bien sûr, le verbe d'où provient *eros*. Il est significatif qu'il soit proche du verbe *erôein*, s'échapper avec force. Éros est ce mouvement plus ou moins impétueux qui me porte vers l'autre pour souhaiter franchir la séparation, réaliser avec lui l'unité. En première approximation, disons qu'il naît du manque ou, du moins, de la distance, et qu'il aspire à une complétude. Bien que foncièrement subjectif, c'est-à-dire de nature psychique ou spirituelle, son mouvement originaire est sensuel, même s'il ne se confond pas avec *orexis*, l'appétit, avec *epithumia*, l'attrait, non plus qu'avec *lagneia*, la convoitise ou encore avec *ormè*, l'impulsion[4]. Il est à noter que, dans la Grèce classique, Éros désigne d'abord l'attrait homosexuel, l'amour des femmes étant du domaine d'Aphrodite. Chez Platon et dans la tradition platonicienne, il ne tend pas seulement, pas même vraiment, vers le plaisir, mais vers la Beauté, qui est la manifestation sensible du Bien.

---

3. Nous partons des verbes dont, d'une manière générale, le sens est plus précis que celui des substantifs. C'est ainsi que le sens du verbe « aimer » est déjà beaucoup moins incertain que celui du substantif « amour ».

4. Les philosophes stoïciens qui sont, pour une bonne part, les initiateurs de la psychologie du désir amoureux, ne disposaient pas moins de trente et un noms pour désigner le désir ! Voir à ce sujet : Maria DARAKI, *Une religiosité sans Dieu. Essai sur les stoïciens d'Athènes et saint Augustin*, La Découverte, 1989, p. 82-83.

Philein, « aimer d'amitié », « accueillir avec plaisir », « prendre soin de »... La *philia* recouvre bien sûr ce que nous entendons sous le terme « amitié », mais, plus largement, elle désigne l'amour lui-même sur son versant de bienveillance active. Selon Aristote, « l'amitié parfaite » consiste à se vouloir mutuellement du bien. Un tel amour, nous le verrons, est moins manque que réjouissance ; il vise moins à l'union qu'au partage, moins à la fusion qu'à la communauté. Il est très significatif que, pour Aristote, l'amitié soit rangée non parmi les passions, mais parmi les vertus.

Agapan. Le verbe était très rare dans la littérature grecque. Sa signification n'était guère différente, alors, de *philein* : accueillir avec amitié, chérir. Mais les traducteurs grecs de la Bible[5] ainsi que les auteurs du Nouveau Testament, saint Paul et saint Jean en particulier, lui ont ouvert une nouvelle carrière en le choisissant pour signifier une forme inédite d'amour : l'amour désintéressé, inconditionnel, libre, en un mot, gratuit. Le paradoxe d'un tel amour est que, si chacun a l'intuition que sa visée est au cœur de la vérité de ce que nous entendons par « amour », il peut toutefois être porté à douter de sa réalité empirique. Un tel amour existe-t-il sur terre ? Suis-je, sommes-nous capables de gratuité ? L'idée chrétienne est qu'une telle gratuité est grâce, autrement dit que le Créateur en est la source. Les auteurs latins ont traduit ce terme par *caritas*, « charité », terme mal aimé aujourd'hui à cause de ses caricatures passées, mais que nous serons peut être amenés à redécouvrir.

Voici donc que quatre termes du vocabulaire grec n'expriment pas seulement des différences lexicales, mais, déjà, quatre manières de concevoir et de vivre, nous serions presque tentés de dire quatre philosophies de l'amour. Entre l'une et l'autre il peut y avoir alternative, toutefois elles ne s'excluent nullement (sauf les deux premières). Elles peuvent même très heureusement se marier. Quel bonheur qu'un amour qui réunirait l'*affec-*

5. Au IIe siècle avant J. C., traduction dite des Septante.

tion, le *désir*, l'*amitié* et la *charité* ! On pressent combien, entre ces quatre pôles, les relations concrètes pourront donner lieu à une palette très subtile de combinaisons, disjonctions, réunions...

Héritier de la philosophie grecque et des intuitions chrétiennes, saint Thomas d'Aquin propose une double différenciation, en laquelle s'indiquent encore mieux les enjeux. En deux articles de la *Somme théologique*, il propose de distinguer d'une part l'amour de convoitise et l'amour d'amitié, d'autre part l'amour de dilection et l'amour de charité.

Entre la *convoitise* et l'*amitié*, la différence est celle que l'on peut discerner entre l'amour de l'autre pour soi, c'est-à-dire pour le bien qu'il peut nous apporter, et l'amour de cet autre pour lui-même. « Car un ami, au sens propre, est celui à qui nous voulons du bien ; et l'on parle de convoitise à l'égard de ce que nous voulons pour nous[6]. » Mouvement centripète, donc, dans un cas, centrifuge dans l'autre. La distinction se formule parfois par l'alternative entre la bienveillance et la concupiscence, l'ambiguïté de l'amour étant aussi celle du désir : désirer l'autre, est-ce désirer le posséder ou désirer qu'il vive ?

Entre la *dilection* et la *charité*, la différence tient à ce que la première, comme son nom l'indique, est élection, amour de préférence, tandis que la seconde, qui consiste à reconnaître le prix de l'autre, lequel est égal d'une personne à une autre, est amour du premier venu, amour du prochain, sans exclusive ni préférence. Dilection est la forme que prennent nécessairement nos affections humaines et nos liens familiaux. Il est impossible d'aimer toute femme, tout homme ou tout enfant comme son épouse, son époux ou ses enfants. Cela ne serait pas même souhaitable, étant donné d'une part la nature de ces affections (sans préférence, que seraient-elles ?), d'autre part les limites des ressources de notre capacité d'aimer. « La malheureuse préférence,

---

6. *Somme théologique*, Ia, IIae, qu. 26, art. 4. Saint Thomas reprend à son compte la définition de l'amitié selon Aristote : « Aimer, c'est vouloir du bien à quelqu'un » (*Éthique à Nicomaque*, VIII, 3, 4), expression encore en cours dans la déclaration d'amour italienne : « *Ti voglio bene.* »

écrit Jankélévitch, ne sait pas donner à l'un sans refuser à l'autre : car elle n'est pas assez riche pour les deux, car elle n'a pas assez d'amour, pas assez de ressources pour tout le monde[7]. » En cela s'indique combien nous sommes loin de la perfection de l'amour, laquelle ne s'opposerait pas à la justice. La charité serait cette perfection, qui aimerait le premier venu totalement et absolument, pour lui-même, au-delà ou en deçà de ce qu'il est, en son être même. Certains sont proches de cet amour, où se reconnaît ce que l'on appelle la sainteté. Mais il peut naître en chacun, habitant comme en germe au cœur d'autres formes d'amour moins parfaites.

Autant de distinctions, autant de logiques existentielles, d'alternatives même, parfois. D'autres différenciations, transversales, peuvent être évoquées. Ainsi celle, présente en filigrane dans les précédentes, entre l'amour-*passion* et l'amour-*action*. Elle est au cœur des thèses de Denis de Rougemont : « Être amoureux n'est pas nécessairement aimer. Être amoureux est un état, aimer est un acte[8]. » Une œuvre, une construction. S'il y a bien une irréductible part de passivité dans l'amour, celui-ci n'implique-t-il pas aussi une détermination active de la volonté ? On parle souvent, aujourd'hui, de l'amour en termes de désir ; on en parlait davantage, autrefois, en termes de volonté. Entre les deux, faut-il choisir ?

Si nous nous référons à une autre langue fondatrice de notre culture, l'hébreu, nous voyons apparaître une nouvelle différence, entre *ahabah*, le désir, l'attachement, la passion, et *hesed*, la tendresse, la bonté, la miséricorde. Deux pôles, en effet, possiblement distincts : bien que ces deux mots soient très souvent associés, voire confondus, la logique du désir et celle de la ten-

7. V. JANKÉLÉVITCH, *Les vertus et l'amour*, *op. cit.*, tome II, p. 259. Ailleurs : « L'amour exclusiviste, favorisant et privilégiant son seul partenaire, ne sait aimer que d'une dilection passionnée et ombrageuse ; cette dilection, qui est prédilection et choix préférentiel, apparaît comme un effet de relief imposé à l'amant par la loi créaturelle d'alternative » (p. 175).

8. D. DE ROUGEMONT, *L'amour et l'Occident* (1939), coll. 10/18, p. 262.

dresse ne coïncident pas. Il y a dans la notion juive de *hesed* une nuance que nous trouvons rarement explicitée en français : cet accent de sensibilité à la faiblesse de l'autre, à sa fragilité ou vulnérabilité. Une tendresse teintée de compassion. « La tendresse est pitié », ose écrire Albert Cohen, tandis qu'un autre juif, Emmanuel Lévinas, précise : « Aimer, c'est craindre pour autrui, porter secours à sa faiblesse[9]. » Il ne s'agit absolument pas de commisération condescendante : cette fragilité que je pressens en l'autre, je la connais chez moi. Et c'est bien pour cela que je vibre avec elle, en même temps qu'elle me révèle la mienne. La tendresse, ce sont deux faiblesses qui entrent en résonance.

Aussi éclairantes soient ces différenciations, elles n'abolissent pas la visée unifiante qu'obstinément ce terme continue à faire miroiter à nos yeux. Il arrive que dans tel ou tel des termes rencontrés affleure ce dont nous avons l'intuition lorsque nous prononçons son nom. Mais si l'un d'eux était adéquat, il serait reconnaissable, suffisant, élu ! Or, toujours renaît la pluralité. C'est pourquoi nous allons procéder en deux temps. Tout d'abord, en une démarche extensive, nous allons poursuivre le travail de différenciation, en cherchant dans quelle mesure l'amour est ou n'est pas apparenté à quatre des principaux termes par lesquels on a coutume de le définir. Ensuite, ou plutôt enfin, c'est-à-dire dans le dernier chapitre de l'ouvrage, en une démarche compréhensive, nous procéderons au contraire par rapprochement, en retenant trois termes au sens plus pertinent qui, à eux trois, seront peut-être susceptibles de nous conduire au plus près de cette intuition centrale.

9. E. Lévinas, *Totalité et infini*, Martinus Nijhoff, 1968, p. 233. Ailleurs : « Seul un moi vulnérable peut aimer son prochain », *De Dieu qui vient à l'idée*, Vrin, 1982, p. 145.

L'amour est-il désir ?

Un même terme les désignait en grec : *eros*, traduisible aussi bien par « amour » que par « désir ». Indice, donc, d'une parenté. Il est vrai que ce que nous entendons aujourd'hui par « désir » a, pendant des siècles, été désigné par des termes plus précis mais considérés aujourd'hui comme moins valorisants : convoitise, concupiscence, appétit. Si l'on remonte au sens premier du terme, on le découvre beaucoup plus vaste. En effet, le verbe latin d'où provient désir[10] signifie « regretter l'absence de ». Un philosophe stoïcien le définissait comme « élan vers les choses lointaines[11] ». Denis Vasse nous reconduit au sens originel du verbe latin *desiderare* : être « dé-sidéré », libéré de la sidération de l'image. Désirer signifierait « chercher au-delà du voir », « chercher dans les astres » (*sidus, sideris* désigne une constellation astrale)[12]. En latin, le préfixe *de* signifie l'éloignement, l'absence. Le verbe pourrait donc signifier aussi « carence d'astres », « tension vers les astres ». Intuition que l'on trouve chez Rilke : « Le goût de l'amant pour le regard de l'amante ne vient-il pas des étoiles[13] ? »

Un tel élan peut légitimement être considéré comme très proche de celui de l'amour. Nombre de psychanalystes, dans la ligne de Jacques Lacan, définissent le désir comme désir de l'Autre, c'est-à-dire comme tendant vers la rencontre plus que vers la satisfaction. Le désir n'est pas l'envie, encore moins le

---

10. Le terme « désir » lui-même est originellement un verbe, un infinitif ancien comme respir, soupir, plaisir, ou (demeurés des infinitifs aujourd'hui encore) dormir, mourir, nourrir.

11. Andronikos de Rhodes, in Maria DARAKI, *op. cit.*, p. 88.

12. « On pense que *desiderare* est un verbe formé sur *considerare*. Il aurait signifié d'abord : "cesser de voir", "constater l'absence de". D'où ensuite : "chercher", "désirer". Désirer indique le mouvement qui délie de la sidération astrale et qui transforme son ouverture en chemin vers une rencontre » (D. VASSE, *La chair envisagée*, Seuil, 1988, p. 7).

13. R. M. RILKE, *Élégies de Duino*, Troisième élégie (1913), Seuil, 1972, p. 353.

besoin, il n'est pas réductible à la convoitise. En vérité, il n'est pas seulement manque ou tension mais, comme le souligne Denis Vasse, il est demande[14]. S'il est demande, c'est une réponse qu'il attend, à une réciprocité qu'il aspire. Car ce que je désire, ce n'est pas seulement un organisme, mais l'incarnation d'un sujet de désir, c'est le désir de l'autre, l'autre comme sujet de son désir. Ainsi le désir ne va-t-il pas d'un organisme à un autre organisme, mais d'un sujet à un autre sujet.

Une bonne part de cela pourrait se dire de l'amour. Que serait celui-ci sans le désir ainsi compris ? Opposer l'amour au désir risquerait fort de conduire à une conception désincarnée du premier, qui renverrait elle-même à une perception dualiste de l'humain[15]. Un de leurs points de convergence les plus évidents est leur commune tension vers l'unité. Dans l'un comme dans l'autre, n'aspire-t-on pas à dépasser la pure extériorité, à franchir le fossé qui sépare les corps, à jeter un pont au-dessus de l'abîme qui disjoint les individus ? N'est-ce pas la « possession » qui est à l'horizon ? Celui que je ne puis être, je désire « l'avoir ». L'avoir avec moi, contre moi, en moi, autour de moi. Posséder, n'est-ce pas une manière de vaincre l'extériorité ? Mais l'amour-désir n'est pas satisfait pour autant. C'est vers l'être qu'il tend. « L'amant veut être ce qu'il a et, pour en jouir, avoir ce qu'il est, l'avoir en l'autre, son semblable et son frère ; il veut être cet autre ; désirant être soi et ensemble l'autre ego, il implore la possibilité miraculeuse d'un impossible cumul[16]. » Le voici donc

---

14. D. VASSE, *L'ombilic et la voix*, Seuil, 1974, p. 121. Valent aussi les termes d'*appel* ou de *cri*. Voir Jean VANIER : « Beaucoup de personnes semblent ignorer que dans l'attirance sexuelle, sous-jacente à la pulsion sexuelle, il y a le cri du corps qui veut être aimé, touché avec tendresse, par un autre. Ce cri vient des profondeurs de l'être humain » (in *Homme et femme il les fit*, Fleurus-Bellarmin, 1984, p. 73).

15. « L'opposition entre désir et amour relève d'un faux spiritualisme qui, par culpabilité, méconnaît un désir toujours présent. Il n'existe pas d'amour qui ne soit pas aussi désir d'être aimé et de promouvoir, dans l'échange du don, l'élargissement et la confirmation de soi-même comme de l'autre » (Antoine VERGOTE, *Dette et désir*, Seuil, 1978, p. 178). Voir aussi, à ce propos, Éric FUCHS, *Le désir et la tendresse*, Labor et Fides, 1982, p. 158.

16. V. JANKÉLÉVITCH, *op. cit.*, tome II, p. 285.

oscillant entre l'inaccessible coïncidence et le marasme de l'avoir, jamais en repos. « L'amour en général n'est peut-être que ce mouvement pendulaire infini de l'avoir à l'être puis, de nouveau à l'avoir[17]. » En ce double mouvement se trouvent à la fois l'inquiétude et la joie, la quête et le repos propres à l'amour. Joie et repos dans la mesure où l'autre est présent, inquiétude et quête dans la mesure où son utopie, sa visée ultime, n'est jamais réalisée.

Utopie ou illusion ? On devine ici les écueils, qui sont peut-être plus ceux du désir que de l'amour lui-même. Car celui-ci a pour socle la rencontre réelle de l'autre réel, tandis que le désir peut se nourrir d'imaginaire et rester fasciné par le miroir aux alouettes de ses illusions. Par le rêve d'abolir l'écart entre l'avoir et l'être, de combler la carence qui nous constitue radicalement, de trouver le parfait complémentaire. L'amour, dira-t-on, peut bien lui-même être habité par un tel désir... Sans doute, mais si ce dernier devient déterminant, envahissant, est-ce encore de l'amour ? Le propre de l'amour sera de se purifier d'un tel désir, pour passer de l'autre rêvé à l'autre réel, de la relation fantasmatique à la rencontre.

Nous touchons là un premier point de différence entre le désir et l'amour. L'un est sur fond d'absence, l'autre sur fond de présence. Le préfixe « de », nous l'avons entrevu plus haut, marque la séparation, l'éloignement. Il y a toujours comme une nostalgie dans le désir. Alors que l'amour est fondamentalement joie, réjouissance de la présence. Aimer, c'est se réjouir que l'autre existe[18]. La joie est le sentiment qui naît de la rencontre de la réalité, d'une réalité qui nous fait grandir, celle de l'autre en particulier[19]. Plutôt que définir l'amour par le désir, ne vaudrait-il pas mieux le définir par la gratitude ? « Je t'aime » signifierait

17. *Ibid.*, p. 283.

18. « Je t'aime : je suis joyeux que tu existes » (André COMTE-SPONVILLE, *Petit traité des grandes vertus*, Grasset, 1995, *op. cit.*, p. 330).

19. « Par joie j'entendrai donc une passion par laquelle l'âme passe à une perfection plus grande » (B. SPINOZA, *Éthique*, III, prop. 11, scolie).

alors : « Je te remercie d'exister, d'être ce que tu es et tel(le) que tu es. »

C'est pourquoi, en accord avec André Comte-Sponville, nous oserons affirmer que « l'amour en tant que tel ne manque de rien ». L'autre peut me manquer, bien sûr, mais ce n'est pas parce que je l'aime, ce sera pour des raisons extérieures : elle est partie en voyage, il est prisonnier, nous ne pouvons pas passer plus de temps ensemble... Mais ce n'est pas pour cela que je l'aime ! L'absence vient contrecarrer la joie, mais c'est celle-ci, non celle-là, qui caractérise en propre l'amour. « Ce n'est pas ce qui me manque que j'aime ; c'est ce que j'aime, parfois, qui me manque[20]. »

Le débat, il est vrai, peut se reporter sur le désir. Celui-ci, à son tour, peut-il vraiment être défini par le manque ? Certains, surtout parmi les psychologues, tiennent fermement à ce point de vue. Ainsi dans cette définition d'Antoine Vergote : « Le désir est l'aspiration à combler un vide et la force qui pousse à conquérir l'objet dont on attend qu'il supprime le manque et confère l'apaisement[21]. » Prenons acte de la netteté d'une telle formule qui semble en effet, à la lecture de nombre d'auteurs, caractéristique de l'approche psychologique du désir. Mais les philosophes sont moins unanimes. Ainsi, pour Emmanuel Lévinas, le désir authentique commence au-delà du manque. C'est en cela qu'il se distingue du besoin. Il a lieu « entre étrangers qui ne se manquent pas les uns aux autres[22] ». Il provient non du manque, mais de la générosité. Pas du moins, mais du plus. Il ne tend pas vers un complément, mais vers un supplément. Il s'agit ici, on le devine, de dépasser le mythe des Androgynes. Ce der-

---

20. V. Jankélévitch, *op. cit.*, p. 332.

21. *Dette et désir*, *op. cit.*, p. 169.

22. « À la base du désir communément interprété se trouverait le besoin ; le désir marquerait un être indigent et incomplet ou déchu de sa grandeur passée. Il coïnciderait avec la conscience de ce qui a été perdu. Il serait essentiellement nostalgie, mal du retour. Mais ainsi il ne soupçonnerait même pas ce qui est véritablement autre » (*Totalité et infini*, *op. cit.*, p. 3, 77).

nier, finalement, ne réduit-il pas le désir au besoin, en le comprenant comme manque ?

Or, si le désir n'est mû que par le manque, quelle sera la satisfaction à laquelle il tend ? La suppression du manque, ce qui revient à dire la suppression du désir lui-même. Selon ce point de vue, qui semble s'imposer mais dont il faut bien percevoir les limites, le désir serait, au fond, *désir de non-désir*. Sa fin (au double sens du terme) serait le repos, le retour à la non-tension. À une quasi-mort ? Car la vie est tension ; elle est désir. Ce point de vue, nous l'avons vu au chapitre précédent, a été celui de Freud. La suprématie de l'« instinct de mort » serait celle de ce que certains appellent le principe d'homéostasie[23], ou principe du retour à l'équilibre, à l'état de moindre tension. Mais une telle perspective nous place face à une alternative redoutable : la tension de la poursuite ou la demi-mort de la possession. L'absence ou l'ennui...

C'est parce qu'il ne se contente pas, non plus, d'une telle logique qu'André Comte-Sponville conteste également que le désir soit manque. Nous pouvons bel et bien désirer ce dont nous ne manquons pas ! Je puis désirer faire ce que je fais, « cela s'appelle vouloir », avoir ce que j'ai, être ce que je suis, « cela s'appelle jouir ou se réjouir ». Aussi, à la notion de manque, ce disciple de Spinoza propose-t-il de substituer celle de *puissance*. Un exemple : la différence entre la faim et l'appétit. La première, certes, peut exciter le second, mais celui-ci ne se réduit pas à celle-là. Le manque à lui seul ne permet pas de rendre compte de ce que le plaisir a de spécifique. De même, il n'est ni nécessaire ni suffisant de dire que les amoureux se manquent l'un à l'autre. Si, entre eux, le désir est comme une tension, « c'est la tension d'une force plutôt que d'un manque, c'est une tension joyeuse, affirmative, vitale, qui n'a rien à voir avec une

23. Tendance de l'organisme à la constance du milieu intérieur. « Selon ce principe, tout écart à la norme se traduit par la mise en jeu de mécanismes tendant à ramener la grandeur perturbée à sa dimension initiale » (voir Jean-Didier VINCENT, *Biologie des passions*, Odile Jacob, 1986, p. 16, 36, 174).

frustration : c'est une expérience, bien plutôt, de la puissance et de la plénitude[24] ».

Ces deux points de vue ne sont pas incompatibles. Le bon sens oblige à reconnaître la présence du manque dans le désir, mais l'attention à ce qui fait le propre de celui-ci oblige à ne pas donner au manque la première place. C'est ici qu'il peut être bon de se rappeler l'extraordinaire récit par lequel Socrate rapporte les propos qu'il a jadis entendus d'une femme, prophétesse à Mantinée, Diotime. Le contexte en est le « tour de table » à propos d'Éros, dans *Le Banquet*. Socrate parle après Aristophane. Son récit, moins souvent cité que celui de ce dernier (le « mythe des Androgynes »), conduit pourtant beaucoup plus loin dans la réflexion sur l'amour ou le désir.

La parole de Socrate vient se greffer sur un débat où la question était de savoir si Éros est heureux et beau, si donc il est un dieu. La question du manque est déjà sous-jacente : comment aspirerait-il à la beauté et au bonheur s'il les possédait déjà ? En vérité, Éros n'est ni un mortel ni un dieu, mais un *daimon*, c'est-à-dire « ce qui tient le milieu entre les dieux et les mortels[25] ». À retenir : Éros est plus qu'humain, mais moins que divin. Suit alors cet extraordinaire portrait d'Éros, aux résonances un moment quasi évangéliques ou franciscaines. Le voici errant, indigent, n'ayant où reposer la tête…

> « Étant fils de *Poros* (Ressource) et de *Pénia* (Pauvreté), Éros en a reçu certains caractères en partage. D'abord il est toujours pauvre, et loin d'être délicat et beau comme on se l'imagine généralement, il est dur, sec, sans souliers, sans domicile ; sans avoir jamais d'autre lit que la terre, sans couverture, il dort en plein air, près des portes et dans les rues ; il tient de sa mère, et l'indigence est son éternelle compagne. D'un autre côté, suivant le naturel de son père, il est toujours à la piste de ce qui est beau et bon ; il est brave,

24. A. Comte-Sponville, *Petit traité des grandes vertus*, *op. cit.*, p. 321-322.

25. Le terme « démon » est aujourd'hui trompeur. Maurice Clavel préférait traduire par « ange ». Le texte poursuit en effet : « Il interprète et porte aux dieux ce qui vient des hommes et aux hommes ce qui vient des dieux… » (203a).

résolu, excellent chasseur, artisan de ruses toujours nouvelles, amateur de sciences, plein de ressources, passant sa vie à philosopher, habile sorcier, magicien et sophiste. Il n'est par nature ni immortel ni mortel; mais dans la même journée, tantôt il est florissant et plein de vie, tant il est dans l'abondance, tantôt il meurt, puis renaît, grâce au naturel qu'il tient de son père. Ce qu'il acquiert lui échappe sans cesse, de sorte qu'il n'est jamais ni dans l'indigence, ni dans l'opulence et qu'il tient de même le milieu entre la science et l'ignorance[26]. »

Voilà donc associés les deux aspects du désir que nous avons relevés : le manque, mais aussi la puissance. Or, il ne s'agit pas seulement d'associer ces deux termes. Il s'agit aussi de penser leur relation. L'élan naît-il du manque ou le manque naît-il de l'élan ? La première option ramènerait le désir au besoin lequel, est, comme l'affirme Lévinas en reprenant les termes de Platon, la *pénia* comme source du *poros* : pour satisfaire un besoin, l'on se met en frais d'imagination, on élabore des stratégies... Mais le désir, quant à lui, serait le *poros* comme source de la *pénia*[27]. C'est la richesse qui est première, le vœu du meilleur, la poursuite d'une vie supérieure la chasse. Celui qui chasse par désir, c'est-à-dire par plaisir, le fait-il par manque de nourriture ? De cet élan alors, mais alors seulement, naîtra un manque : tant qu'il n'aura pas atteint son but, effectivement le chasseur « manquera ». Tant que l'amant n'aura pas rejoint l'aimée (c'est-à-dire toujours, ou presque, en dehors de quelques moments miraculeux), il connaîtra le manque. Mais il ne désire pas parce qu'il manque ; il manque parce qu'il désire. Le désir creuse en lui un appel, un vide, une faim et une soif que l'aimée vient susciter et attiser en même temps qu'elle les comble.

Aussi fine soit cette dialectique du désir, elle ne coïncide pas avec celle de l'amour. « Je t'aime », bien sûr, signifie (aussi) « je te désire » ; mais « je te désire » signifie-t-il « je t'aime » ? C'est

26. PLATON, *Le Banquet*, 203c-204b, trad. E. Chambry, Garnier-Flammarion.
27. E. LÉVINAS, *Totalité et infini*, *op. cit.*, p. 87.

beaucoup moins sûr. Si l'amour est habité par le désir, il le déborde, comme le déborde aussi la présence de l'aimé(e). Il ne suffit pas de désirer pour aimer. Nous pressentons dans l'amour un versant plus comblé que celui du désir, et c'est la joie ; un versant plus actif, plus créateur, plus constructif, et ce sera la volonté.

Qui ne perçoit d'ailleurs la profonde ambiguïté de l'expression : « je te désire » ? « Je désire que tu existes » ou « que tu vives » serait plus riche de sens. Mais le désir peut rester un « vœu pieux ». Désirer ne coûte rien... Une chose est de désirer que l'autre existe, une autre sera de le vouloir[28]. De l'une à l'autre de ces dispositions, la différence est que la seconde implique le passage à l'acte, l'engagement dans la réalité, la mise en œuvre de moyens. Qui veut la fin veut les moyens.

D'autant plus que l'orientation du désir vers l'altérité, vers l'autre comme sujet, n'est pas si évidente que sembleraient le laisser entendre certains discours plutôt idéalisants à son sujet. S'il était toujours et seulement aspiration à la rencontre et à la reconnaissance de l'Autre, tout serait plus simple... Mais il est aussi désir de possession, avec toute l'ambiguïté de ce terme. Et ce serait le concevoir de façon quelque peu éthérée que d'oublier ses anciens noms[29]. Désirer, c'est aussi convoiter. Même si, en sa vérité ultime, le désir tend vers l'autre comme sujet, force est de reconnaître que c'est spontanément vers un objet qu'il tend. À un certain degré d'élaboration, ou de conscience, l'autre est « objet » de mon désir. Ce terme est l'un des deux par lesquels Freud définissait la pulsion[30]. Or, comment nier la part pulsionnelle du désir ? Parler de désir en taisant cette dimension énergétique, appétitive, corporelle risquerait de conduire à un point de vue fort désincarné.

---

28. « Aimer, c'est vouloir l'autre comme sujet » (Gabriel MADINIER, *Conscience et amour* [1938], PUF, 1962, p. 86).
29. Déjà mentionnés : convoitise, concupiscence, appétit...
30. L'autre étant la fin (*Trois essais sur la théorie de la sexualité* [1905], Gallimard, coll. Idées).

De l'autre comme objet à l'autre comme sujet, du mouvement centripète, qui est sans doute le mouvement le plus immédiat du désir, au dynamisme centrifuge que nous envisageons lorsque nous parlons d'amour, le passage exige nombre de conversions. Du « pour soi » au « pour autrui », de la recherche de satisfactions au partage de la joie, du prendre au donner, que de degrés, d'embranchements, d'alternatives et même de renoncements !

Lorsqu'une notion devient aussi générale et aussi englobante que l'est aujourd'hui celle de désir, souvent présentée comme apte à ouvrir toutes les portes et fournir la clé de toutes les difficultés relationnelles[31], il convient de la soumettre à la critique. Avec, par exemple, René Girard, lorsqu'il remet en cause le dogme moderne du caractère spontané et personnel du désir. C'est, selon lui, le mimétisme qui en est le ressort ; il ne naît pas seulement sur la ligne droite qui relie un sujet à un objet, mais au sein d'une relation triangulaire dans laquelle le premier se porte vers le second en imitant un tiers qui, lui-même, désire cet objet[32]. Ce tiers sera dit « médiateur » du désir, mais, s'il appartient au même univers que le sujet en question[33], il deviendra très vite un rival. C'est ainsi que tout modèle, un jour, se révélera être un obstacle. Obstacle non seulement sur la voie de l'accès à l'objet, mais sur celle du devenir soi. Plus je crois être personnel (et libre) en visant la réalisation de mon désir, plus je m'identifie à l'autre (ou aux autres) et plus je veux ressembler à l'autre, plus j'éprouve l'identification comme impossible.

Ici va se jouer la différence entre le mensonge romantique et la vérité romanesque. Le premier cultive le mythe de l'indivi-

31. « Nouvelle pierre philosophale », disait Évelyne Sullerot lors du congrès de la Fédération des familles de France, Strasbourg, 23 janvier 1993.

32. « L'élan vers l'objet est au fond élan vers le médiateur » (R. GIRARD, *Mensonge romantique et vérité romanesque*, Grasset, 1961 ; Livre de poche, p. 24).

33. Il s'agit alors de *médiation interne* : « Nous parlerons de *médiation externe* lorsque la distance est suffisante pour que les deux sphères de possibles dont le médiateur et le sujet occupent chacun le centre ne soient pas en contact. Nous parlerons de *médiation interne* lorsque cette même distance est assez réduite pour que les deux sphères pénètrent plus ou moins profondément l'une dans l'autre » (*op. cit.*, p. 22).

dualisation par le désir, tandis que la grande littérature met à nu le processus de la rivalité mimétique. Girard le montre avec clarté chez Cervantès, Flaubert, Stendhal, Proust et Dostoïevski tout particulièrement. Le désir de Don Quichotte est médiatisé par Amadis de Gaule, celui d'Emma Bovary par les héroïnes romantiques dont elle a l'imagination remplie, celui de Julien Sorel par Napoléon, celui de Mathilde de la Mole par Madame de Fervacques, celui du prince de Parme par Louis XIV, celui de Marcel par Bergotte, celui de Chatov et Verkhovenski par Stavroguine. Ainsi donc souvent nommons-nous « désir » ce que Stendhal nomme « vanité », définissant celle-ci par trois termes : l'envie, la jalousie et la haine impuissante. Trois sentiments dont le mélange de vénération et de rejet ne s'explique que par le ressentiment à l'adresse du modèle-obstacle[34].

Dix-sept ans après son premier ouvrage, Girard persiste et signe : « Le désir n'est pas aussi intéressant qu'il veut le faire croire. Loin d'être infinies, ses surprises sont toujours les mêmes, toujours prévisibles et calculables. Elles ne surprennent que le désir lui-même qui se prend à son propre jeu et qui travaille toujours contre lui-même. Aucune stratégie ne lui apporte jamais ce qu'il recherche, mais il ne renonce jamais à la stratégie. Si la volonté d'absorption et d'assimilation ne conquiert jamais la différence de l'autre ; la volonté de différence, qui revient au même, n'exorcise jamais l'identité et la réciprocité[35]. » Girard ira jusqu'à remettre en cause la notion même de différence individuelle : « Ce n'est pas le double qui est hallucinatoire, c'est la différence, et c'est elle qu'il faut tenir pour folle[36]. » Nous ne le suivrons pas jusque-là, mais nous devrons

---

34. « L'admiration passionnée et la volonté d'émulation butent sur l'obstacle injuste, en apparence, que le modèle oppose à son disciple et retombent sur ce dernier sous forme de haine impuissante, provoquant ainsi l'espèce d'auto-empoisonnement psychologique qu'a bien décrit Max Scheler » [dans *L'homme du ressentiment*] (*ibid.*, p. 25).

35. R. GIRARD, *Des choses cachées depuis la fondation du monde*, Grasset, 1978, p. 325.

36. *Ibid.*, p. 326.

bien nous demander si miser sur une philosophie du désir pour fonder une pensée du sujet et de l'amour est bien cohérent. Est-il certain que le désir soit ce qu'il y a de plus personnel en moi ? Qui désire en moi ? Peut-on faire reposer sur un fondement susceptible de telles hésitations la construction d'une relation interpersonnelle ?

L'amour est-il tendresse ?

La tendresse, avec laquelle ne coïncide pas toujours le désir, peut être considérée comme l'autre versant de l'amour. D'emblée, elle paraît plus tournée vers la reconnaissance, moins tentée par l'objectivation. N'est-elle pas le propre du *tendre*, c'est-à-dire du cœur qui rompt avec la dureté ordinaire du « cœur de pierre », pour s'avouer « cœur de chair » ?

Dans la tendresse a lieu ce que Lévinas appelle « l'étrange défaillance de la douceur ». Défaillance à l'égard de la carapace de dureté qui entoure la plupart des relations humaines, dans lesquelles il s'agit d'avoir raison, d'être le plus fort, de vaincre ou de résister. Chacun s'entoure d'une protection susceptible de masquer ou dissimuler sa faiblesse intime. On joue alors un personnage, qui « en impose ». Mais arrive le moment, celui de la rencontre, où ce personnage en vient à se fissurer, est conduit à révéler ses limites. Il ne s'agit plus de jouer au plus fort, mais d'avouer, et d'abord de s'avouer, sa faiblesse. Cela est contemporain de la découverte de la faiblesse de l'autre. Dans la tendresse, deux faiblesses se reconnaissent mutuellement.

La sensibilité y acquiert une dimension nouvelle. Il ne s'agit pas seulement d'éprouver des sensations, mais d'être sensible à l'autre, c'est-à-dire capable d'être « touché » par lui (par elle), vulnérable, proche. La sensibilité est aussi *proximité*[37], c'est-à-

37. Terme mis en valeur par E. LÉVINAS, particulièrement dans *Autrement qu'être*, Martinus Nijhoff, 1974, chapitre III.

dire capacité d'intimité, victoire sur l'extériorité des relations ordinaires. La tendresse introduit une dimension nouvelle par rapport à la parole. Au-delà – ou en deçà – des mots, c'est-à-dire de l'intellect, un débordement, une émotion, à mi-chemin entre sensation et sentiment. L'autre devient cher et chair en même temps, la chair étant précisément ce qui est tendre, sensible, vulnérable. La présence comme telle importe plus que les projets, l'être plus que l'agir. Ce qui bouleverse, c'est une manière unique, absolument inédite, d'être et de se livrer, une fragilité fondamentale devant les aléas de l'existence, face à la mort en particulier. Prendre conscience que l'autre est ainsi exposé redouble la tendresse à son égard. Même si elle ne se réduit pas à celle-ci[38], il y a une part de compassion dans la tendresse. Nous avons vu plus haut combien, sous la mouvance du terme *hesed*, la tradition juive est sensible à cette part de frémissement devant la faiblesse au cœur de la tendresse. Un autre terme, *rahamin*, que l'on peut traduire par « frémissement d'entrailles », la désigne aussi. Il exprime la tendresse de la mère pour son enfant, laquelle, sous sa forme particulière, est révélatrice de traits communs à toute tendresse humaine… et divine (le terme est appliqué à l'amour divin).

Ainsi la tendresse est-elle un des plus beaux noms de l'amour. Peut-elle être, pour autant, son nom ultime ? Cela n'est pas certain. Elle désigne le versant faiblesse de l'amour, mais ce dernier est aussi force. Une certaine complaisance dans la tendresse peut traduire un désir de demeurer enfant, un besoin même, éventuellement, de relations protectrices, consolantes, sécurisantes. Et pourquoi pas, dira-t-on ? Cette forme d'affection est en effet tout à fait légitime. Mais elle a aussi ses limites, surtout lorsqu'elle est recherchée pour elle-même. Elle peut tra-

38. Par ailleurs, toute compassion n'est pas aimante. Elle peut être une simple contagion affective. On peut souffrir de la douleur d'un autre sans aimer cet autre. Sur les différentes formes de la sympathie, voir Max SCHELER, *Nature et formes de la sympathie*, trad. fr., Payot, 1928. Voir aussi notre chapitre VII, sous le titre « Union », p. 234.

duire alors l'enlisement dans une certaine immaturité[39]. Aussi y aurait-il lieu de distinguer la tendresse reçue comme un cadeau ou une grâce du besoin de tendresse. Le don de la tendresse ne coïncide pas avec l'alanguissement de l'affection dans ce qui est appelé à n'être qu'une composante, une harmonique de la relation. La relation éducative, par exemple, est un des lieux où il apparaît de manière particulièrement claire combien l'amour déborde la tendresse. Si celle-ci, sous ses formes maternelle et paternelle notamment, est appelée à jouer un rôle irremplaçable, elle n'est pas, pour autant suffisante. L'amour saura s'y montrer exigeant, d'une façon qui parfois pourra paraître dure. De même, au sein du couple, l'amour ne sera-t-il pas que faiblesse, il sera aussi aiguillon, appel à une plus haute vie.

Vouloir ne se nourrir que de tendresse serait comparable à vouloir en rester au lait maternel. Devenir adulte, c'est aussi se nourrir du « pain des forts[40] », accéder à une maturité de l'amour qui ne prendra pas seulement la figure du sentiment, mais aussi celle de la responsabilité, de la loyauté et de la volonté de vérité. Moins complaisance que reconnaissance, moins effusion que communion, moins passivité que patience. S'il est vrai que dans l'amour on redevient enfant, avec ce que cela comporte de meilleur, il est vrai aussi qu'il y a une différence entre redevenir enfant et le demeurer. Le pari sur l'amour est aussi pari que l'amour peut exister à l'état adulte.

---

39. « La tendresse n'est pas l'amour, c'est le mouvement affectif de l'enfant qui a besoin d'être protégé à travers des relations de conservation. [...] La tendresse est une demande actuelle qui confirme que nous sommes encore dans l'économie de la sexualité infantile. [...] La relation est vécue sur le mode copain-copine sans que soit réellement transformée l'affectivité infantile. Il n'y a pas de modification de structure, mais le simple passage d'une affectivité parentale, du lien à la peluche à l'élu extra-familial dans un climat de tendresse qui n'est pas encore l'amour. La libido infantile se trouve bloquée dans cette relation de grands bébés » (T. ANATRELLA, *Interminables adolescences*, Cerf-Cujas, 1988, p. 30 et 82).

40. Psaume 78, v. 25.

L'amour est-il passion ?

Longtemps, la philosophie a classé l'amour parmi les passions[41]. Ce dernier terme n'a pas le même sens au pluriel qu'au singulier, mais l'idée de fond en est celle de passivité. Comme dans le désir, il y a en effet dans l'amour une part de réceptivité fondamentale, de non-maîtrise. On ne décide pas d'aimer. On peut décider de poser des actes conformes à l'amour, des actes d'amour même, mais celui-ci précède notre décision. Cette passivité était assimilée à un défaut, une défaillance, pour la morale classique gouvernée par l'idéal de raison et de maîtrise de soi. Comme le talon d'Achille du sujet moral, qui eût aspiré à être « maître de lui comme de l'univers », selon la formule de Rodrigue. C'est bien ce côté passionnel de l'amour qui inquiétait, de par son caractère imprévisible, indomptable et subversif. Or, dans la ligne de certains précurseurs[42], qui était aussi celle du cœur de la pensée chrétienne, la philosophie du XXe siècle a redécouvert les « vertus » de la démaîtrise et de la réceptivité. Non que la maîtrise ne demeure une valeur (que serait la liberté sans maîtrise ?), mais elle ne saurait prétendre à être le tout de la subjectivité. En son fond ultime, celle-ci renvoie à une irréductible passivité : elle est affection[43], affectée, se recevant elle-même d'une source antérieure à toute origine. Ce qu'Emmanuel Lévinas désigne comme *an-archie* de la subjectivité. En son point

41. DESCARTES, dans *Les passions de l'âme* (1649), distinguait six « passions primitives » : l'amour, la haine, l'admiration, le désir, la joie, la tristesse. Avant lui, saint Thomas classait l'amour parmi les « passions du concupiscible » (contredistinguées des « passions de l'irascible »), avec la haine, la convoitise, l'aversion, le plaisir et la tristesse (*Somme théologique*, Ia, IIae, qu. 22 à 48).

42. Tels Spinoza, Rousseau. Mais on trouve cela aussi chez saint Thomas.

43. *Auto-affection*, selon Michel HENRY, pour lequel ce terme indique l'essence même de la vie dans son être le plus intime. « La vie est foncièrement passive vis-à-vis de son être propre. [...] Elle se trouve être par essence ce qui se souffre et se supporte soi-même dans un pâtir plus fort que sa liberté » (in *La Barbarie*, Grasset, 1987, p. 67).

culminant, elle s'accomplit dans le consentement ou la création, actes suprêmes de la liberté qui sont, l'un et l'autre, également démaîtrise.

Dans une telle perspective, le versant « passif » de l'amour n'est pas seulement un défaut ou une défaillance. Il n'est pas seulement marque d'un regrettable trouble résultant de l'action du corps sur l'âme, mais, par la médiation du corps[44], exposition à l'altérité, ce qui veut dire, en tout premier lieu, à autrui. Ce qui a pu apparaître comme un dérangement, une destitution de la souveraineté du moi, une perte de son autonomie, apparaît chez Lévinas comme l'accès à une vie supérieure, où il ne s'agit plus seulement de « persévérer dans l'être », mais d'entrer dans le mouvement de l'exister l'un pour l'autre, qui est le seuil de la vie spirituelle, c'est-à-dire caractéristique de la vie subjective, au sens précis et ultime de ce terme. Être soi, c'est être « arraché à soi », renoncer à la coïncidence du moi avec lui-même[45], consentir à la « passivité de l'attachement », ce dernier terme ne désignant pas seulement un doux sentiment, mais une solidarité qui peut conduire aussi bien à souffrir pour l'autre qu'à se réjouir avec lui. À devenir otage du malheur d'autrui.

Lorsque la passivité de l'amour atteint une telle acuité se rappelle à la mémoire un autre sens du mot « passion » : l'épreuve d'une souffrance aiguë. À vrai dire, ce pâtir, cette dimension de souffrance est indissociable de l'amour. Il n'est pas d'amour sans souffrance, ce qui a conduit certains à penser que le meilleur

44. « Le corps n'est ni l'obstacle opposé à l'âme, ni le tombeau qui l'emprisonne, mais ce par quoi le Soi est la susceptibilité même. Passivité extrême de l'incarnation – être exposé à la maladie, à la souffrance, à la mort, c'est être exposé à la compassion et, Soi, au don qui coûte » (E. LÉVINAS, *Autrement qu'être*, *op. cit.*, p. 139).

45. « Le moi est en soi non pas comme la matière qui, parfaitement épousée par sa forme, est ce qu'elle est, parfaitement ; le moi est en soi comme dans la peau, c'est-à-dire déjà à l'étroit, mal dans sa peau, comme si l'identité de la matière reposant sur elle-même cachait une dimension où se peut un recul en deçà de la coïncidence immédiate, une matérialité plus matérielle que toute matière [...]. Vulnérabilité dont la maternité dans son intégral "pour l'autre" est l'ultime sens et qui est la signifiance même de la signification » (*ibid.* p. 137).

moyen de ne pas souffrir était de ne pas aimer, ou alors de n'aimer que superficiellement. Même la mythologie la plus mièvre peint Cupidon perçant de ses flèches le cœur des amants. Qu'*amo*r rime avec *dolor* a été confirmé et repris en d'innombrables poèmes ou propos[46]. Récurrentes au cours des siècles sont les images de la brûlure, de l'amertume et de la blessure propres à l'amour. La métaphore du feu dit à merveille cette alliance paradoxale de vie et de destruction, de jouissance et de souffrance, de bienfaisance et de violence caractéristique de l'amour.

Ô vive flamme d'amour
Qui navres avec tendresse
De mon âme le centre le plus profond,
N'ayant plus nulle rigueur,
Achève si tu le veux,
Brise la toile de ce rencontre heureux.
Ô cautère délectable
Ô caressante blessure [...]
En tuant, de la mort tu as fait la vie[47].

Le symbolisme du feu a l'intérêt de rappeler le caractère contradictoire, agonistique[48], dramatique même de l'amour, à l'encontre des images doucereuses ou suaves dont nous sommes si souvent abreuvés. Comme le feu, l'amour doit faire œuvre destructrice pour faire œuvre créatrice. C'est pourquoi joie et souffrance, comme vie et mort, y sont intimement unies, enlacées. Joie de croître à une vie nouvelle, souffrance de mourir à

---

46. Chez saint Augustin, Richard Rolle, Jean de la Croix, Hugues de Saint-Victor, Raymond Lulle, saint Bernard, Thomas d'Aquin, François de Sales, Madame Guyon, Kierkegaard... Voir *Les vertus et l'amour*, *op. cit.*, p. 277. Et Jankélévitch de noter : « Ici ce n'est pas le mystique qui parle le langage de la sensualité, mais c'est au contraire le "carquois de Cupidon" qui est une transcription profane et libertine des flèches de l'amour ; car la sacrée dilection est naturellement aiguë. »

47. Jean DE LA CROIX, *La vive flamme d'amour* (1584), DDB, Bibl. européenne, p. 717.

48. De *agônizein*, combattre.

une vie ancienne. « Celui qui ne souffre pas, c'est que la vie a interrompu en lui son travail[49]. »

Si donc, alertés par la multitude des œuvres littéraires ou cinématographiques qui s'obstinent à mettre en lumière les ravages de la passion, nous sommes sensibles surtout à son caractère fatal et destructeur, il peut être bon d'équilibrer ce regard par la reconnaissance de ses ressources. Un certain romantisme, lui-même contrecoup du rationalisme, ne situe la passion que sous l'angle du destin, de la fatalité et de la force aveugle. Il s'agit alors, de *la* passion comprise comme l'absolutisation d'un désir devenu hégémonique, violent de par son exclusivité même. Plus fort que tous les autres désirs qui eussent pu le tempérer ou l'équilibrer, il est devenu plus fort aussi que la volonté, force aveugle qui alors, en effet, peut être considérée comme fatale ou destinale. De là vient sans doute le thème du philtre d'amour.

Mais la passion n'est pas nécessairement l'ennemie de la volonté. Elle peut fort bien se marier avec celle-ci. On peut vouloir passionnément. En ce cas, la passion vient donner à la volonté une énergie, une ardeur, une détermination sans équivalent. « Rien de grand ne s'est accompli dans le monde sans passion », affirme Hegel dans un texte fameux[50]. La volonté passionnée réussit cet exploit de réunir action et passion, sensibilité et intelligence, spontanéité et réflexion ou, plus étonnant encore, les fins communes et l'intérêt individuel. Contrairement à une idée reçue, la passion n'est pas toujours du côté de l'immoralité. Un amour peut être à la fois moral et passionné. Un époux peut aimer passionnément son épouse, un entrepreneur son travail, un artiste sa création. Un autre philosophe a même pu affirmer que « le mal est dans l'absence de passion » : « Ôtée la passion, il ne resterait de l'homme qu'une plate caricature, une ombre sur un mur. L'immoralité, lorsqu'elle va jusqu'au bout d'elle-même, poursuit la même dégradation : le propre du vice est d'être sans

49. Paul CLAUDEL, *Conversations dans le Loir-et-Cher* (1934), Gallimard, Pléiade, *Œuvres en prose*, p. 665.

50. G. W. F. HEGEL, *La raison dans l'histoire* (1830), trad. fr. coll. 10/18, p. 108.

passion, comme un rituel et une mécanique[51]. » Ce qui peut se percevoir à travers trois attitudes : le dilettantisme, l'avarice et le fanatisme. (Étienne Borne montre que, contrairement aux idées reçues, l'avarice et le fanatisme ne sont pas des passions, mais bien plutôt enfermement dans un système de sécurité que l'on pourrait dire « sans cœur ».)

Être passionné, c'est viser plus loin que le plaisir. En ce sens, la sagesse épicurienne déconseillait l'amour : celui-ci est cause de tant de tourments ! Le plaisir sera plus sûrement atteint en ne suivant que la raison. La passion, elle, m'ouvre à l'altérité et me porte en avant. Elle me fait prendre le risque de l'aventure. Elle ne calcule pas. Elle peut apparaître comme une folie, mais sans elle certains pas ne seraient jamais franchis. Le sujet resterait prisonnier de son moi, de ses intérêts immédiats, du plat bon sens. Prisonnier du « même », finalement. La passion vient, selon l'expression de Claudel, « m'ouvrir par le milieu, comme un livre qui craque ». Une telle ouverture se révélant finalement plus sage que le repli sur le même, la passion pourra réussir ce miracle de marier sagesse et folie. Aussi a-t-on pu dire que l'amour était une *sage folie*, une *sobre ébriété*[52].

Sagesse, car la volonté n'est pas annihilée, mais renforcée. Il peut toutefois arriver que le feu devienne incendie, que le torrent devienne dévastateur. Que la passion s'avère plus destructrice que constructrice. Mais, même alors, il arrive que l'on ne puisse se retenir d'éprouver pour elle un certain respect. Ainsi dans le roman de William Irish, à partir duquel François Truffaut a réalisé un très beau film, *La sirène du Mississippi*, un homme jouissant d'une fort belle situation sociale quitte tout pour l'amour d'une femme qui se révélera être une aventurière sans scrupules. Mais il continuera à l'aimer, l'accompagnant dans sa cavale, pour lui pardonner et l'aimer encore au moment de mourir de son fait, se sachant empoisonné par elle. Folie ? Peut-être. Mais

---

51. Étienne Borne, *Le problème du mal*, PUF, 1958, p. 113 et suiv.

52. *Sobria ebrietas*. L'expression est de saint Bernard. Voir V. Jankélévitch, *op. cit.*, p. 276.

aussi grandeur. Il y a en nous quelque chose qui ne peut s'empêcher de s'incliner devant ces élans plus forts que le médiocre attachement à soi et qui introduisent quelque démesure au sein d'une vie trop mesurée.

Mais il faut bien avoir conscience que cette émotion, dans la plupart des cas, n'est qu'esthétique. L'image de la passion est salutaire parce qu'elle reste de l'ordre des possibles, n'apportant que l'éclairage partiel d'un faisceau lumineux quasi abstrait. Il faudrait voir ce que cette démesure donnerait concrètement dans la réalité. Cela inciterait à être sur ses gardes par rapport à la fascination de l'imaginaire dont nous parlions plus haut, en quoi consiste précisément la passion. Cette même passion ou, plus exactement, celle-ci sous des versions légèrement différentes peut donner lieu, pour rester dans le registre des films du même réalisateur, à la folie d'*Adèle H.* ou à celle, sombrement et tragiquement destructrice, de *La femme d'à côté*.

Tenir ensemble, donc, ces deux perspectives : à la fois celle du caractère possiblement destructeur de la passion et celle de la vérité de son ardeur. Mais peut-être ne s'agit-il pas de la même réalité. D'un côté la suprématie de l'imaginaire, la poursuite d'une chimère qui n'existe pas (à laquelle on sacrifie ce qui existe), de l'autre un aperçu sur ce qui existe réellement (plus réellement que le réel ordinaire), mais se trouve ordinairement caché ou occulté : la merveille de l'unicité d'un être, la vibration sans prix de sa présence, de sa voix, de son regard, l'insondable de son mystère, en lequel on désire se plonger et se perdre, comme le mystique en Dieu. Cette ressemblance entre le désir de l'autre et le désir de Dieu est-elle illusion ou réalité ? Idolâtrie (prendre la créature pour le créateur) ou révélation (de celui-ci à travers celle-là) ? Les passionnés seraient-ils des mystiques qui s'ignorent ? Un travail de discernement s'imposerait ici, entre les figures de la passion à dominante mortifère[53] et celles où

53. Telle est, selon Denis de Rougemont, la logique de l'amour de Tristan et Iseut. « Tristan et Iseut ne s'aiment pas, ils l'ont dit et tout le confirme. Ce qu'ils aiment, c'est l'amour, c'est le fait même d'aimer. Et ils agissent comme s'ils avaient compris

commande le désir de vivre. Est-ce la logique de destruction et d'échec qui fascine ou est-ce la joie, le sentiment d'une croissance de la vie qui tire en avant ?

Dans le contexte culturel actuel, une double tâche s'indique à l'égard de la passion : vigilance critique vis-à-vis des exaltations romantiques (ou post-romantiques), le plus souvent superficielles, de celle-ci ; mais aussi, dans un climat volontiers utilitaire ou hédoniste, qui est aussi celui de la rareté des grandes passions, sauvegarde de ce que celles-ci peuvent apporter d'irremplaçable, de cette part de sagesse dont, au sein même de leur folie, elles sont porteuses.

Cela dit, ce qui a été souligné plus haut à propos des limites de l'amour-tendresse vaut encore plus ici : la passivité de la passion, qui peut être une valeur, n'en demeure pas moins aussi une limite. Elle rend l'amour dépendant de déterminismes psychiques qui s'avèrent, en dernier ressort, étrangers à la liberté. Faut-il se résigner à une dissociation entre amour et liberté ? Sauf à penser le versant actif de l'amour, celui qui ne consiste pas seulement à subir mais à agir, à poser les actes qui construiront la relation. Car l'amour est aussi construction, œuvre, travail même, a-t-on pu dire[54]. Il nous faudra élaborer une pensée du passage de l'amour-passion à l'amour-action. Ce à quoi peut contribuer une notion comme celle de volonté.

L'amour est-il volonté ?

Après ce qui vient d'être dit sur la passion, l'idée de rapprocher « amour » et « volonté » peut paraître surprenante. Pourtant… Rappelons tout d'abord que l'on peut vouloir passionnément. Et

---

que tout ce qui s'oppose à l'amour le garantit et le consacre dans leur cœur, pour l'exalter à l'infini dans l'instant de l'obstacle absolu, qui est la mort» (*L'amour et l'Occident* [1939], coll. 10/18, p. 33).

54. Le terme est de Hegel, repris par Luce IRIGARAY dans *J'aime à toi*, Grasset, 1992, p. 56.

que donnerait une conception de l'amour qui maintiendrait celui-ci à l'extérieur de la volonté ? Un amour toujours « fatal », seulement senti, ressenti, subi, mais jamais résolu, déterminé, voulu ? « Aimer, c'est vouloir du bien à quelqu'un » : à travers sa simplicité, la définition de l'amour d'amitié reprise d'Aristote par saint Thomas[55] implique bien la notion de volonté.

Il est vrai que la compréhension moderne de cette dernière n'aide guère à une telle intégration. Depuis deux siècles, nous sommes accoutumés à entendre « volonté » en un sens marqué par le rationalisme tandis que, symétriquement, nous entendons « amour » en un sens déterminé par le romantisme. L'un et l'autre courant se conjuguent pour opposer les deux termes, la première étant comprise comme obéissance à la raison et le second comme obéissance au sentiment. On comprend les réticences devant la détermination de l'amour comme volonté si celle-ci est définie, telle la volonté morale kantienne, comme « la faculté de choisir cela seulement que la raison, indépendamment de l'inclination, reconnaît comme pratiquement nécessaire, c'est-à-dire comme bon[56] ». Mais une tradition plus ancienne n'opposait pas inclination et raison, non plus que désir et volonté. Pour saint Thomas, « l'acte de la volonté n'est rien d'autre qu'une inclination qui procède d'un principe intérieur doué de connaissance[57] ». Ce principe, qui est l'intelligence, est si peu mis en opposition avec le désir que de celui-ci il est dit plus loin : « Bien loin de causer de l'involontaire, il contribue plutôt à rendre l'acte volontaire[58]. » Nous voici donc invités à une conception non volontariste de la volonté, selon laquelle celle-ci n'a pas pour seul ressort l'obéissance à la loi ou au

---

55. *Somme théologique*, Ia, IIae, qu. 26, art. 4.

56. Emmanuel KANT, *Fondements de la métaphysique des mœurs*, Première section. D'où l'affirmation : « L'amour est une affaire de sentiment et non de volonté, et je ne peux aimer parce que je le veux, encore moins parce que je le dois » (*Doctrine de la vertu*, Vrin, 1968, p. 73).

57. *Somme théologique*, Ia, IIae, qu. 6, art. 4.

58. *Ibid.*, art. 7.

devoir, mais peut être définie par Jean-Claude Sagne comme « le désir assumé par le sujet conscient et parlant ». Autres formules dues au même auteur : « La volonté est le désir guidé par la parole en tant qu'acte du sujet ; plus simplement, la volonté est le désir du sujet qui assume son corps au lieu de le subir et de le suivre[59]. »

Que le désir soit au cœur de la volonté ne signifie pas pour autant que celle-ci se réduise à celui-là. Il ne suffit pas de désirer pour vouloir. Désirer ne coûte rien ; vouloir, c'est prendre les moyens. Entre « vouloir le bien de l'autre » et le désirer, il y a un écart ! La volonté posera des actes, actes qui parfois coûteront et exigeront le dépassement du mouvement spontané du désir ou, du moins, de désirs plus superficiels. La volonté assume le long terme, les médiations, l'effort. Elle prend la forme d'une décision, ce qui n'est pas, de soi, le cas du désir. On peut désirer, désirer même très fortement, sans jamais s'engager. On peut vouloir résolument, alors que je vois mal ce que signifierait « désirer résolument ». Du désir au dévouement, que de seuils, de passages, de conversions même parfois !

C'est pourquoi une des meilleures formules pour caractériser ce qu'aimer veut dire me paraît être celle du philosophe Gabriel Madinier : « Aimer, c'est vouloir l'autre comme sujet[60]. » Dans son contexte, la formule vise à contredistinguer l'amour de toute attitude objectivante, dévorante ou possessive à l'égard de l'autre[61]. Vouloir l'autre comme sujet, ce n'est donc pas le convoiter, comme on convoite un objet, ni même seulement l'admirer ; c'est l'aider à grandir, en trouvant les gestes et les paroles qui le feront naître ou naître davantage à lui-même. Ce n'est pas seulement le contempler comme une belle œuvre d'art, ni éprouver pour lui de la sympathie, c'est contribuer à la

59. J.-C. SAGNE, « Volonté et vie spirituelle », in *Psychologie et foi*, n° 8.

60. G. MADINIER, *Conscience et amour* (1938), PUF, 1962, p. 86.

61. « La divergence des orientations consiste à voir dans l'autre, ici un objet à assimiler, là un sujet à distinguer et à susciter. [...] L'amour ne détruit pas l'altérité, il l'intensifie au contraire, mais en la transformant » (*ibid.*).

révélation de lui-même à lui-même, à la levée de ce qui fait ou pourrait faire obstacle au déploiement de sa véritable personnalité. Dans cette dimension de « culture[62] » active de l'altérité de l'autre, comment ne pas reconnaître la part que devront prendre, par moments, les ressources de l'attention, de la bienveillance, de l'application et même de l'effort ? Le désir n'est ni simple, ni pur, ni constant. Il a ses ambiguïtés, ses ambivalences, ses pannes. Lorsque souffleront les vents contraires, lorsque les gratifications sensibles sembleront momentanément éteintes, l'amour se montrera véritable en se révélant capable de faire appel à d'autres ressources que celles de la spontanéité immédiate.

L'apparentement entre l'amour et la volonté a pu être poussé si loin que saint Augustin est allé jusqu'à les définir l'un par l'autre. « L'amour n'est autre que la volonté dans toute sa force[63] » tandis que « la volonté n'est rien d'autre que la puissance d'aimer[64] ». Pour mieux comprendre le sens d'une telle réversibilité, on peut considérer ce qui leur fait obstacle, les communes entraves à l'une et à l'autre. Ce qui nous empêche d'aimer n'est-ce pas en même temps ce qui nous empêche de vouloir vraiment ? Peurs, attachements, habitudes, passivités, contradictions… Si la volonté est la liberté mise en œuvre, ne peut-on pas dire aussi qu'aimer (véritablement) et être libre soient une seule et même chose ? La liberté serait ce point nodal où se rencontrent amour et volonté, un amour libéré de ses pesanteurs, une volonté libérée de ses entraves.

Ainsi compris comme une qualité, voire comme l'essence[65] de la volonté, l'amour passe du registre des passions à celui des vertus. Ce dernier terme désigne une détermination active de la

62. Nous entendons ce terme sur l'arrière-fond de la pluralité des sens du verbe latin *colere* dont les traductions peuvent être : cultiver, soigner, honorer, parer, traiter avec respect…

63. Saint AUGUSTIN, *De Trinitate*, XV, XXI, 41.

64. *Idem, La Cité de Dieu*, XIV, VII, 2.

65. Saint Jean DE LA CROIX le désigne comme « opération de la volonté », *La Montée du Carmel*, III, chap. XVII.

volonté. Une capacité, une force – la « force d'aimer », selon le beau titre du livre de Martin Luther King. L'amour comme vertu ? Le rapprochement entre ces deux termes surprend nos habitudes de pensée, romantiques ou kantiennes. Mais Aristote voyait bel et bien en l'amitié une vertu, pas que la pensée chrétienne fit franchir à l'amour également. Ce fut en effet une des innovations majeures du christianisme que de placer ce dernier non seulement parmi les passions, mais d'abord parmi les vertus, en compagnie de la foi et de l'espérance[66].

Cela dit, le point de vue selon lequel l'amour est irréductible à la volonté – point de vue qui est aussi celui de l'intuition la plus spontanée – ne peut pas ne pas être pris en compte. Incontestablement il y a dans l'amour un en-deçà et un au-delà de la volonté, un déjà-là, un donné, quelque chose qui déborde le vouloir et la conscience. En deçà, le désir (ou la grâce) ; au-delà, la rencontre, l'abandon. Comme le dit excellemment Denis Vasse, « nous n'accédons jamais à l'autre par notre volonté propre[67] ». Tel n'est pas un des moindres paradoxes de l'amour que celui-ci à la fois se trouve à la fine pointe de la volonté libre et soit le type même du mouvement qui ne résulte pas de nos résolutions. Paradoxe qu'Emmanuel Lévinas résume ainsi : « On peut commander à l'amour, mais c'est l'amour qui commande à l'amour[68]. » La formule a le mérite de tenir ensemble ces deux vérités : d'une part, aimer c'est poser des actes susceptibles de faire l'objet d'un commandement (« Tu aimeras »...) ; d'autre part ce qui distingue le même acte selon qu'il est ou non accompli par amour est que, dans l'affirmative, il est suscité par un mouvement plus profond que l'obéissance au commandement. L'obéissance elle-même y est « amoureuse », spontanée, donnée. À l'instar de la tradition juive attestée par Lévinas, la tradition

66. Au rang des trois « théologales » (foi, espérance, charité), qui vinrent s'ajouter aux quatre « cardinales », héritées de Platon, Aristote et Cicéron (la prudence, la justice, la force et la tempérance).

67. D. Vasse, *La chair envisagée*, Seuil, 1988, p. 177.

68. E. Lévinas, *Difficile liberté*, Albin Michel, 1976, p. 247.

chrétienne tient ensemble ces deux pôles en affirmant à la fois que l'amour peut être commandé (ce que contestait Freud[69]) et qu'il est un don, une grâce, un fruit de l'Esprit.

Il est vrai que nous touchons là à une dimension spécifique de l'amour, de portée théologique, que nous avons esquissée au début de ce chapitre et qui fera l'objet d'un plus long développement, l'amour-*agapè*[70]. Avouons toutefois qu'il serait difficile d'aborder aux rivages de ce que Jankélévitch appelle la « fine pointe de l'amour » sans effleurer ce dernier, sans apercevoir la subtile alliance du voulu et du donné qui le caractérise. Au cœur même de l'acte de vouloir, n'appréhendons-nous pas une réceptivité fondamentale à un mouvement beaucoup plus originaire que celui de la conscience raisonnante ? Le vouloir le plus authentique n'est-il pas précédé et comme débordé de l'intérieur, désapproprié de lui-même en sa source ? N'est-il pas lui-même reçu ? Tout homme, toute femme, surtout s'il aime, ne pourrait-il pas prononcer en vérité la parole évangélique : « Ma volonté n'est pas mienne » ? L'amour est un de ces moments, le moment privilégié sans doute, où ce qui semblait être passivité se révèle activité et où, en retour, ce qui semblait être activité se révèle passivité. Mais il y a une différence entre la première et l'ultime passivité, entre les fluctuations aléatoires des émotions et la réceptivité fondamentale à la force d'aimer.

69. *Malaise dans la civilisation* (1929), chap. V.
70. À la fin du chapitre VII.

III

ÉLOGE DE L'AMITIÉ

Un de ces biens qu'on ne remplace pas, parce qu'ils sont de mémoire et d'histoire[1].

Il y a bien, çà et là sur terre, une sorte de prolongement de l'amour dans lequel le désir cupide que deux êtres éprouvent l'un pour l'autre fait place à un nouveau désir, à une nouvelle convoitise, à une soif supérieure commune, celle d'un idéal qui les dépasse tous deux : mais qui connaît cet amour-là ? Qui l'a vécu ? Son véritable nom est amitié[2].

L'amitié est souvent traitée comme une forme atténuée de l'amour. Une affection plus faible, moins engageante, moins exigeante, chaste de surcroît, marque d'une indéniable déficience ! Beaucoup moins chantée, romancée, célébrée et, disons-le, médiatisée que l'amour, l'amitié occupe pourtant une grande place dans les histoires personnelles. Que deviendrions-nous sans la joie de ces rencontres lumineuses qui viennent ponctuer le temps de la vie ordinaire, sociale ou familiale ? Si toutes nos relations étaient exclusivement soit fonctionnelles soit amoureuses ? Si ne nous était pas donnée toute cette gamme d'affini-

1. Charles PÉGUY, *Victor-Marie, comte Hugo* (1910), Pléiade, p. 666.
2. Friedrich NIETZSCHE, *Le Gai Savoir*, I, 14 (1886), trad. fr. Gallimard, coll. Idées, 1950, p. 57.

tés intermédiaires entre la simple « sympathie » et la passion ou l'amour conjugal ? Car l'amitié supporte des degrés : un collègue de travail ou un voisin peut devenir un ami, tandis qu'une grande amitié peut donner lieu à une proximité comparable à celle de l'amour.

Cette plasticité de l'amitié la rend, plus encore que l'amour peut-être, difficile à définir. C'est ainsi que l'on voit Aristote qualifier d'amitié (*philia*) le lien entre les oiseaux, comme entre les cités, les compagnons d'armes, entre parents et enfants, entre frères, entre rois, entre sujets... Il est vrai qu'il héritait alors d'un terme aux acceptions beaucoup plus larges qu'aujourd'hui[3]. Spécialiste de la civilisation grecque, Jean-Pierre Vernant comprend la *philia* comme le ciment qui tient toute relation sociale[4]. Dans la ligne d'Aristote, il perçoit l'essence de celle-ci dans la *koinônia*, mise en commun ou communauté. Il s'agit alors d'une notion intermédiaire entre le privé et le public : elle repose sur le partage, mais elle relève encore de la vie particulière.

Une telle « mise en commun » pourrait avoir lieu pour des rai-

3. « La *philia* comprend toutes les affections : l'amour proprement dit, entre des personnes du même sexe ou de sexes différents (*philia érotiké*), l'amour du genre humain ou *philanthropia*, et l'amitié au sens étroit (*philia hétairiké*). L'affinité des éléments qui rappelle la sympathie entre les personnes est elle-même appelée *philotès* » (L. Dugas, cité par Pierre MACHEREY in *Autrement*, « L'amitié », février 1995, p. 59). Plus loin, à propos du mot *philia* compris comme « amitié » : « Il s'agit d'une expression qui ne semble être entrée dans l'usage courant qu'à la fin du Ve siècle avant J. C. Ses occurrences dans des fragments d'Empédocle sont sans doute des retraductions "modernisées" du terme original *philotès*, lui-même directement formé à partir de *philos*, qui signifie d'abord "cher", en un sens qui est complètement assimilé au départ à la valeur du possessif "mon" et pourrait être rendu par l'expression composée "mon cher". Il exprime donc à la fois l'appartenance et la proximité, comme formes immédiates de la possession. [...] *Philotès* exprime donc au départ un rapport juridique, le traité de paix privée qui sanctionne un règlement de compte. [...] Chez Homère, le terme qui désigne le rapport affectif entre deux personnes que nous désignons aujourd'hui en nous servant du terme "amitié", c'est, non pas *philos*, mais *hétairos* : le compagnon, celui dont on est inséparable » (*ibid.*, p. 64).

4. « C'est une idée grecque que toute relation sociale implique un ciment, qui est l'amitié » (*ibid.*, p. 194).

sons utilitaires, c'est-à-dire sur la base du besoin ou du calcul. Toutefois une intuition éthique, à la fois très ancienne et actuelle, l'associe à l'idée de gratuité. Comment pourrais-je aimer celui qui ne serait pour moi qu'un moyen ? Aristote distingue l'amitié « véritable » ou « parfaite » des amitiés fondées sur l'utilité ou le plaisir. Dans la première, on aime son ami « pour ce qu'il est vraiment », alors que, dans les deux autres, « on l'aime dans la mesure où il est agréable[5] ». Bienveillance active et réciproque, l'amitié véritable consiste à vouloir le bien de l'autre « pour l'amour de ce dernier ». Ce qui est apprécié, alors, en lui, n'est pas telle ou telle qualité accidentelle, mais « sa propre nature ». Dans une telle perspective, l'amitié n'est pas seulement une affection ou une passion (tel l'amour), mais une vertu, c'est-à-dire une disposition stable, liée donc à la durée et à la fidélité. Elle ne naît pas seulement de l'harmonie des caractères, mais de l'estime et de la confiance mutuelles.

> « L'amitié fondée sur le plaisir ou sur l'utilité peut exister entre deux hommes vicieux, ou entre un homme vicieux et un homme de bien, ou enfin entre un homme ni bon ni mauvais et n'importe quel autre ; mais il est clair que seuls les hommes vertueux peuvent être amis pour ce qu'ils sont en eux-mêmes : les méchants, en effet, ne ressentent aucune joie l'un de l'autre s'il n'y a pas quelque intérêt en jeu[6]. »

D'autres auteurs, tel aujourd'hui Francesco Alberoni, ont souligné que l'amitié est « d'essence morale ». Elle ne peut naître sans un fond d'estime mutuelle. Plus que le désir amoureux, elle est sensible d'abord aux qualités spirituelles, à tel point qu'elle a pu être définie comme « la forme éthique de l'amour[7] ».

Toute une tradition philosophique, grecque essentiellement[8],

---

5. ARISTOTE, *Éthique à Nicomaque*, VIII, 3.
6. *Ibid.*, VIII, 5 (trad. J. Tricot, Vrin, 1990).
7. « L'amitié est la forme spécifique de l'amour qui a pour objet un être que l'on apprécie et qui, d'un point de vue éthique, se conduit correctement » (F. ALBERONI, *L'amitié* [1993], trad. fr., Pocket, 1995, p. 37).
8. Aristote, donc, et, par la suite, épicuriens et stoïciens.

a accordé à l'amitié une valeur supérieure à celle de l'amour. Celui-ci serait plus passif, plus instable, plus violent, plus possessif. Mais il s'agit alors de l'amour-*eros*. Une autre hypothèse ne pourrait-elle pas être que l'essentiel de l'amitié rejoint l'essentiel de l'amour ? Il arrive que les deux termes soient substituables l'un à l'autre. Ainsi, dans son très beau roman *Narcisse et Goldmund*, Hermann Hesse désigne-t-il à plusieurs reprises comme « amour » l'amitié qui unit ses deux héros. « Narcisse avait plongé ses regards jusqu'au fond de la vie irrégulière de son ami, et ni son amour ni son estime pour lui ne s'étaient trouvés affaiblis[9]. » Prenons conscience du poids des déterminismes culturels qui porteraient beaucoup, aujourd'hui, à entendre « attrait homosexuel » derrière une telle appellation. Pour éviter une telle réduction, il faut percevoir à quel fonds commun beaucoup plus ample puisent ensemble amour et amitié, ce qui n'empêchera pas, mais permettra plutôt de mettre en lumière leurs différences bien repérables. Cette profonde parenté en même temps que leur appartenance à deux registres distincts constituent le caractère énigmatique des relations entre ces deux affinités.

Parce que c'était lui

« Lorsque l'autre se rapporte à moi
de telle sorte que l'inconnu en moi
lui réponde à ma place[10]*... »*

Un des points communs entre l'amour et l'amitié est de se distinguer ensemble des relations dans lesquelles prime l'extériorité, telles la camaraderie ou le compagnonnage. Ces dernières se nouent généralement dans l'action : jeu, combat ou entreprise

9. H. HESSE, *Narcisse et Goldmund* (1943), Calmann-Lévy, 1948, Livre de poche, p. 366.
10. Maurice BLANCHOT, *L'écriture du désastre*, Gallimard, 1980.

commune, par exemple. L'enfant, le militant, le travailleur ont des camarades. Pour accéder à l'amitié, il faut vibrer sur une autre longueur d'onde, être ouvert à une autre dimension, celle de l'intériorité. C'est pourquoi le grand moment de la découverte de l'amitié est, très souvent, l'adolescence, qui est précisément l'âge de la révélation de cette dernière.

L'amitié est d'abord expérience de rencontre, au sens fort du terme, c'est-à-dire de présence l'une à l'autre et de reconnaissance entre deux singularités, deux unicités. Ce qui se traduit par quelques marques sensibles : joie de se retrouver, plaisir d'être ensemble, facilité à communiquer. Plaisir de la présence comme telle : si nous « sommes bien ensemble », ce n'est pas seulement, pas exactement pour l'intérêt de la conversation ou de l'action. Un accord de fond se dit à travers quelques indices, par éclairs : croisement des regards, éclairement des visages, détente, entrain, gestes de cordialité. Plus essentiellement encore que de plaisir, l'amitié est expérience de joie, c'est-à-dire du sentiment d'un accroissement de la vie ou, selon les termes de Spinoza, du passage à une plus grande perfection. En effet, l'expérience du prix de l'autre y est aussi, et dans le même temps, expérience de son propre prix à soi. Devant l'ami, avec lui, je me découvre moi-même plus riche que je ne le croyais. Plus vivant, plus fort, reconnu moi-même dans ma singularité. L'ami, écrit Francesco Alberoni, « me rend justice », sans se faire mon juge[11]. D'où le côté reposant, apaisant, de l'amitié. Point n'y est besoin de faire ses preuves, de s'affirmer, de se poser.

L'amitié est expérience d'un accord, d'une concorde, d'une paix plus que d'une ressemblance. Ce n'est pas la rencontre de l'alter ego qui caractérise le mieux l'amitié. La ressemblance comme telle, en effet, peut aussi bien être répulsive qu'attrac-

11. « Il nous rend justice, mais il n'est pas le juge d'un concours, il ne distribue ni trophée ni premier prix, il n'offre pas la richesse, il ne sanctionne pas notre supériorité sociale. La préférence dont nous parlons est la reconnaissance de notre identité, de notre personne et de sa valeur. Elle concerne la nature même de notre moi » (F. ALBERONI, *op. cit.*, p. 45).

tive. Critiquant la définition de l'amitié par celle-ci, Platon, dans le *Lysis*, note qu'elle peut aussi bien engendrer la guerre des doubles[12]... Si donc l'amitié est proche de la fraternité, si elle est comme une fraternité d'élection, c'est moins sur la base de ressemblances ou de différences que sur celle de la reconnaissance et de la « mise en commun » (*koinônia*) déjà évoquées. Celles-là, bien sûr, pourront favoriser celles-ci ; elles en seront le terrain plus ou moins favorable. Prédispose à l'amitié un subtil dosage, extrêmement variable d'une personne à l'autre, de ressemblance et de dissemblance. Mais la prédisposition n'est pas la réalisation. Une amitié ne saurait grandir sur les seules bases du narcissisme ou de la recherche du complémentaire. Elle naît d'un événement et se tisse au cours d'une histoire. Par des actes, par des paroles. C'est dans la parole que naît l'amitié, dans le dialogue qu'elle habite d'abord.

Mais les mots ne sont pas tout. Un des charmes de l'amitié vient d'un heureux alliage, d'une heureuse alternance de silence et de parole. Si la parole y est essentielle, elle n'y est pas indispensable. C'est même là l'indice qu'une relation est réellement devenue amicale, qu'elle supporte le silence. « Heureux, écrit Péguy, deux amis qui s'aiment assez pour (savoir) se taire ensemble. » Mais il s'agit alors d'un silence plein, dont le prix vient des paroles antérieures... et à venir.

> « Nous nous taisions. Heureux ceux, heureux deux amis qui s'aiment assez, qui veulent assez se plaire, qui se connaissent assez, qui s'entendent assez, qui sont assez parents, qui pensent et sentent assez de même, assez ensemble en dedans chacun séparément, assez les mêmes chacun côte à côte, qui éprouvent, qui goûtent le plaisir de se taire ensemble, de se taire côte à côte, de marcher longtemps, longtemps, d'aller, de marcher silencieusement le long des silencieuses routes[13]. »

---

12. « Ce sont forcément les choses les plus semblables qui sont pleines les unes envers les autres de jalousie, de goût pour la dispute, d'inimitié, tandis que les plus dissemblables le sont d'amitié » (*Lysis*, 215d., trad. Robin, Pléiade).

13. C. PÉGUY, *op. cit.*, p. 664.

Il y aurait de belles pages à écrire sur la marche et l'amitié. Combien d'amitiés ne se sont-elles pas nourries de ces longues heures – ou journées – de promenade, de randonnée, de ces « balades » où l'on est côte à côte, distincts mais proches, portés par le mouvement et le rythme accordé des pas qui unissent autant que les paroles. Où l'on réussit cette merveille de marcher chacun à son pas tout en allant au même rythme. Ce n'est pas le face-à-face. Le regard se porte vers un horizon qui est à la fois commun et librement parcouru par chacun. La cadence des pas relaie le libre échange des paroles qui, selon les moments, seront abondantes ou laconiques, pour offrir une médiation entre ces deux sujets à la fois séparés et reliés, éprouvant chacun à sa manière l'effort à fournir comme le plaisir de respirer, tantôt rassemblés sur ceux-ci, tantôt ouverts à l'espace du monde. L'amitié s'accorde très bien avec cette alternance de communauté et de liberté, d'attention à l'autre et de méditation personnelle, épousant les mouvements du paysage qui, à chaque instant, au gré des détours du chemin et des courbes du terrain, ménagent surprises, apparitions et disparitions.

Ainsi va l'amitié. Elle est comme une marche commune, qui suppose distance, paysages et découvertes. Comme une conversation avec ses pauses, ses reprises, son « fil », ses raccourcis. Unis, les amis le sont au-delà d'eux-mêmes. La concorde amicale suppose ou plutôt exige l'ouverture à une réalité plus grande. Elle est inséparable d'une quête, d'un appel, d'une commune aspiration. Cet appel sera, au minimum, l'appel de la vie, du monde à explorer : ce sera l'aspect créatif et aventureux des amitiés enfantines[14]. Mais, plus profondément, surtout lorsqu'elle devient adolescente ou adulte, l'amitié est corrélative de la tension vers un bien, une vérité, une valeur. « Je ne puis aimer

---

14. F. ALBERONI évoque à ce propos *Les aventures de Tom Sawyer*, de Marc Twain : « À cet âge, le compagnon de jeux n'est pas l'ami somnolent des soirées oisives. C'est un être ouvert sur le monde et tout vibrant d'un pouvoir magique... Chacun a besoin de l'autre pour mettre en scène et pour matérialiser le monde imaginaire d'où il part explorer le monde réel » (*op. cit.*, p. 82).

autrui qu'au-delà de lui-même», écrit Jean Lacroix[15]. L'amitié est impensable sans une reconnaissance du meilleur de l'un par l'autre, celui-ci étant en tension vers un horizon, une vérité, un bien. «Être amis, c'est toujours connaître ensemble» ou, selon Jean Lacroix encore, «être amis, c'est chercher ensemble le vrai, et le chercher l'un dans l'autre[16]». Si l'amitié est plus qu'harmonie affective, si elle est communauté, cela suppose que l'on ait quelque chose à mettre en commun; mieux que quelque chose, une vie qui soit vie de l'esprit, une autre amitié (*philia*), celle qui porte vers la sagesse, c'est-à-dire une philosophie.

Tout cela, telle une longue marche, ne pourra avoir lieu qu'à travers le temps. Parmi les «vertus» communes à l'amour et l'amitié, se trouve la fidélité. Peut-être même est-il possible d'affirmer que cette dernière est plus essentielle encore à la seconde qu'au premier, en ce sens qu'elle la constitue, qu'elle en est comme la substance. «L'amitié est la fidélité même», affirme Jankélévitch[17]. Cela peut se comprendre, bien sûr, sur la base de la durée nécessaire à la construction de tout lien véritable entre des sujets[18], ou encore comme exigence morale de loyauté, solidarité, fiabilité à l'égard de celui qui a été conduit à «compter sur nous». Exigence commune avec l'amour, donc. Mais, pour ce qui relève de l'amitié, la relation à la durée se traduit pratiquement d'une façon bicn spécifique.

L'amitié commence, nous l'avons vu, par l'expérience d'une rencontre. Mais celle-ci ne deviendra amitié que si elle est confirmée par une seconde, une troisième, puis par toute une série de rencontres. Si, dès la seconde ou par la suite, survient la déception ou le vide, l'élan de la première n'aura d'autre statut

15. J. LACROIX, «De l'amitié», in *Le sens du dialogue*, La Baconnière, Neuchâtel, 1944, p. 139.

16. *Ibid.*, p. 144, 145. «Personnellement, c'est grâce à l'amitié que j'ai peu à peu compris que la vérité n'est pas une chose, mais la vie même de l'esprit» (p. 144). Nous retrouvons ici l'intuition platonicienne d'une parenté entre l'amitié et la recherche du vrai. Voir *Ménon*, 75d, et *Gorgias*, 487a.

17. *Les vertus et l'amour*, tome I (1970), Flammarion, coll. Champs, 1986, p. 152.

18. Dont nous traiterons en un chapitre ultérieur (VI).

que celui de tous les élans de sympathie que nous pouvons connaître dans notre vie. L'amitié ne naît pas d'une rencontre unique, mais d'une histoire de rencontres qui se confirment, s'enrichissent et donnent naissance à une temporalité spécifique, celle d'un présent toujours renaissant[19]. « Il faut tant de rencontres à la bâtir », s'étonnait Montaigne dans le chapitre fameux des *Essais*[20]. Ces rencontres sont généralement discontinues, plus ou moins espacées dans le temps, mais elles ont comme caractéristique principale ceci : aussi longue qu'ait été l'interruption, il s'avère qu'elles ne sont jamais banales. La conversation reprend comme si nous nous étions quittés la veille. Elle est pourtant différente, car nous avons changé, mais le sentiment de continuité l'emporte sur la réalité de la discontinuité.

C'est à la fois un indice de l'amitié – et ce qui, à chaque fois, la relance – que cette expérience toujours réjouissante que, malgré le temps, le « fil » s'est maintenu. Des mois, voire des années ont passé, chacun a changé, les histoires peuvent être très dissemblables, mais nous sommes bien « sur la même longueur d'onde ». Cette expérience parle d'elle-même, elle signifie le lien en même temps qu'elle lui confère sa réalité. Que, malgré l'éloignement et la distance entre deux existences, la rencontre demeure aussi vive, ne disons pas que cela indique le lien, mais plutôt que là est le lien. Dans une proximité plus réelle que la distance, dans une présence plus forte que l'absence. Si chaque rencontre est alimentée des précédentes, chacune aussi vient confirmer celles-ci. Le passé donne profondeur au présent et le présent sauve le passé. Ainsi l'amitié est-elle victoire sur le temps. Le terme de « victoire » ne convient d'ailleurs pas ici, car il ne s'agit pas de vaincre le temps qui, alors, n'est pas un

19. « Les expériences humaines n'ont pas d'existence intrinsèque ; elles n'existent que si elles se renouvellent. Les amis se ré-rencontrent et renouvellent leur amitié à chaque fois. Chaque rencontre représente un risque, l'enjeu est de le surmonter. L'amitié est la combinaison de rencontres réussies » (F. ALBERONI, *op. cit.*, p. 23).

20. MONTAIGNE, *Essais*, livre I, chapitre XXVIII.

ennemi, mais un allié. Tel est le secret commun à l'amour et à l'amitié : faire du temps non un ennemi, mais un allié[21].

Tout cela n'exclut pas la nouveauté, bien au contraire. Il ne s'agit pas de répétition. Chaque rencontre est différente de la précédente ; chacune ménage aussi des surprises. On ne sait jamais à l'avance ce que sera la suivante, et c'est un des charmes de son attente. Si la conversation se poursuit, c'est qu'elle est capable de se renouveler, de connaître des mutations, d'accepter les changements. Les deux amis peuvent ne pas évoluer dans la même direction. L'un peut changer de croyances religieuses ou politiques ; tel Goldmund dans le roman de Hermann Hesse, il peut poursuivre une voie plus ou moins chaotique, à l'opposé de celle de son ami. Celui-ci recevra ces changements comme une chance, comme une irruption de la différence dans sa vie. L'ami n'est pas seulement celui qui m'enrichit, il peut être aussi celui qui m'interroge, me critique, me rend plus pauvre[22]. Il pourra être celui qui vient périodiquement me rappeler que mon itinéraire n'est pas le seul possible et que, sur la base même de ce qui nous unit, d'autres choix spirituels, intellectuels ou existentiels sont possibles. Le croyant fervent pourra être travaillé par la pensée de son ami devenu agnostique. Le « bon père – bon époux » pourra rester très proche d'un ami à la vie affective aventureuse ou le moine érudit devenu abbé conserver un tendre attachement pour son ami artiste devenu chemineau errant. « Goldmund ne l'avait pas seulement rendu plus riche. Par lui, il était aussi devenu plus pauvre, plus pauvre et plus faible. [...] Le monde dans lequel il vivait et où il se sentait chez lui, son monde, sa vie monacale, son ministère, sa science, la belle architecture de ses pensées, avaient été souvent violemment ébranlés

---

21. Nous verrons que les modalités de cette « alliance » sont différentes en amour, mais la parenté fondamentale est là.

22. « Il faut honorer l'ennemi jusqu'en son ami. Peux-tu t'approcher de ton ami sans passer dans son camp ? Ton ami doit être ton meilleur ennemi. C'est quand tu luttes contre lui que tu dois être le plus près de son cœur » (F. NIETZSCHE, *Ainsi parlait Zarathoustra*, première partie [1883], Livre de poche, p. 69).

et mis en question par l'artiste. [...] Mais l'homme avait-il été vraiment créé pour mener une existence réglée dont la cloche et la prière scandaient les heures et les occupations[23] ? »

Une amitié qui chercherait la répétition, voulant à tout prix maintenir l'harmonie passée, sur les bases de celle-ci, serait vouée à l'ennui et, finalement, à la fossilisation. Elle ne serait qu'une fixation sur le même, marquée par une fascination à l'égard du passé, un regret de ce qui n'est plus. La nostalgie est certainement un des écueils caractéristiques de l'amitié. C'est le miracle des amitiés heureuses que de marier une fondamentale, intrinsèque permanence dans la fidélité et une disponibilité à la nouveauté, un consentement à la différence, une capacité de création, solidité et liberté conjointement. Liberté d'autant plus grande qu'on sait le lien solide. Mais une telle amitié ne se recherche pas pour elle-même[24], elle se reçoit comme un don, un cadeau gratuit. Il est vrai qu'elle doit, pour une part, se vouloir, à l'instar de l'amour, comme une œuvre qui se construit par des gestes, des actes, des paroles qui maintiennent le lien vivant. Mais cette volonté ne porte que sur les médiations, et non sur la fin elle-même, comme si l'amitié pouvait être le terme d'un « projet », une image à réaliser ou encore un objet d'art. Pour que l'amitié demeure vivante, il faut qu'elle soit fondamentalement réceptive, ouverte à l'inconnu, ou encore à l'a-venir, c'est-à-dire à l'altérité de l'autre.

L'amour, on le voit, aurait beaucoup à apprendre de l'amitié. Plus précisément, si nous considérons d'autres formes d'amour que celle de l'amitié – je pense particulièrement ici à l'amour conjugal et fraternel –, il apparaît que celles-ci auraient beaucoup à gagner d'une intégration des ressources de celle-là. Sait-on que pendant très longtemps, au Moyen Âge et encore à l'âge classique, moralistes, philosophes et théologiens parlaient

23. *Narcisse et Goldmund*, *op. cit.*, p. 364.

24. « L'amitié ne se cherche pas, ne se rêve pas, ne se désire pas ; elle s'exerce (c'est une vertu) » (Simone WEIL, *La pesanteur et la grâce* [1948], 10/18, p. 72).

d'amitié conjugale[25] ? Les ressources de l'amitié viendront relayer celles de la passion ou du désir, dont nous ne dirons pas qu'ils sont voués à diminuer, mais plutôt à connaître des aléas, des pannes, des flux et reflux. L'amitié est plus constante, elle rêve moins de fusion, elle se conçoit davantage comme une œuvre. Comme un art : art de renouveler la conversation, de puiser à d'autres ressources qu'affectives, d'avancer toujours dans la *koinônia*. André Comte-Sponville dit se souvenir avec émotion d'une femme disant de son conjoint : « C'est mon meilleur ami[26]. » Toutefois, reconnaître ce fonds commun ne conduira pas jusqu'à affirmer la coïncidence. De l'amitié à l'amour, on change de registre, un pas est franchi. Restera à voir si ce pas est toujours un pas en avant.

Entre parole et désir

> *« L'amour n'est qu'un désir forcené après ce qui nous fuit. C'est un feu téméraire et volage, ondoyant et divers, feu de fièvre, sujet à accès et remises. [...] En amitié, c'est une chaleur générale et universelle, tempérée au demeurant et égale, une chaleur constante et rassise, toute douceur et polissure, qui n'a rien d'âpre ni poignant[27]. »*

---

25. On trouve cette notion, par exemple, chez Thomas d'Aquin et François de Sales. Dans les *Essais*, Montaigne parle d'amitié maritale.

26. *Petit traité des grandes vertus*, *op. cit.*, p. 341. Il semble aussi préférer l'expression « mon amie » à « ma femme ». Tout en appréciant cette valorisation de la dimension amicale du couple, on peut continuer à penser que la relation conjugale a en propre plusieurs caractères spécifiques, dont le mariage marque le statut social. Le fait que l'expression « meilleur ami » puisse désigner une personne tout autre que le conjoint indique le flou aussi bien linguistique qu'institutionnel dont s'entourent les couples qui récusent le mariage. Il est d'ailleurs significatif que, pour désigner le « conjoint » que je viens d'évoquer, l'auteur, qui semble vouloir (ou devoir) éviter ce mot, doive écrire : « L'homme avec qui elle vivait depuis dix ou douze ans, dont elle avait eu deux enfants, qu'ils élevaient ensemble » !

27. *Essais*, I, XXVIII, Éditions Rencontre, p. 205.

On tombe amoureux, alors que l'on ne « tombe » pas amis. Une première différence entre amour et amitié s'indique dans leur naissance. Celle de l'amour est généralement liée à un commencement bien repérable, un élan puissant, une révélation soudaine. À tel point que l'on peut parler de « choc amoureux ». On imaginerait mal parler de « choc amical ». Si l'amour survient comme une inspiration « divine », l'amitié sourd généralement d'une manière plus modérée, plus continue, s'accommodant mieux de degrés. Elle peut naître insensiblement, s'alimentant dans sa genèse même, nous l'avons vu, à la durée. Tandis que l'amour, selon la belle expression de Jankélévitch, « commence par lui-même », l'amitié peut, à la manière d'une conviction, s'étayer sinon sur des raisons, du moins sur une expérience, des goûts, des plaisirs, des impressions. Tout cela est indice d'un caractère plus radical de l'amour, qui prend (ou « ravit ») plus totalement le sujet. Être amoureux, nous disent les psychologues, renvoie aux premiers émois de la vie, à l'expérience de la tendresse maternelle, au sentiment de plénitude de l'enfant dans les bras de sa mère. L'amitié ne remonte pas si haut, ne renvoie pas, semble-t-il, à une expérience aussi primordiale.

L'amitié est une forme d'affection dans laquelle l'ordre de la parole, qui ne peut pas ne pas être celui de l'intelligence et de l'esprit, tient lieu de médiation d'une façon déterminante. Sans réduire l'esprit à l'intellect, sans réduire donc, bien sûr, l'amitié à n'être que mentale, disons qu'elle repose sur une communauté de visées existentielles, impliquant, pour l'essentiel, des libertés. Des visages. Des sujets historiques, parlant et agissant. Montaigne ne la définit-il pas comme la « convenance des volontés[28] » ? Avec l'amour, l'ordre du désir devient prépondérant. La concorde, l'harmonie, l'unité même ne suffisent pas ; c'est l'union qu'il lui faut, vers l'union qu'il tend. Partager ne lui suffit plus ; c'est posséder l'autre, ou se donner à lui (à elle) qui est

28. *Essais*, *ibid.* Plus loin : « Ce que nous appelons ordinairement amis et amitiés, ce ne sont qu'accointances et familiarités nouées par quelque occasion ou commodité, par le moyen de laquelle nos âmes s'entretiennent » (*ibid.*, p. 208).

attendu. Voici que l'espace qui sépare les corps est appréhendé comme une séparation, une souffrance. Franchir cet abîme, telle est la visée du désir. L'aimé n'est plus seulement interlocuteur, sujet, acteur ; il devient sensiblement corps, et corps de chair. Tandis que l'amitié se contente d'aspects partiels de l'autre, de manifestations toujours inachevées de sa vérité, l'amour vise au tout. L'amitié se contente, se réjouit même, de son apparaître ; l'amour, lui, aspire à goûter sa substance, la palpitation sensible de sa vie.

La relation au corps en est changée. L'évidence lumineuse de sa présence, qui était surtout et presque exclusivement celle de son visage, cède la place à une opacité, une épaisseur de mystère. Sous l'éclat de la peau est pressentie la profondeur de la chair. Or, un tel pressentiment n'a pas lieu dans l'indifférence : il me « remue », c'est-à-dire qu'il produit à l'intérieur de moi, de mon propre corps, un mouvement, une émotion[29]. Aussi peut-on parler de « trouble » : la clarté du regard s'obscurcit quelque peu, se mêle d'autre chose qui est, précisément, le désir. Désir de passer du monde de la lumière à un autre mode de relation, plus obscur, plus ténébreux, plus intime. L'amitié est sensible à l'éclat du regard ; l'amour voudrait plonger dans le noir des yeux, comme sur le seuil d'un abîme. En ce sens Emmanuel Lévinas peut-il affirmer : « L'amitié tend vers autrui ; l'amour cherche la volupté et la fécondité[30]. »

Aux deux modes de tension vers l'un évoqués plus haut correspondent deux relations différentes à l'altérité. Sachant qu'autrui est à la fois autre que moi, mon semblable différent de moi, l'amitié sera expérience de similitude dans l'altérité, tandis que l'amour sera épreuve de la différence en tension vers l'unité.

Dans l'amitié, l'autre est autre, en tant qu'individu. Cela est acquis, accepté et ne fait pas question. La séparation des corps va de soi ; elle est même un bienfait. Ce qui touche, ce qui sus-

29. Le sens originel de ce mot est identique au précédent : « émotion » veut dire « motion », du latin *motum*, de *movere*, mettre en mouvement.

30. E. Lévinas, *Totalité et infini*, *op. cit.*, p. 244.

cite l'amitié, ce sont alors des similitudes ou, pour le moins, une harmonie, sur ce fond d'altérité. Une vibration commune à des valeurs communes même si, par ailleurs, histoires, complexions psychiques et caractères sont différents. Les gestes de l'amitié, tel celui de poser la main sur l'épaule, ne prennent leur sens – sens précisément de gestes d'amitié – que sur fond de non-possession (de détachement, de liberté, de consentement à la distance)[31]. Toutefois, sous un autre angle, n'était-ce la distance des corps ou, plutôt, parce qu'ils ont accepté et assumé celle-ci, les amis, d'une certaine manière, s'appartiennent l'un à l'autre. Chacun peut dire de l'autre : « mon ami ». Ces deux libertés n'ont pas seulement entre elles des rapports d'extériorité. Une histoire commune est née, une solidarité, une fiabilité. Chacun peut « compter sur » l'autre. Par la confiance, par les aveux et les confidences, ils ont donné, livré beaucoup d'eux-mêmes à l'autre. Ce moment présent, la marche commune, l'horizon de celle-ci leur sont communs. C'est pourquoi Alain Cugno peut noter avec beaucoup de finesse : « Dans l'amitié, le désir ne cherche pas à posséder ce qu'il ne possède pas, comme s'il le possédait déjà, et parce qu'en un sens il le possède déjà. Dans l'amitié, le corps de l'autre m'appartient déjà pour autant qu'il est en lui d'être à moi. Il y a bien là une mise en œuvre de la sexualité, mais très spécifique et qui se nomme tout simplement la chasteté[32]. » Chasteté qui consiste, précisément, à assumer la distance et la différence entre les corps.

Cette différence et cette distance, l'amour les éprouve et il saura les intégrer, lui aussi (l'amitié, heureusement, n'a pas le monopole de la chasteté). Mais il les éprouve comme douloureusement ou, pour le moins, en tension vers une unité qui ne serait pas seulement communauté, mais union. L'appartenance

31. On pourrait repérer ici des différences entre les gestes des amitiés masculines et féminines. Les seconds expriment plus volontiers l'intimité, semblent moins craindre de ressembler à ceux de l'amour. Grande variabilité aussi selon les cultures et les milieux sociaux. Voir Boris CYRULNIK, *Sous le signe du lien*, Hachette, 1989, p. 220.

32. A. CUGNO, *Jean de la Croix*, Fayard, 1985, p. 143.

mutuelle des esprits et des cœurs, dont nous parlions à l'instant, ne lui suffit pas ; il lui faut celle des corps. « Dans l'amour, le corps de l'autre, qui m'est pourtant offert, m'apparaît comme douloureusement hors de ma possession. Je veux alors m'en emparer par un acte qui en marque à la fois la proximité et le caractère insaisissable. » Même si le terme « possession » n'est pas très plaisant, c'est bien vers quelque chose qui s'en approche que tend l'amour. Une possession qui, si le climat est de tendresse et de respect mutuel, résulte moins de la conquête de l'un par l'autre que du don l'un à l'autre. Une appartenance mutuelle qui est moins « prise de possession » qu'accueil et don, ou encore accueil réciproque du don de l'autre[33].

Alain Cugno récapitule très bien la différence entre ces attitudes : « En résumé, l'amour et l'amitié savent que l'autre aimé est définitivement à la fois donné et hors de portée. L'amour insiste sur le “hors de portée” et donc fait les gestes de la possession. L'amitié s'installe dans le “donné” et donc accomplit les gestes de la dépossession[34]. »

Il est vrai qu'éprouver l'autre à la fois comme hors de portée et très proche exige une certaine finesse, quasi dialectique, de l'affection[35]. Une qualité relationnelle qui relève de l'art, dans laquelle, malgré l'attrait exercé par la personne de l'autre, malgré l'aura de la présence commune, il est accepté, reconnu comme naturel que l'ami(e) ne soit pas tout entier possédé. Un renoncement qui fait la valeur de l'amitié, tandis que l'amour, même si la réalité de l'autre et la vérité de la relation le conduisent finalement à un acte analogue, continue, de lui-même, à tendre vers l'un et le tout.

Dans la différence entre ces deux relations au corps se trouve

33. Nous reviendrons sur ce thème au chapitre V.

34. A. CUGNO, *ibid.*

35. Par « dialectique » j'entends simplement ici : « capable de tenir ensemble les contraires ». Kant affirmait que l'amitié parfaite était impossible à réaliser (« une simple idée »), car vouée à la tâche contradictoire d'équilibrer exactement amour et respect, « l'amour comme force d'attraction et le respect comme force de répulsion » (*Métaphysique des mœurs* [1797], Vrin, 1985, p. 147).

sans doute une des sources principales d'un trait distinctif entre l'amour et l'amitié. Tandis que celle-ci est naturellement plurielle, celui-là tend spontanément à l'unicité. Aussi forte soit une amitié, elle s'accommode très bien d'autres amitiés, dont elle peut même s'enrichir. (Si elle n'y parvient pas, se laissant prendre par la jalousie et se voulant exclusive, cela est le signe qu'alors elle n'est plus tout à fait de l'amitié, mais devient passionnelle, basculant vers l'amour.) La raison de cette possible pluralité est que l'amitié n'engage que ma liberté, mon esprit, ma parole. Or, ces dimensions de la personne sont « protéiformes », c'est-à-dire qu'elles peuvent s'incarner diversement. Henri Van Lier dit que l'amitié est « toujours spécialisée ». Cela ne signifie pas qu'elle se confonde avec une relation purement pragmatique – chaque amitié sera le lieu d'une rencontre véritable –; cela n'exclut pas le « meilleur ami », celui auquel on pourra confier ce que l'on ne dirait à personne d'autre ; mais il est vrai, comme le relève Van Lier, « qu'un même individu peut engager de multiples amitiés interpersonnelles, parce qu'il est assez divers pour prélever en soi plusieurs constellations originales lui permettant d'entretenir avec une pluralité d'êtres des relations différentes[36] ». Alors que l'amour, impliquant tout le corps et l'abandon ultime de celui-ci, est beaucoup plus en cohérence avec l'unicité de la relation : je n'ai qu'un corps, un seul corps à livrer, un seul acte possible d'abandon ultime de celui-ci. Voilà pourquoi Henri Van Lier ose écrire que la sexualité « interpersonnelle », c'est-à-dire interprétée comme porteuse d'une signification relationnelle impliquant les personnes, « tend à la monogamie ».

En confirmation de cette double corrélation, il s'avère que, lorsque l'amitié tend à devenir exclusive (connaissant, par exemple la jalousie), ou lorsqu'elle se laisse envahir par le désir de possession charnelle, ses frontières avec l'amour, généralement, deviennent floues. Ce peut être le cas des amitiés enfan-

---

36. H. VAN LIER, *L'intention sexuelle*, Casterman, 1968, p. 157.

tines ou adolescentes ; telle est aussi bien sûr la pente de l'affectivité dite homosexuelle. Mais l'analyse de l'amitié ne doit pas partir de ces situations limites. Qui veut percevoir l'essentiel tant de l'amitié que de l'amour doit d'abord commencer par les situations – et elles sont bien assez nombreuses – où l'amitié est clairement amitié, et l'amour clairement amour. En second lieu, il serait pour le moins prématuré (ou, parfois, anachronique) de projeter sur toute forme d'amitié teintée de quelque coloration amoureuse[37] la notion moderne d'homosexualité. Il est vrai que le désir homosexuel relève, dans un certain nombre de cas, de ce que l'on peut appeler une érotisation de l'amitié ; mais cela ne veut pas dire qu'à l'inverse tout désir, éventuellement passager, de ce type, révèle une structure homosexuelle définitive ou exclusive[38]. Le terme « homosexuel » lui-même, d'apparition récente (fin XIXe), réunit en un tout des réalités très composites : attirances, désirs, gestes, conduites, affections… En psychologie, il désigne une structure désirante spécifique que la psychanalyse, depuis Freud, interprète comme la marque d'une immaturité affective[39]. Toute érotisation de l'amitié ne relève pas de cela. Elle peut être liée aux circonstances, au contexte culturel ou à un moment de l'histoire personnelle. (Pensons à la scène de l'internat dans le film d'André Téchiné, *Les roseaux sauvages*.)

Il serait infiniment regrettable d'interpréter toute amitié forte et intime comme expression d'une homosexualité. Ce qui a pourtant souvent cours aujourd'hui. Qui n'a pas entendu le soupçon d'homosexualité peser sur telle paire d'amis qui osent afficher une relation privilégiée surtout si, ô comble de témérité,

---

37. Ou, par exemple, sur ce propos de Montaigne : « S'il pouvait se dresser une telle accointance, libre et volontaire, où non seulement les âmes eussent cette entière jouissance, mais encore où les corps eussent part à l'alliance, où l'homme fût engagé tout entier, il est certain que l'amitié en serait plus pleine et plus comble » *(op. cit.*, p. 208).

38. Je me permets de renvoyer à ce propos à plusieurs chapitres de *L'amour du semblable. Questions sur l'homosexualité*, X. LACROIX (dir.), Cerf, 1995.

39. Voir l'étude de Jean BERGERET, dans l'ouvrage ci-dessus.

ils en viennent à habiter ensemble. Mesurons combien ce point de vue, qui peut bien être défini comme une érotisation du regard, est une gêne pour les sujets en question. Combien aussi il est culturel : toute notre culture porte à une telle érotisation. Quelle libération si des gestes d'affection fraternelle pouvaient être posés sans que ne se profile le spectre d'une catégorie enfermante !

Vœu similaire pour ce qui concerne l'amitié entre hommes et femmes. Que deviendrions-nous si celle-ci était impossible (comme telle) ? Certains sont ici dubitatifs. Mais tous ceux qui font l'expérience de telles amitiés peuvent attester leur possibilité. Sur le registre des relations de l'homme et de la femme, *eros*, s'il n'est jamais totalement absent, n'occupe pas toujours la première place. Entre un homme et une femme aussi la relation peut s'établir essentiellement sur les bases de la parole et de la rencontre interpersonnelle. Il est vrai que certaines circonstances peuvent rendre plus précaire cette possibilité, tandis que d'autres la renforcent. Au rang de celles qui l'hypothèquent : le jeune âge, l'isolement, la fragilité psychologique ; au rang de celles qui la renforcent : la maturité affective, l'intégration dans un réseau d'amitiés plus larges, l'appartenance de l'un ou des deux amis à un couple stable, des nourritures culturelles et spirituelles.

Un attachement détaché

« Notre amitié est le nuage blanc préféré du soleil[40]*. »*

« Une accointance, libre et volontaire » : ainsi Montaigne qualifie-t-il l'amitié. Le rapprochement, légèrement paradoxal, entre le nom et les adjectifs, dit bien une des vertus essentielles de

40. René CHAR, *La parole en archipel* (1962), Pléiade, p. 381.

l'amitié : celle-ci vit de liberté. Elle met en jeu des ressources du sujet qui ont beaucoup moins à voir avec la fatalité que l'amour. Il n'est pas question de « destin des pulsions » en amitié. Ou alors, si l'on veut parler d'idéalisation de l'éros, celle-ci passe par tant de médiations que la conscience et le libre choix y ont largement leur part ! Je puis plus facilement dire « non », et donc plus librement dire « oui », à une amitié qu'à un amour. À l'égard de l'ami, il en va de même : le respect de la liberté de l'autre est la règle d'or. Comme l'écrit Francesco Alberoni, « en aucun cas il ne viendrait à l'idée d'un ami d'utiliser un philtre d'amitié[41] ». L'amitié se nourrit de réciprocité et d'égalité : elle serait entravée si n'était pressentie en l'autre la même liberté que j'éprouve en moi.

Dans cette optique, l'amitié vit autrement la fidélité. Tout d'abord, il est à noter qu'elle repose très rarement sur une promesse, alors que, comme nous le verrons, l'amour appelle celle-ci. On imagine mal des amis (hormis dans les amitiés enfantines ou adolescentes) se jurer explicitement fidélité éternelle. Un des traits caractéristiques de l'amitié est la pudeur. Cela est sans doute lié à sa qualité de vertu morale, car on imaginerait mal une vertu s'exhibant elle-même. La fidélité y est l'exigence implicite qui naît de la confiance et des confidences auxquelles celle-ci a pu donner lieu. Elle est aussi appel à ne pas rompre un bienfait, celui du fil souterrain qui relie les rencontres discontinues. Un pacte, susceptible même de s'apparenter par tel ou tel trait à un pacte d'alliance, peut sous-tendre certaines amitiés. Mais d'une part cela n'est pas toujours le cas (nombre d'amitiés, quoique authentiques, demeurent empiriques et dépendantes des circonstances), d'autre part le pacte en question restera naturellement implicite. Plus que l'amour, l'amitié vit dans le présent ; elle se nourrit du miracle du retour d'un présent enrichi de passé, tandis que l'amour est avènement d'un avenir nouveau, envisagé en commun. L'amitié ne parle pas de « toujours » ; la promesse

41. F. ALBERONI, *op. cit.*, p. 32.

contenue dans l'« au-revoir » lui suffit.

Aussi le temps de l'amitié n'est-il pas celui de l'amour. Ce dernier, bien sûr, doit supporter les séparations, apprendre une certaine aération. Il ne s'agit pas d'être « tout le temps ensemble ». Mais, même intégrée, la séparation y sera vécue différemment. Toujours comme en négatif. Et l'autre, même absent, demeure présent ; le cours des pensées reconduit irrésistiblement à lui (à elle). L'amitié intègre bien davantage l'absence. Elle se contente de la joie de chaque rencontre. Alberoni définit le temps de l'amitié comme « granulaire », c'est-à-dire comme une série de moments présents. L'exclamation « il y a bien longtemps que l'on ne s'est pas vus ! » y prend une coloration différente de celle qu'elle prend dans l'amour : entre amis, le propos est joyeux, détendu, gratifiant, alors que chez les amants il signifiera plutôt une plainte, l'expression d'une peine, quand ce n'est pas d'un reproche.

Ainsi l'amitié peut-elle apparaître comme plus désintéressée que l'amour. Jean Lacroix va jusqu'à voir dans ce trait sa marque distinctive : « L'essentiel de l'amitié, c'est le désintéressement, c'est-à-dire l'affirmation de la valeur absolue de l'autre[42]. » Ce qui compte pour elle, c'est que ce dernier existe, avec ou sans moi. Qu'il poursuive sa voie, qu'il porte du fruit. Il lui suffit de vérifier, de temps à autre, l'accord. Non seulement de le vérifier, mais de le savourer, le célébrer, le temps d'un repas, par exemple, dans la plénitude d'un présent qui n'a pas besoin d'envahir toute la durée.

Moins possessive, l'amitié sera plus détendue. Elle connaîtra moins cette inquiétude jalouse qui conduit beaucoup à élaborer, consciemment ou inconsciemment, des stratégies de conquête ou de défense. Aussi sera-t-elle moins que l'amour le lieu de malentendus. « C'est plus facile d'être soi-même avec un ami qu'avec un amoureux, parce qu'il n'y a pas de comédie à

---

42. J. Lacroix, *op. cit.*, p. 138. Plus loin : « La conscience de la distance qui me sépare d'autrui est la condition essentielle de l'amitié : elle ne va pas sans ce qu'on pourrait appeler le sentiment d'une extériorité ontologique. »

jouer », lance Margot, personnage lumineux du beau film d' Éric Rohmer, *Conte d'été*, confirmant ce propos de Jean Lacroix : « Si l'amour parfois s'accompagne d'un certain mensonge – n'a-t-on pas dit qu'il vivait de mensonges ? – l'amitié, elle, n'existe que dans la vérité, ne vit que de sincérité. Le véritable nom de l'amitié est peut-être confession[43]. » Dans l'amitié, la clarté du visage de l'autre est moins obscurcie par ce que le même philosophe nomme « le feu sombre de la passion ». L'autre n'y est pas transfiguré, il est moins idéalisé, ce que d'aucuns pourront regretter, mais ce qui offre aussi la chance d'une relation plus claire, plus réaliste et plus sereine.

Plus éloignée de la passion que l'amour, l'amitié sera aussi plus tempérée, moins violente. On n'y retrouvera pas (ou moins) ces renversements soudains de l'affection en haine, ces contradictions que l'on trouve en amour. Elle connaît moins ce que les psychologues appellent l'ambivalence, en laquelle l'attraction se double de répulsion, la vénération d'exécration. Ce qui fait que, malgré l'absence de serments, elle s'avère finalement plus stable que beaucoup d'amours.

Au-delà du même

> *« Aimer son ami, c'est encore aimer son propre bien à soi[44]. »*

Ce côté tempéré, mesuré de l'amitié, s'il en fait le prix, ne serait-il pas aussi un indice de ses limites ? L'amour, dans ses excès même, ne va-t-il pas plus loin en direction de l'autre ? On a pu dire que l'amitié, qui s'alimente aux qualités de l'autre, naissait « comme une conviction[45] ». Elle n'est pas loin d'être raisonnable… Alors que l'amour, lui, vient plutôt comme une

43. *Ibid.*, p. 144.
44. ARISTOTE, *Éthique à Nicomaque*, VIII, 5.
45. V. JANKÉLÉVITCH, *op. cit.*, tome II, p. 231.

inspiration. Le même Jankélévitch note que l'amour ne s'édifie pas avec des sentiments amicaux[46]. Incontestablement, il est d'un autre ordre. Il relève plutôt de l'événement. Sans le limiter à ses formes passionnelles, on doit reconnaître en lui un « saut qualitatif », une sorte de conversion à l'autre qui, plus que l'amitié, marque l'irruption d'une nouveauté dans une existence. « L'amour commence par lui-même[47] » ; moins que l'amitié, il est le résultat de plaisirs partagés, longues conversations, convergences intellectuelles ou spirituelles. Aussi est-il moins susceptible de se trouver dans le prolongement de l'amour de soi.

Il faut bien reconnaître, en effet, que certaines analyses de l'amitié, celles notamment qui se situent dans la ligne d'Aristote, n'excluent pas que celle-ci soit un agrandissement de la philautie[48]. L'amitié est alors une occasion de prendre pleinement conscience de nous-mêmes, de par un dédoublement de notre moi, dans lequel l'autre devient comme un miroir qui nous conforte dans la valeur de notre propre existence. Tout se passe comme si, pour nous connaître nous-mêmes, il fallait nous mettre à deux. L'amitié, certes, consiste à « vouloir du bien à autrui », mais il n'est pas exclu que la fin ultime de ce bien demeure notre propre bonheur, lequel sera comme agrandi ou redoublé par la part que nous prendrons à la conscience que notre ami a de sa propre existence[49]. La philosophie de l'amitié a souvent été une philosophie du bonheur (eudémonisme), laquelle est assez naturellement une philosophie centrée sur l'ego. Si « les amis sont des biens véritables, [...] c'est surtout pour soi-même que chacun désire les biens[50] ». Une telle interprétation de l'amitié n'est certes pas la seule possible ; elle est liée à la philosophie globale d'Aristote dont on peut effective-

46. *Ibid.*, p. 232.
47. *Ibid.*, p. 231.
48. Terme transcrit du grec, repris pas Jankélévitch à Aristote et signifiant « amour de soi ».
49. Voir à ce propos Pierre AUBENQUE, *La prudence chez Aristote* (1963), PUF, 1993, p. 181.
50. ARISTOTE, *op. cit.*, VIII, 7.

ment se demander, avec Jankélévitch, si, pour elle, l'autre est vraiment autre (c'est-à-dire transcendant), considéré pour lui-même, au-delà du miroir[51].

D'autres analyses pourraient au contraire mettre l'accent sur le décentrement qu'implique l'acte de se réjouir de l'existence de l'autre comme telle. La plupart des propos qui précèdent seraient incompréhensibles sans l'idée de gratuité ou de désintéressement. Il n'en demeure pas moins que l'amour a plus manifestement que l'amitié un aspect dynamique. Jamais en repos, fût-ce à travers ses angoisses, l'amour est désir, ce qui ne peut pas être dit de l'amitié. Il y a dans l'amour un côté de soif, de quête, d'attente que l'on ne trouve pas dans l'amitié. L'expérience du manque qui est, nous l'avons vu, une limite de l'amour est aussi la marque d'une avancée, d'un « plus » : tu me manques, non sur le registre de l'avoir mais sur celui de l'être. Je reconnais en moi une déficience, j'aspire à toi comme à « mon » autre, c'est-à-dire celui (celle) que nul ne peut remplacer, en qui je trouve un nouvel enracinement. Dira-t-on qu'il s'agit encore de philautie ? En un sens, oui, mais il s'agit alors d'un *autos* (soi) fort décentré, en mouvement vers l'autre. Il s'agit tout autant de « moi vers toi » que de « toi vers moi ». Et que puis-je donner de plus précieux à l'autre que ma soif de lui ?

Alberoni note qu'il est plus facile de mettre fin à une amitié qu'à un amour, que la séparation y est moins douloureuse. Argument en faveur de l'amitié pour une philosophie de l'évitement de la souffrance. Mais cela peut signifier aussi que l'on s'est plus engagé dans l'amour, la déchirure de la séparation étant alors la marque d'une plus grande implication de la personne, en son être même, en sa chair, cette dernière étant aussi capacité de souffrir.

Que l'amitié ne repose pas sur une promesse explicite est, avons-nous dit, une marque de liberté. Mais, du même coup, cela donne à la relation un caractère empirique, contingent et, ici

51. « L'autre de l'*Éthique à Nicomaque* n'est pas "un autre", c'est le même » (V. Jankélévitch, *op. cit.*, p. 192).

encore, moins radical. Si une amitié apporte plus de peines que de plaisirs, plus de déceptions que de joies, l'un ou l'autre ami, ou les deux, y mettront un terme en douceur. « L'amitié a horreur de la souffrance[52]. » Autrement dit, elle est conditionnelle. L'amour authentique, lui, est inconditionnel. Il ose s'engager sur le long terme, ce qui revient à considérer la relation comme une fin, et non seulement comme un moyen (au service de l'épanouissement personnel). Il ose ainsi prendre un risque. Cela est moins compris aujourd'hui, ce qui permet de penser que, si l'amitié est parfois confondue avec l'amour (érotisée), l'amour, quant à lui, tend à être conçu sur le modèle de l'amitié. Le terme « compagnon », qui en vient souvent aujourd'hui à remplacer celui d'« époux » ou de « conjoint » ne convient-il pas aussi à l'ami ? Se confirme ici la signification possiblement hédoniste ou eudémoniste[53] d'une philosophie de l'amitié ; car c'est bien souvent dans ce contexte qu'à lieu l'assimilation en question[54].

Quant à l'exigence d'unicité propre à l'amour, elle aussi peut se lire à double sens. En termes d'exclusivité ou de possession, sans doute, et c'est là une des limites intrinsèques de l'amour d'élection. Mais aussi en termes de reconnaissance. Car qu'est-ce que la personne, en son être, sinon l'Unique ? S'il est un désir humain légitime, c'est bien celui d'être reconnu(e) dans son unicité. De plus, vécu dans la réciprocité, ce désir devient l'envers d'une exigence, celle de reconnaître soi-même l'autre comme unique. Ce qui pourrait apparaître comme une limite de l'amour de dilection devient alors le lieu d'une profonde vérité, à savoir que chacun est irremplaçable. Que chaque personne humaine peut et doit être considérée en elle-même comme une fin et jamais seulement comme un moyen. Cette radicalité de l'exi-

---

52. F. ALBERONI, *op. cit.*, p. 13.

53. « Hédonisme », du grec *hedonè*, plaisir : philosophie du plaisir. « Eudémonisme », du grec *eudaimôn*, heureux : philosophie du bonheur.

54. Notamment chez A. COMTE-SPONVILLE. Rappel de la note 26. Il est vrai que la distinction entre les modes d'engagement n'est pas le fort de cet auteur. Ainsi : « Ceux qui n'ont jamais fait l'amour avec leur meilleur(e) ami(e) ignorent quelque chose d'essentiel, me semble-t-il, sur l'amour et sur les plaisirs de l'amour » (*op. cit.*, p. 342).

gence amoureuse, qui peut sembler excessive aux yeux d'une sagesse modérée et d'un art de vivre pragmatique, est aussi ce qui en fait la grandeur.

Plutôt que de confondre les deux registres, ce qui estompe – et peut aller jusqu'à compromettre – les ressources de l'un et de l'autre, mieux vaut bien repérer les richesses propres à chacun de ces bienfaits que sont l'amour et l'amitié. Il n'y a pas, non plus, à choisir entre eux. À plusieurs reprises nous avons entrevu que l'un et l'autre s'appelaient, s'enrichissaient mutuellement. Un amour stable permet de vivre des amitiés plus claires (avec l'autre sexe notamment). Réciproquement, il y aurait beaucoup à dire sur ce que l'amitié peut apporter à l'amour, venant l'ouvrir, l'aérer, le nourrir, lui permettant de mieux découvrir et affirmer son identité.

Qui dira, effet, ce que le couple conjugal doit à l'amitié ? « Que de vrais amis vous entourent », dit une des prières liturgiques de la célébration catholique du mariage. Des amis avec qui partager de « bons moments », que leur compagnie redoublera ou multipliera ; des amis aussi avec qui parler ou dont la présence sera un secours dans les moments difficiles. En effet, on l'oublie trop souvent, ni le couple ni la famille ne peuvent surmonter à eux seuls les difficultés qui ne manqueront pas de surgir en leur sein. Deux sortes de présences amicales pourront alors leur être précieuses : celle de l'ami personnel auquel l'un et l'autre conjoint pourra se confier ; celle des amis communs rencontrés ensemble. L'ami personnel pourra aider à retrouver la confiance, voire l'estime de soi, si celles-ci chancellent sous le poids des contrariétés ou des remises en cause. Il sera au moins celui qui écoute, c'est-à-dire qui permet l'élaboration d'une parole personnelle au sein de ce qui peut apparaître comme un chaos. Il pourra conforter tel jugement, telle décision ou aider à relativiser telle interprétation, à surmonter le découragement. Quant aux amis communs, ils pourront élargir l'horizon, révéler de nouvelles possibilités, apporter de nouvelles ressources. Par un jeu de ressemblances et de différences entre eux, les couples pourront prendre conscience respectivement de leurs richesses et de leurs avancées possibles. Être proche d'autres couples donne de l'imagination. Et de l'énergie. Il est des choses que l'on entreprendra à quatre, six, ou plus, et que l'on n'entreprendrait pas à deux. Sans oublier que la présence du tiers (ou des tiers) peut favoriser la communication. Nous retrouvons ici la nécessité de tenir ensemble deux aspects de l'amour : à la fois le côté irréductible de la rectitude du face-à-face et l'opportunité du recours aux médiations, parmi lesquelles celle des amis figure au rang des plus précieuses. Amis-témoins, amis-mémoire, amis-relais, amis-alliés même, face à l'adversité.

On aimerait être poète, ou romancier, ou cinéaste, pour célébrer ici la grâce de ces moments, et tout spécialement de ces repas, qui sont comme des pauses festives sur un chemin inévitablement marqué des limites de la vie quotidienne. C'est cette dernière, le plus souvent, qui fera l'objet de la conversation, mais le simple fait de pouvoir en parler, lui donner le statut d'objet de récit, avec les ressources de l'humour ou de l'art narratif propres à chacun, la transpose, voire la transfigure, lui donnant un nouveau visage et produisant un effet libérateur. Miracle du « partage » encore, où nous retrouvons la *koinônia*, la mise en commun dont il a été question initialement. Si les deux amis marchant côte à côte ont été pour nous une première figure emblématique de l'amitié, le repas entre amis se retrouvant joyeusement pour déposer les fardeaux de la vie, rire un peu de ceux-ci et faire mémoire d'une complicité plus fondamentale que celle de l'utilité sera notre seconde image. Et puissent-ils, ces amis, comme les bienheureux convives du *Dîner de Babette*[55], par les grâces associées des mets préparés avec art, du vin choisi avec sapience et de la conversation que ceux-ci contribuent à animer, redécouvrir ensemble le sens premier des agapes[56]... et la saveur de la vie.

---

55. Très belle nouvelle de Karen BLIXEN, publiée dans la collection Folio, et dont a été tiré le film non moins magnifique de Gabriel Axel, *Le festin de Babette* (1987).

56. De *agapè*, amour fraternel, plus large donc que l'affection conjugale ou familiale.

IV

ÉLOGE DE LA SOLITUDE

À égale distance de la mort et de la vie,
Nous restons séparés, devant l'éternité[1].

N'est-ce pas de la provocation que de se livrer à un éloge de la solitude alors que celle-ci est cause de souffrance pour tant de nos contemporains ? Apparemment autant que de situer un tel chapitre au beau milieu d'un livre sur l'amour... À en croire démographes et sociologues, en effet, le nombre de solitaires est particulièrement important dans nos sociétés, peut-être plus grand qu'il ne l'a jamais été[2]. Mais il y a peut-être lieu de se demander si les mythes de l'amour ne figurent pas parmi les facteurs de cet accroissement, rendant plus fragiles les couples et rendant ainsi plus probables les situations de rupture. Ils contribuent aussi à rendre la condition des personnes seules encore plus douloureuse, faisant briller comme quasi exclusive l'image du bonheur à deux. Nombreux sont ceux qui, s'étant engagés (j'allais écrire « précipités ») dans les voies de l'amour pour fuir

---

1. Edmond JABÈS, *Le livre des questions*, II, Gallimard, coll. L'imaginaire, 1967, p. 29.
2. D'après le recensement de 1992, les « ménages à une personne » étaient, en France, au nombre de 6 244 000, contre 2 854 000 en 1962. Les solitaires représentent aujourd'hui plus de 28 % des ménages français (50 % à Paris, 42 % à Lyon). Source : INSEE, *Données sociales*, Documentation française, 1993.

la solitude, la retrouveront au bout du compte, soit dans la relation elle-même, encore plus amère, soit au terme malheureux d'une union fondée sur de telles bases. C'est surtout sous cet angle que nous allons l'aborder : en tant qu'elle est ce dont on se détourne, ce que l'on fuit dans l'amour. Que veut-on éviter en la fuyant ? Un amour peut-il se construire sur un tel mobile ? Nous serons conduits à reconnaître que la solitude n'est pas l'isolement ; qu'elle ne désigne pas seulement une situation contingente et négative, un état de retrait ou de mise à l'écart, mais qu'elle est un des traits fondamentaux de notre condition humaine, le propre de l'existence séparée, et que son aspect négatif est le revers d'une réalité positive[3].

Il est impressionnant de constater à quel point la plupart de nos contemporains cherchent par tous les moyens à fuir la solitude. Le face-à-face avec soi-même est devenu particulièrement insupportable dès lors qu'il se confond avec l'isolement, c'est-à-dire, si nous reprenons le critère proposé par Jean Lacroix[4], s'il n'est pas vécu comme le lieu d'une communion avec une réalité plus vaste ou invisible (nature, divinité, mystère, communauté), mais comme affrontement au vide, à la nudité des choses, au non-sens qui donnait la nausée à Roquentin[5] ou encore à ce que Lévinas appelait « l'horrible neutralité de l'*il y a*[6] ». Tout, plutôt que cela. Et, si l'on n'est pas trop dépourvu de ressources matérielles, les moyens ne manquent pas pour, passagèrement, avoir

3. Dans un excellent article philosophique, « Les cercles de la solitude », Yves CATTIN distingue la solitude habitée, traversée par le désir et la voix d'autrui, et la solitude maudite, qui est abandon, enfermement, non-lieu. « Il y a une solitude nécessaire à l'existence même de l'homme, solitude qui est comme la respiration de cette existence. Il y a une solitude maudite, qui est délaissement et abandon, et on peut en parcourir les cercles infernaux dans nos sociétés modernes » (in *Lumière et vie*, n° 223, juin 1995, p. 11).

4. « L'isolement n'est pas la solitude ; il en est même le contraire. L'être isolé est une unité parmi d'autres et souvent contre d'autres. [...] Le solitaire au contraire communie avec l'univers entier ; sa solitude est plénitude » (J. LACROIX, *Le sens du dialogue*, La Baconnière, 1944, p. 132).

5. Voir J.-P. SARTRE, *La nausée* (1938), coll. Folio, p. 178 à 190.

6. E. LÉVINAS, *De l'existence à l'existant*, Paris, Éd. Fontaine, 1947.

le sentiment de remplir ce vide : fuite dans le labyrinthe de la ville où cinémas, commerces, cafés, spectacles le feront oublier, à moins que cela soit possible à domicile où, par la vertu des « télé », l'extérieur passe à l'intérieur (téléphone, télévision, télématique…). Le silence ou la parole intérieure auxquels on préfère ne pas être confrontés seront aisément recouverts par le débit permanent du bavardage radiophonique. À plusieurs reprises, il m'a été donné de constater avec stupeur combien nombre de jeunes avaient horreur du silence, combien celui-ci leur était littéralement intolérable.

> « Rien n'est si insupportable à l'homme que d'être dans un plein repos, sans passions, sans affaire, sans divertissement, sans application. Il sent alors son néant, son abandon, son insuffisance, sa dépendance, son impuissance, son vide [7]. »

Mon propos n'est pas ici de ranger l'amour parmi les formes de divertissement, mais plutôt d'avancer l'idée d'un parallèle entre les mille formes que peut prendre celui-ci et, analogiquement, une des fonctions possibles de l'amour. Il faudrait distinguer ici entre l'amour comme événement, celui qui advient dans la grâce de la rencontre, et l'amour comme fin, comme objet de désir, comme horizon. Dans le second cas la rencontre – ou ce qui pourrait s'en approcher – devient elle-même un moyen, un recours, quand ce n'est pas un artifice, pour éviter d'assumer sa propre existence, de faire face aux combats non seulement inévitables mais irréductibles de la vie. À certains stades de l'adolescence ou de la jeunesse, on peut attendre du couple l'évitement d'une tâche ou d'un effort, celui de tenir debout par soi-même. Grande est alors la tentation de vivre par substitution ou par procuration. Le partenaire jouera le rôle de béquille, quand ce n'est pas celui d'opium ou de peluche. Cela, certes, peut se comprendre à un âge où l'on s'éloigne peu à peu du chaud cocon familial, en un temps où la vie sociale vous place devant un monde complexe, dur et peu rassurant. Prenons donc acte de ce

7. Blaise PASCAL, *Pensées*, Chevalier 201 (Br. 47).

qui peut s'offrir de consolation, réassurance, expérience de douceur et de reconnaissance dans une telle intimité. L'élu peut tenir le tôle de passeur entre le familier et l'étranger, entre le passé et l'avenir, le connu et l'inconnu. Il n'est donc pas question, répétons-le, de porter un jugement péjoratif sur les relations elles-mêmes, mais seulement de poser deux questions : 1. Concevoir une telle voie comme normative ne conduit-il pas à manquer d'autres dimensions du devenir soi ? 2. Une telle image de l'amour ne doit-elle pas, tôt ou tard, être dépassée ?

« Aujourd'hui, l'individu se pense inachevé. Il a donc toujours besoin de très proches », note le sociologue François de Singly. Que nous soyons inachevés, que nous ayons besoin de proches, voilà deux données incontestables. Mais quel amour pourrait-il se construire sur la base d'un tel besoin ? Et quelle existence ? Puis-je attendre mon achèvement de l'autre ? La question peut être abordée à trois niveaux, psychologique, existentiel et spirituel.

Parmi les tâches psychiques de l'adolescence telles que les résume Tony Anatrella figurent l'accès à la « maturité affective » et la « construction de l'identité ». L'une et l'autre de ces tâches seront-elles favorisées par la vie de couple ? On peut en douter. La relation amoureuse, nous disent les psychologues, est à base d'identification. À peine quittées les identifications parentales, on passera alors à l'identification au partenaire, lequel, à un âge encore tendre, aura de fortes chances de jouer peu ou prou le rôle de substitut parental, prolongeant ainsi une affectivité infantile. Tout juste parvenus à l'âge de la puberté, faute de travail d'élaboration de leur désir, les couples n'auront guère d'autre choix que de mimer « les clichés conjugaux de type *Dallas*[8] ». Conclusion de Tony Anatrella : « Les adolescents n'ont pas intérêt à commencer trop tôt leur vie amoureuse. Leur affectivité a d'abord

8. T. ANATRELLA, *Interminables adolescences*, Cerf-Cujas, 1988, p. 103, 128, 82, 87. « Ces pseudo-couples ne connaissent pas le travail du désir qui fonde la richesse de l'imaginaire et de la vie affective. Le désir amoureux est mort-né au sein de relations peut-être émotionnellement fortes, mais superficielles et pauvres. »

besoin de se développer, de s'enrichir, dans l'éveil de la diversité de leurs émotions grâce à une vie sociale et culturelle soutenue. Sinon, confondant l'émotion intense et le sentiment amoureux, ils finiront par vivre leur relation d'une façon superficielle sans avoir accédé aux conditions psychologiques de l'amour humain[9]. »

Si maintenant nous considérons les tâches psychiques de la « post-adolescence » telles que les considère le même auteur[10], comment ne pas percevoir que chacune d'entre elles demande un minimum d'autonomie et que l'acquisition de cette dernière suppose l'épreuve de la solitude ? Quel que soit mon âge, je ne grandirai pas en maturité en passant d'une relation fusionnelle à une autre, d'une identification à une autre. Être sujet, c'est être séparé. Assumer cette séparation et sa traduction concrète dans l'expérience du silence, du vide, de l'absence n'est pas chose facile. Que tous, pour des raisons au demeurant fort diverses, n'en soient pas capables n'enlève rien au caractère irremplaçable de cette confrontation. Nous passons ici du psychologique à l'existentiel, c'est-à-dire à des dimensions constitutives de l'existence comme telle. Aussi peu agréable soit-elle, l'expérience de l'ennui elle-même est formatrice. (Je parle ici des moments d'ennui limités, et non de l'état morbide dans lequel celui-ci devient envahissant et où « fruit de la morne incuriosité, [il] prend les proportions de l'immortalité[11] ».) S'ennuyer un peu, c'est avoir l'occasion de prendre conscience du temps qui passe, de la neutralité des choses, de ce qu'il ne nous suffit pas d'être, que nous sommes mortels, que nous sommes liés à l'ici absolu de notre corps… L'ennui est le moment négatif des grandes questions, le voisinage avec l'interrogation métaphy-

9. *Ibid.*, p. 99-100.

10. Et qui sont : 1) prise de conscience de soi et de ses limites ; 2) engagement dans une relation positive et non pas dépressive avec la réalité ; 3) stabilisation des fonctions psychiques (p. 131). Par « post-adolescence », T. Anatrella entend la période qui s'étend de 22 à 30 ans.

11. Allusion ici, bien sûr, au *spleen* baudelairien qui est une forme de désespoir et qui, comme tel, n'a rien de constructif. Citation : « Spleen II », *Les fleurs du mal*, 1857.

sique : Pourquoi vivre ? Pourquoi agir, travailler, vouloir réussir ? Qui suis-je ? Et suis-je (sujet de mon existence) ? *To be or not to be…* À quoi suis-je appelé ? Autant de questions que risquera de manquer celui qui dispose de trop de moyens pour éviter les moments de panne du divertissement, qui peuvent être aussi des moments de vérité. Le temps de la solitude sera ainsi une chance de face-à-face avec soi-même, non en un sens narcissique mais au sens d'une épreuve de vérité. Pourquoi donc la solitude m'est-elle si difficile à supporter ? Suis-je en paix avec moi-même (et, dans le même mouvement, avec les autres) ? Si non, d'où cela vient-il ? Ces liens dans lesquels je m'apprête à m'engager vont-ils dans le sens de ma liberté ? Quelle est ma vocation la plus personnelle ? Entendons par « vocation » l'appel de l'intériorité la plus profonde. C'est la rencontre entre un tel appel et ceux de l'extérieur qui permet de donner le meilleur de soi-même. Entendra-t-il ces questions, ces paroles silencieuses, cette voix, celui qui vit toujours accroché à autrui, en tandem, en situation de dépendance ? Mieux vaut exister comme individu, en étant capable de poser des actes dans lesquels se rassemblent ses harmoniques propres, actes de décision forte, de paroles qui comptent pour, à partir de là, être capable de don et d'abandon, que suivre le chemin inverse, c'est-à-dire se laisser entraîner passivement par un rêve fusionnel pour ensuite, pendant toute l'histoire de la relation, tenter de recouvrer son « quant à soi » et son « jardin secret ».

Beaucoup de couples se forment ainsi, prenant pour une relation d'alliance ce qui n'était qu'une fuite de soi, de son mal-être ou de sa famille. Le pathétique de ces existences qui « s'accrochent » ainsi à autrui parce qu'elles ne se supportent pas elles-mêmes est que ce sont précisément elles, qui auraient le plus besoin de lui, qui à long terme vont devenir insupportables à leur partenaire, provoquant une réaction (vitale, parfois) de rejet. « Il y a des gens invivables que tout le monde fuit parce que justement ils ne sont pas doués de solitude. Des gens qui ne voient pas, n'entendent pas, meublent la vie à n'importe quel prix. Des gens épouvantés, isolés de par leur épouvante même à l'idée de la solitude de la vie. Leur épouvante nous épouvante à notre tour. [...] La plupart des gens se marient pour sortir de la solitude. Vivre avec, manger avec, aller au cinéma avec. La solitude est brouillée, mais non défaite[12]. »

Une relation d'amour digne de ce nom suppose que chacun des sujets ait une existence propre, une colonne vertébrale, une personnalité. Sinon cette solitude qu'il fuit en s'engouffrant dans l'autre, il la retrouvera, mais beaucoup plus amère encore. Car l'amour ne supprime pas la solitude. Il la fait oublier momentanément ; mieux, lui offrant un contexte différent, il en transforme le sens, mais il ne l'abolit pas. Rainer Maria Rilke a écrit à ce propos des lignes souvent citées, mais que je ne puis pas ne pas redonner ici, tant leur formulation est accomplie :

> « L'amour d'un être humain pour un autre, c'est peut-être l'épreuve la plus difficile pour chacun de nous, c'est le plus haut témoignage de nous-même ; l'œuvre suprême dont toutes les autres ne sont que les préparations. C'est pour cela que les êtres jeunes, neufs en toutes choses, ne savent pas encore aimer ; ils doivent apprendre. De toutes les forces de leur être, concentrées dans leur cœur qui bat anxieux et solitaire, ils apprennent à aimer. Tout apprentissage est un temps de clôture. Ainsi pour celui qui aime, l'amour n'est-il longtemps, et jusqu'au large de la vie, que solitude, solitude toujours plus intense et plus profonde. L'amour, ce n'est pas dès l'abord se donner, s'unir à un autre. (Que serait l'union de deux êtres encore imprécis, inachevés, dépendants ?) L'amour, c'est l'occasion unique de mûrir, de prendre forme, de devenir soi-même un monde pour l'amour de l'être aimé. C'est une haute exigence, une ambition sans limites, qui fait de celui qui aime un élu qu'appelle le large[13]. »

On peut, dès lors, distinguer deux types de solitude : d'une part la solitude honnie, celle que l'on fuit et qui se retrouvera,

---

12. Marguerite DURAS, « Les yeux verts », *Cahiers du cinéma*, juin 1980.
13. R. M. RILKE, *Lettres à un jeune poète* (1903), trad. fr. B. Grasset, Seuil, *Œuvres*, 1966, p. 334-335.

plus amère encore, dans la relation[14]; d'autre part la solitude assumée, celle que l'on porte en soi et avec soi, que l'on pressent et reconnaît l'un dans l'autre et qui vient donner du prix à celle-ci. Si nous avons bien lu Rilke, la solitude n'est pas le contraire de l'amour, mais ce qui habite au cœur de celui-ci. La distance qui sépare les amants n'est pas seulement un obstacle auquel il faut s'affronter, une limite qu'il faut bien intégrer, mais une exigence interne de l'amour lui-même, lequel non seulement supporte, ou même a besoin de, mais veut ce que Jankélévitch appelle « l'aération du rapport[15] ».

Cette aération sera le versant positif de la non-coïncidence dont on saisit plus couramment le versant négatif, sous la forme notamment de la difficulté à communiquer. On rêverait d'une transparence totale, de trouver toujours les mots adéquats, d'un monde où il suffirait de parler pour se faire « entendre ». Mais dialoguer n'est pas si simple ; il y aura toujours des « malentendus ». Cela peut tenir à des raisons accidentelles, dues au contexte ou à la psychologie des individus. Chacun à son histoire, son passé, sa culture parfois ; l'un et l'autre ne donnent pas le même sens aux mêmes mots, ce qui paraît évident pour l'un ne l'est pas pour l'autre et réciproquement. Que de difficultés à exprimer les réalités subjectives les plus élémentaires ! Telle demande sera prise pour une accusation, telle plainte pour un reproche… Mais, derrière ces obstacles particuliers, parfois surpassables, il en est d'autres universels, insurpassables, qui tiennent aux limites du langage lui-même et à notre condition de sujets parlants. Les mots renvoient tous à des généralités et, finalement à des abstractions. Aucun n'est dépourvu d'ambiguïté, aucun n'est parfaitement adéquat. La difficulté redouble si nous prenons conscience du caractère ultimement incommunicable de l'expérience personnelle. Le propre de l'intelligence humaine réside bien dans la capacité qu'a un sujet de « comprendre » un

14. « La pire des solitudes gît dans la communion ratée » (G. Thibon, *Ce que Dieu a uni*, Lardanchet, 1946, p. 179).

15. V. Jankélévitch, *Les vertus et l'amour*, II, *op. cit.*, p. 193.

autre sujet, d'entrer dans sa démarche de pensée. Mais cela n'est possible que jusqu'à un certain point seulement. Tout n'est pas formalisable, susceptible d'entrer sur le terrain commun du sens. Tout n'est pas réductible au « plus grand commun dénominateur ». Toujours demeurera une part de dissymétrie, d'irréductibilité entre deux sujets, deux personnes qui sont aussi deux individus. La personne, certes, est plus que l'individu ; elle est relation. Mais il n'y a pas de personne sans individu, ce dernier terme désignant précisément « ce qui ne se partage pas ». Il y a une solitude liée à l'individuation en tant que telle. « On peut tout échanger entre êtres, sauf l'exister », dit lapidairement Lévinas[16].

Cette impossibilité, avons-nous dit, n'est pas que négative. Elle n'est pas qu'un manque, une incapacité. Elle est aussi la marque d'une grandeur, d'un « plus ». Pourquoi donc Kierkegaard ose-t-il affirmer que « l'impair est supérieur au pair », ce qui ne se partage pas supérieur à ce qui se partage, « un » supérieur à « deux » ? Est-ce au nom de ce que nous entendons aujourd'hui par « individualisme » ? Non : ce n'est pas l'individu replié sur lui-même qu'exalte Kierkegaard, mais l'Unique[17]. Or celui-ci, s'il est bien relation, l'est d'abord avec l'absolu, c'est-à-dire, pour l'auteur de *Crainte et tremblement*, avec Dieu lui-même. Même dans les liens les plus forts à autrui, ce n'est pas la relation au « général » qui est première, mais cette relation à l'absolu, c'est-à-dire à la source ultime du sens, à l'Autre, au Tout-Autre. C'est de cette dernière que naît la personne, sa liberté, sa vocation, l'orientation fondamentale de son existence. C'est un acte de foi radical qui orientera l'Unique vers d'autres Uniques et les mettra en relation. Mais une telle relation, alors, ne sera pas directe, immédiate. Elle sera indirecte, médiatisée par le rapport à Dieu, duquel autrui est reçu et qui s'avère être le Tiers de toute relation véritable. Tout Kierkegaard pourrait se

---

16. E. Lévinas, *Éthique et infini* (1982), Livre de poche, p. 51.

17. Telle est, selon Nielly Viallaneix, la meilleure traduction du terme danois *den Enkelte*, trop souvent traduit par « individu ». Voir *L'Unique devant Dieu*, Cerf, 1974.

résumer dans cette formule : « L'Unique détermine son rapport au général par son rapport à l'absolu, et non son rapport à l'absolu par son rapport au général[18]. » Cette relation de l'Unique à l'absolu place chaque personne au-dessus du groupe, quel que soit celui-ci, au-dessus du couple lui-même[19].

Entre Uniques, la communication est-elle possible ? Oui, nous l'avons dit, mais indirectement. Une critique de la croyance naïve en la « communication » est nécessaire. Plus une réalité est décisive, existentiellement importante, plus elle renvoie à l'intériorité de chacun, ce terme ne désignant pas sa subjectivité immédiate, mais sa vérité, le mystère dont il est porteur. Et le passage d'une vérité intérieure à une autre vérité intérieure est un événement étonnant, un miracle. Il ne peut avoir lieu que par la médiation du Tiers absolu, qui peut être présent à chacun parce qu'il est l'absolument Autre. « Il n'y a pas de raccourci pour transmettre la vérité[20]. » Même dans l'existence apparemment paisible de celui que Kierkegaard élit comme figure emblématique de l'existence éthique (et donc communicante), le « bon père – bon époux », pourra surgir un combat radicalement solitaire, dès lors que celui-ci ne confond plus avec l'absolu sa forme de vie, les règles de la morale, l'existence bourgeoise. Arraché alors à l'évidence première de la vie « selon le général », il ne pourra y adhérer à nouveau que par un acte de foi. Foi que cette vie peut être reçue comme le fruit d'une donation, que l'absolu s'y donne, que l'infini peut être présent dans le fini. Mais ce mouvement de la foi, qui le relie aux autres, est aussi ce qui l'en sépare. De même que nul ne peut comprendre Abraham

---

18. S. Kierkegaard, *Crainte et tremblement* (1843), Aubier-Montaigne, 1952, p. 111.

19. « L'espèce humaine n'est pas seulement distincte d'une espèce animale par la supériorité de l'espèce, mais par ce caractère *humain* suivant lequel tout Unique est dans l'espèce plus que l'espèce, ce qui tient au rapport avec Dieu » (S. Kierkegaard, *Point de vue explicatif de mon œuvre* [1849], Éditions de l'Orante, *Œuvres complètes*, tome XVI, p. 62).

20. S. Kierkegaard, *L'école du christianisme* (1850), éd. P. H. Tisseau, 1936, p. 177.

acceptant de perdre Isaac pour le recouvrer, de même nul ne peut comprendre le « chevalier de la foi » (que Kierkegaard appelle aussi « chevalier de l'infini ») qui, à chaque instant, se détache du fini pour le recevoir à nouveau. Ce mouvement est invisible ; le chevalier vit, en dernier ressort, *incognito*.

> « Il fait constamment le mouvement de l'infini, mais avec une telle précision et sûreté qu'il en obtient sans cesse le fini, sans qu'on soupçonne une seconde autre chose. [...] Je n'ai pas trouvé un tel homme ; cependant, je peux bien me le représenter. Le voici : connaissance a été faite ; j'ai été présenté. À l'instant même où j'attache sur lui mes regards, je le repousse de moi, je fais un bond en arrière, je joins les mains et dis à demi-voix : "Grand Dieu ! Est-ce l'homme, est-ce vraiment lui ? Il a tout l'air d'un percepteur !" Et pourtant c'est bien lui. Je surveille ses moindres mouvements pour essayer de surprendre quelque chose d'une autre nature, un petit signe télégraphique émanant de l'infini, un regard, une expression de physionomie, un geste, un air de mélancolie, un sourire trahissant l'infini... Mais rien ! Je l'examine de la tête aux pieds, cherchant la fissure par où l'infini se fait jour. Rien ! Il est solide en tout point[21]. »

Le mouvement décrit par Kierkegaard est celui de la foi biblique et chrétienne, mais le vivent à leur manière tous ceux qui traversent la tentation du désespoir ou de la mélancolie pour recevoir à nouveau cette vie présente comme le lieu de la « vraie vie ». Tentation de et victoire sur l'absurde, sur le scandale, sur l'ennui, le non-sens. De tels combats et de telles victoires se vivent seuls et ne se communiquent que partiellement. Chacun a sa manière irréductible de les affronter et de les faire leurs.

Que l'on recoure aux catégories kierkegaardiennes ou à d'autres, ce que l'on appelle « vie spirituelle » relève de ce genre d'aventure. De décisions intérieures absolument singulières, d'actes de foi qui sont en deçà de toute parole car l'acte de parler lui-même en est le fruit. Ces mouvements conduisent à

---

21. S. Kierkegaard, *Crainte et tremblement*, *op. cit.*, p. 53-54.

autrui, mais ce qui se donne dans la rencontre ne coïncide jamais avec ce qui s'est joué alors. Au demeurant, une rencontre qui est l'enjeu d'une telle histoire, d'une décision aussi radicale aura un autre relief, sera chargée d'une autre densité qu'une rencontre quasi accidentelle qui ne serait que le résultat des circonstances, non consciente qu'elle est un miracle, une grâce, un don.

Pour vivre la relation comme don, il faut en être détaché, ne pas coïncider avec elle. « On ne possède que ce à quoi on renonce, écrit Simone Weil, qui poursuit : ce à quoi on ne renonce pas nous échappe[22]. » Par « posséder », S. Weil entend ici « recevoir », et l'on ne peut en effet recevoir que ce dont on est séparé. Une éthique du détachement serait à profiler ici, pour équilibrer la valeur « attachement » qui semble tellement plus aller de soi. Le détachement n'est pas l'indifférence égoïste, mais l'aptitude à une relation libre avec l'autre, la liberté en question n'étant pas seulement celle de l'ego, mais celle de celui-ci. Simone Weil pousse si loin cette éthique qu'elle affirme que l'amour et l'amitié ne doivent pas être en eux-mêmes objets de désir.

> « L'amitié doit être une joie gratuite, comme celles que donne l'art, ou la vie. Désirer échapper à la solitude est une lâcheté. L'amitié ne se recherche pas, ne se rêve pas, ne se désire pas ; elle s'exerce (c'est une vertu). »
> « Aimer purement, c'est consentir à la distance, c'est adorer la distance entre soi et ce qu'on aime[23]. »

Puisque nous sommes sur le registre du désir, une raison supplémentaire de consentir à la distance, une des formes de cette dernière, est l'écart irrécusable entre ce que peut apporter une relation interpersonnelle, aussi heureuse soit-elle, et ce vers quoi tend le désir humain. Ce qui est à l'horizon de celui-ci, aucun individu ne peut le donner. Nul n'est en mesure de garantir à l'autre ces biens auxquels il aspire et qui se nomment paix, joie, repos, force, renouveau. C'est une des grandes énigmes de notre

22. S. Weil, *La pesanteur et la grâce* (1948), coll. 10/18, p. 42.
23. *Ibid.*, p. 72, 71.

condition que, paraphrasant à peine Pascal, le désir de l'homme « passe infiniment l'homme ». Nous voici à nouveau devant la question de la foi ou, pour le moins, au seuil de l'expérience spirituelle fondamentale, expérience qu'évitera, redisons-le, celui qui attend tout et jusqu'à son « salut », de l'autre, lequel sera bien embarrassé d'être sommé de répondre à une telle demande.

Assumée, la solitude pourra donc être expérience spirituelle. Elle pourra être expérience du vide à partir duquel l'existence surgit, chance d'une relation plus libre au réel, à autrui, à soi-même, à Dieu. « Si je suis vide de tout, c'est afin de pouvoir mieux vous attendre », dit un personnage claudélien[24]. Telle est l'expérience de la pauvreté et nudité d'esprit reconnue par saint Jean de la Croix comme condition de la rencontre de Dieu, ce qui vaut aussi pour toute rencontre véritable de l'autre[25]. Les auteurs spirituels l'appellent aussi détachement, ou pureté de cœur[26]. Ainsi comprise, la solitude est amplitude, vide appelant la plénitude. Elle n'est pas complaisance dans l'isolement, mais appel et capacité. L'Autre (autrui, Dieu) ne peut se donner que si le cœur s'est préparé, dilaté en quelque sorte à l'accueillir. Nous ne recevons de lui, d'une certaine manière, que ce que nous sommes capables d'en recevoir. « Fais-toi capacité ; je me ferai torrent », entendait Thérèse d'Avila. Un des noms de cette capacité est donc « attente ». Dans l'attente mûrit le désir ; elle est relation à l'altérité sur fond d'absence. L'expérience de cette dernière conférera à la présence une autre dimension. Une présence qui se donne dans un univers plein, trop plein, aura moins de relief, de prix, de profondeur. La présence elle-même comporte une part d'absence ; elle n'est jamais totale, évidente, par-

---

24. Don Camille à Doña Prouhèze, in *Le soulier de satin* (1929), Première journée, Gallimard, Pléiade, p. 976.

25. Voir *La montée du Carmel*, II, 15 ; III, 3 ; et *Maximes* n° 119.

26. « Le détachement est tout le contraire de l'indifférence psychologique ou de l'inhibition. Le détachement est bien plutôt le mouvement d'abandon et d'adoration qui scelle et accomplit le don de l'homme, dans la création artistique comme dans tout amour. [...] La pureté de cœur est l'accueil du don du Père dans un cœur sans partage » (J.-Cl. SAGNE, « La solitude du mystique », in *Lumière et vie*, n° 223, p. 66-67).

faite. Supporter la face nocturne de la présence permet de mieux en goûter la face lumineuse. Celui qui a été capable d'attente sera davantage capable d'attention.

Nous oscillons donc sans cesse entre une définition négative et une définition positive de la solitude, entre ce que nous appellerons la *solitude-vide* et la *solitude-plénitude*. L'une renvoie à l'autre, la seconde ne devant en aucun cas être confondue avec l'autosuffisance ou la prétention orgueilleuse à exister par soi-même. Au demeurant, ce n'est pas de ma solitude « seulement » qu'il est ici question : celle de l'autre l'est tout autant. Sa solitude est en même temps sa liberté. Pour caractériser cette liberté-séparation, quelques termes peuvent être relevés, qui apportent chacun à l'idée de solitude un éclairage spécifique, aidant à ne la comprendre ni comme pure carence ni comme autosuffisance. Nous en retiendrons particulièrement trois.

La solitude, ça veut dire : je suis enfin entière

Magnifique finale du film de Wim Wenders, *Les ailes du désir*. Damiel est un ange qui s'est incarné pour l'amour d'une jeune femme, Marion. Longtemps égarés dans Berlin, Est et Ouest, ils finissent par se rencontrer dans un bar. L'espace y est ample, contrastant avec la contiguïté et la promiscuité de la discothèque voisine où ils se sont aperçus. La robe rouge de Marion se détache sur le fond d'un décor aux reflets dorés. Marion s'avance très lentement vers Damiel ; celui-ci « se lève lentement, prend son verre de vin et le tend à Marion qui se tourne à présent vers lui, elle aussi. La caméra s'approche lentement d'eux. Marion boit une gorgée, puis rend son verre à Damiel qui le repose sur le bar. Il veut se rapprocher d'elle, mais elle l'en empêche avec un geste de défense[27]. » Marion parle :

> « Un jour, ça doit être sérieux. J'ai beaucoup été seule, mais je n'ai jamais vécu seule. Quand j'étais avec quelqu'un, j'étais souvent

27. Je cite ici le texte du scénario écrit par Peter HANDKE et Wim WENDERS, trad. fr., Jade-Flammarion, 1987, p. 164.

contente, mais en même temps je prenais tout pour un hasard. Ces gens étaient mes parents, mais d'autres auraient pu l'être. Pourquoi ce garçon aux yeux bruns était-il mon frère et non celui aux yeux verts du quai en face ? La fille du chauffeur de taxi était mon amie, mais j'aurais pu aussi bien passer le bras au cou d'un cheval. J'étais avec un homme, amoureuse, et j'aurais aussi bien pu le planter là et partir avec l'inconnu que nous croisions dans la rue. [...]
Je n'ai jamais joué avec quelqu'un et pourtant je n'ai jamais ouvert les yeux et pensé : Maintenant, c'est sérieux. Enfin, ça devient sérieux. C'est ainsi que j'ai grandi. Moi seule étais-je si peu sérieuse ? Le temps est-il si peu sérieux ? [...]
Je n'ai jamais été solitaire, ni seule, ni avec d'autres. Mais j'aurais aimé être enfin solitaire. La solitude, ça veut dire : je suis enfin entière. Je peux le dire maintenant, car ce soir je suis enfin solitaire. Il faut en finir avec le hasard ! Nouvelle lune de la décision ! Je ne sais pas s'il y a un destin, mais il y a la décision ! Décide-toi ![...]
La nuit dernière, j'ai rêvé d'un inconnu, de mon homme. Avec lui seul, je pouvais être solitaire, et m'ouvrir à lui, m'ouvrir toute, toute pour lui, le laisser entrer en moi tout entier, l'entourer du labyrinthe de la joie commune. Je le sais, c'est toi[28]. »

Tant de relations sont le jouet du hasard... Dans le sens éminemment positif que Marion donne à ce mot, « être solitaire » (ce qui n'est pas « être seule ») signifie « être enfin entière ». Être tout entière (entier) dans la relation. Être capable de poser un acte libre. Devenir sujet de son existence et non objet du destin. (En finir avec le hasard.) On en arrive à ce paradoxe d'être enfin solitaire avec quelqu'un... Être « entière », dans ce texte, ne signifie pas être « intègre » ou « intacte », comme dans une certaine éthique de la virginité, mais être capable de s'ouvrir tout entière pour laisser l'autre entrer en soi tout entier. Ces paroles sont des paroles de femme ; elles sont sexuées et cela contribue à leur richesse. Mais la réalité fondamentale qu'elles expriment,

28. *Ibid.*, p. 164-167. Ce texte mériterait un commentaire ligne par ligne. Je pense en particulier au contexte éducatif...

cette capacité d'être tout entier à l'autre tout entier, vaut aussi pour les hommes eux-mêmes.

La virginité, ou le « pas encore »

« Comment aimer, demande Luce Irigaray, en dehors d'une respiration autonome, qui s'alimente aux ressources de l'univers pour se tourner de façon libre vers l'autre, le reconnaître, faire alliance avec lui ou elle, tout en restant soi[29] ? » Dans plusieurs de ses ouvrages, qui poussent très loin la réflexion sur l'identité féminine, Luce Irigaray invite la femme à être fidèle à son intériorité propre. « Retourner en soi pour en renaître libre, animée de ses mouvements, de ses paroles, de son souffle semble la conquête la plus décisive pour la femme. » Elle ose nommer « virginité » cette liberté intérieure dont l'idée semble très proche de ce que nous venons d'entendre par « solitude » : « Souvent le ventre de la femme a été identifié à un réceptacle : pour l'amant peut-être, pour l'enfant surtout. Mais le lieu d'accueil qu'est l'âme de la femme qui le connaît ? Même pas elle le plus souvent. Difficile conquête d'une intériorité propre, d'une virginité spirituelle pour celle qui, des siècles durant, a été appelée à une disponibilité passive, une réceptivité naturelle à la semence et au verbe de l'autre[30]. »

Osant donc mettre à l'honneur, pour lui donner un sens renouvelé, un terme qui, depuis quelques années, figure au nombre des « nouveaux tabous », mis à l'index par les bien-pensants d'aujourd'hui, Luce Irigaray lui donne un sens renouvelé : « La virginité n'est pas tabou ou interdit mais retour à soi, recueillement, prière, aptitude à demeurer disponible, en soi, pour soi, pour l'autre, pour les autres. » À propos de Marie : « La virginité pourrait signifier la fidélité de Marie à elle-même, à une intériorité, une "âme" qu'elle a su garder chaste malgré le passage en elle de l'autre : dans l'amour, dans la maternité[31]. »

---

29. L. IRIGARAY, *Le souffle des femmes*, éd. ACGF, 1996, p. 9.
30. *Ibid.*, p. 10.
31. *Ibid.*, p. 19. La citation précédente est tirée d'un carton imprimé.

C'est Emmanuel Lévinas qui, dans *Totalité et infini*, associe à l'idée de virginité celle du « pas encore[32] ». Ici également la signification, sans pouvoir être asexuée, sans même que l'on puisse oublier le caractère féminin de sa formulation originelle, peut valoir pour les hommes. Nous y trouvons des intuitions communes avec celle de la solitude du « chevalier de l'infini » qui vit sa relation à autrui à partir d'une libre décision et non sur la base d'une dépendance passive. Lorsqu'il devient spirituel, et non plus seulement physique ou social, le sens de la virginité est pertinent pour les deux genres. Nous ne sommes pas loin non plus ici de l'idée de chasteté entendue, avec Xavier Thévenot, comme intégration de la différence, renoncement au vœu d'indifférenciation, acceptation de la distance entre les corps, entre les sujets[33].

Le célibat, ou : nous ne sommes pas qu'une moitié de couple

Ainsi entendue, la chasteté peut être vécue au sein du couple, même et en particulier dans les relations sexuelles. La notion en est plus large que celles de continence et de célibat. Arrêtons-nous toutefois sur cette dernière, qui sera le troisième terme par lequel nous baliserons le terrain des significations positives de la solitude. Cela peut surprendre, car le terme est très souvent compris de façon négative. Le célibataire est avant tout perçu comme « non marié ». C'est oublier que nous naissons tous célibataires ! Les choses se déplacent quelque peu aujourd'hui, l'affaiblissement de l'institution et de la morale conjugales atténuant la dualité entre « mariés » et « non mariés » en ménageant toutes sortes de transitions entre ces deux états. Une frontière demeure toute-

32. E. LÉVINAS, *Totalité et infini*, « Phénoménologie de l'éros », Martinus Nijhoff, 1968, p. 236.

33. « L'étymologie latine du mot "chaste" est très parlante : *castus* est antinomique de *incastus* (incestueux). La chasteté serait donc ce qui permet à un sujet de vivre sa sexualité de façon telle qu'il construit ses relations aux autres et au cosmos dans la reconnaissance des différences radicales qui le structurent » (X. THÉVENOT, *Repères éthiques pour un monde nouveau*, Salvator, 1983, p. 133).

fois entre ceux qui « sont en couple » et ceux qui ne le sont pas. Malgré l'aspiration à l'indépendance caractéristique de ce que l'on appelle l'individualisme contemporain, être seul c'est être amputé, incomplet. Ou bien être censé se replier, avec plus ou moins de légèreté, sur un bonheur égoïste. Demeure au fond prégnant le mythe des Androgynes selon lequel chacun n'est qu'une moitié de couple.

Longtemps a fait exception le célibat ecclésiastique, justifié par le sceau de l'entrée dans une forme de vie instituée ou consacrée. Mais ce célibat lui-même est de plus en plus l'objet de doutes ou de soupçons *a priori*, de remises en cause ou de commisération[34]. Dans beaucoup de propos, il est associé à des termes comme « frustration », « refoulement », « incapacité ». Comme si, encore une fois, le couple était la norme, comme si une vie sans relations sexuelles était impensable. Sans nier aucunement les difficultés propres à cet état de vie, qui font ponctuellement scandale ici ou là, affirmons que les religions ou les sagesses qui, tels le christianisme et le bouddhisme, affirment la possibilité d'un célibat et d'une continence heureux rendent un fier service à l'humanité. En christianisme, il ne s'agit pas seulement de bonheur mais de fécondité, aux dimensions spirituelles, sociales, interpersonnelles. Qui niera la fécondité de ces existences apparemment solitaires ou communautaires, reliées au prochain par d'autres liens que ceux de l'amour-éros ? Elles aussi témoignent, de temps à autre avec éclat (que l'on songe aux moines de Tibhirine), le plus souvent dans l'obscurité, qu'il est d'autres façons de vivre la communion que celle des liens affectifs ou familiaux.

---

34. Cela indépendamment des réflexions sérieuses sur les problèmes posés par son caractère obligatoire. Sur les difficultés du célibat, voir X. Thévenot, « Le célibat, risques et chances », in *Études*, mai 1980. L'article ne traite pas que des célibats volontaires ; il souligne en effet que la grande majorité des célibataires n'ont pas choisi leur état. Il note aussi que « dans presque toutes les sociétés les célibataires sont objets de profonde incompréhension ». Sur le sens religieux et chrétien du célibat, voir M. Rondet, *Le célibat évangélique dans un monde mixte*, DDB, 1982.

Que leur état soit volontairement choisi ou non, les célibataires nous rappellent que nous avons chacun une vocation personnelle, que notre liberté a d'autres dimensions que celles qui s'incarnent dans le couple. Que la famille n'est pas tout. À cet égard, les célibataires qui vivent avec clarté et bonheur leur célibat sont un enseignement fort sur l'importance des autres relations, sociales, amicales, communautaires, dont ils vivent plus, contribuant souvent à les animer davantage. La reconnaissance de la possible valeur du célibat, faisant ressortir les limites du mariage, contribue aussi à donner plus de sens à ce dernier, en le faisant apparaître comme un choix, une vocation et non comme une destinée, une obligation ou un déterminisme.

Semblerions-nous remettre en cause la vérité anthropologique profonde d'une parole comme « Il n'est pas bon que l'homme soit seul » ? Il n'en est rien. Le sens de la solitude-plénitude ici avançé s'oppose tout autant que celui de l'amour à l'idée d'autarcie ou à l'illusion de constituer à soi seul une totalité close. La traduction exacte du verset de la Genèse serait d'ailleurs : « [...] que l'homme soit un » (en hébreu *ehad*). Irrécusable est l'épreuve de l'incomplétude, du manque, de la différence propres à l'être sexué. Et, au-delà, de la dimension foncièrement relationnelle de l'existence. La solitude-liberté n'exclut pas l'amour, on l'aura bien noté ; elle permet au contraire à celui-ci de se construire en vérité. C'est au culte de l'amour qu'elle s'oppose, à l'absolutisation du couple, à l'illusion que la relation à l'autre pourra nous dispenser de la charge de nous-même. Dans le récit biblique, la critique de l'être « un » donne lieu, précisément, à une séparation. Il ne s'agit pas d'être androgynes, deux en un tout – comme, selon certaines traditions talmudiques, l'était l'Adam originel[35] –, mais d'être réellement deux, ne serait-ce que pour être capables, sur cette base, d'accéder à

35. « Lorsque Dieu a créé Adam, il l'a fait "double face", puis il l'a scié pour en faire deux corps » (cité in J. EISENBERG et A. ABECASSIS, *Et Dieu créa Ève*, Albin Michel, 1979, p. 147). Voir aussi X. LACROIX, *Le corps de chair*, Cerf, 1992, p. 288-289.

une unité à venir, unité vivante qui n'annule pas mais promeut la différence. Il ne s'agit pas de ressembler à ces « oiseaux pihis », dont parle Apollinaire, « qui n'ont qu'une seule aile et qui volent par couples[36] ». Il s'agit de pouvoir voler de ses propres ailes.

36. Guillaume APOLLINAIRE, *Zone* (1913), Gallimard, coll. Folio.

V

TOMBER AMOUREUX

En espérant, espoir me désespère,
Tant que la mort m'est vie très prospère,
Me tourmentant de ce qui me contente,
Me contentant de ce qui me tourmente,
Pour la douleur du soulas que j'espère[1].

L'état amoureux est, à bien des égards, extra-ordinaire. Il est peu d'expériences qui semblent autant résister à l'analyse rationnelle et appeler, de manière aussi exclusive, le langage poétique, voire lyrique. Si étroite apparaît l'affinité entre le sentiment amoureux et la poésie que l'on a pu dire du premier qu'il était à la vie ordinaire ce que la seconde était à la prose. De fait, aucune analyse ne saurait faire fi de l'émotion qui l'accompagne, de l'enchantement qui lui est propre, de son pouvoir comparable à celui d'une belle chanson ou d'un chef-d'œuvre musical, en lesquels très certainement affleure quelque vérité de l'humain. Mais force est d'affirmer qu'ici la vérité peut cohabiter avec le leurre. La poésie elle-même, malgré son pouvoir sans équivalent d'expression de l'essentiel, est aussi le lieu où les confins de l'imaginaire et du réel deviennent flous, ce qui est une chance

1. Clément MAROT (1496-1554), « Par contradictions », *Rondeaulx*, Pléiade, *Poètes du* XIV*e siècle*, p. 21. (*Soulas* : soulagement, consolation, réconfort.)

pour l'écriture, mais qui, compris comme une traduction réaliste de l'expérience, peut donner lieu à nombre de malentendus. Par ailleurs, en ce domaine comme en d'autres mais tout particulièrement, l'expérience ne peut tenir lieu de savoir. Être ici en position de sujet peut aussi bien être facteur d'aveuglement que de connaissance. Il n'est pas du tout certain que l'amoureux soit le mieux placé pour appréhender la vérité de ce qu'il vit. « Nous croyions aimer et il nous a été révélé que nous n'aimions qu'un reflet ; nous croyions aimer et nous n'aimions que nous-même déplacé ; nous croyions aimer et nous n'aimions que l'état où nous plonge l'amour », écrit le psychanalyste Christian David dans un ouvrage de référence sur le sujet[2].

Lorsque l'on passe du sentiment spontané à l'analyse, on assiste parfois à d'étranges renversements. Voici que cet affect, par ailleurs tant célébré, exalté et exaltant, a pu être rangé au nombre des maladies. Ne dit-on pas « tomber amoureux », comme l'on dit « tomber malade » ? Platon comptait l'amour au nombre des *délires* ; pour Denis de Rougemont, il s'agit d'une *belle fièvre* ; tandis que Boris Cyrulnik le qualifie d'*hystérie*. Au fil de l'ouvrage de Christian David, nous voyons les effets ou processus de celui-ci comparés, selon les cas, à ceux de l'*hypnose*, de la *mélancolie* ou de la *manie*. Parmi les traits relevés : obsession, dépersonnalisation, rétrécissement du champ relationnel, éclatement du moi, intoxication mentale, violence, effraction, perversion, frustration[3]. Même s'il s'agit là d'hyperboles, comment un même état peut-il réussir à rassembler un tel tableau clinique ?

Mais ce n'est là qu'un versant d'une réalité éminemment complexe et irréductible, que les mêmes analyses du même auteur envisagent aussi, et finalement surtout, comme *triomphe*, *exaltation*, *intégration*, *harmonisation*, *amorce d'une vie nou-*

---

2. C. David, *L'état amoureux* (1971), Petite Bibliothèque Payot, 1994, p. 39.

3. *Ibid.*, p. 34, 35, 40, 46, 49, 52, 63, 156, 157, 161, 165, 240. L'auteur nous rappelle que Freud lui-même « classait l'état amoureux plutôt parmi les phénomènes psychiques anormaux que parmi les phénomènes normaux », p. 52.

velle, confirmation de soi[4]. Comment se repérer dans un tel labyrinthe ? D'un côté le propos souligne l'importance que prend le narcissisme, c'est-à-dire l'amour de l'image de soi, mais d'autre part il est indiqué que cet état est l'une des meilleures occasions de sortir de soi. D'un côté on parle d'altération du moi, de dépendance, voire de régression ; de l'autre on souligne la puissance restauratrice et régénératrice de l'amour[5]. Tantôt il est question d'illusions, de leurre et d'idéalisation, tantôt on considère qu'il y a bien communication effective, complicité, communion[6].

L'enchantement amoureux se révèle ainsi être le lieu d'une singulière coexistence des contraires. On ne peut faire appel aux raisons claires pour comprendre un vécu si paradoxal. Ce ne sont pas seulement les qualités de l'autre en tant que telles qui déterminent la naissance du sentiment, mais un événement spécifique grâce auquel les limites du moi deviennent comme perméables, la relation n'ayant plus lieu de conscience à conscience mais, si l'on peut dire, d'inconscient à inconscient. Tout se passe comme si je reconnaissais une part de ma vie la plus secrète dans les yeux, ou plutôt dans le regard de l'autre. Quelque chose comme une victoire sur la séparation a lieu et, en même temps que semble franchi le fossé entre les êtres, ce sont certaines divisions intérieures qui sont abolies. D'où l'euphorie et le sentiment de réconciliation avec soi, comme avec le monde entier. S'agit-il d'une illusion de fusion, autrement dit de la régression à une relation archaïque à autrui, l'identification, ou s'agit-il de l'accès à un plus-être, une complétude, une communion réelles ? La question demeure.

On a souvent comparé l'état amoureux à une fête, privée celle-ci, où, comme dans toute fête, sont suspendues les limites et les lois de la vie courante, où la confusion est autorisée car l'on passe de l'ordinaire à l'extraordinaire. Le sociologue italien

---

4. *Ibid.*, p. 46, 55, 92, 155, 165, 242.
5. *Ibid.*, p. 54.
6. *Ibid.*, p. 243, 244.

Francesco Alberoni définit le fait de tomber amoureux comme l'état naissant d'un mouvement collectif à deux. D'un point de vue qui peut paraître surprenant au départ, il rapproche cet état de ces grands moments de l'histoire où les individus ont le sentiment de participer à un événement sortant de l'ordinaire et, par leur participation à celui-ci, de vaincre les limites de leur individualité. Révolution, naissance d'une religion ou d'un courant spirituel, fondation, réforme… « L'homme a l'impression qu'il est dominé par des forces qu'il ne reconnaît pas comme siennes, qui le mènent, dont il n'est pas maître. […] Il se sent comme transporté dans un monde différent de celui où s'écoule son existence privée. La vie n'y est pas seulement intense, elle est qualitativement différente. L'individu se désintéresse de lui-même, s'oublie, se donne tout entier aux fins communes. » En ces lignes, citées par Alberoni, Émile Durkheim ne décrit pas le vécu amoureux mais… la Révolution française, et autres événements révolutionnaires de même portée[7]. En de tels moments, le sujet a comme le sentiment d'un « agrandissement de sa vie psychique ».

Que s'est-il donc passé ? Nous ne pouvons envisager ici que des hypothèses. Puisque, indéniablement, les phénomènes auxquels nous avons affaire ont trait à l'inconscient et puisqu'elle est actuellement une des théories les plus élaborées, recourons à la théorie psychanalytique, même s'il doit s'avérer que celle-ci n'offre pas l'ultime clé.

7. F. ALBERONI, *Le choc amoureux* (titre original en italien : *Innamoramento e amore*, Garzanti, 1979), trad. fr., coll. Pocket, p. 10. Le parallèle peut être poursuivi : « Tous les mouvements collectifs séparent ce qui était uni et unissent ce qui était séparé. […] L'amour, quand il se manifeste dans l'histoire de l'Occident, apparaît également comme une déchirure, une séparation. […] Il n'existe pas de mouvement collectif qui ne parte d'une différence, il n'existe pas de passion amoureuse sans la transgression d'un interdit. […] L'amour ne se manifeste que s'il sépare ce qui était uni et que s'il unit ce qui devait être séparé » (p. 23-25).

Généalogie du coup de foudre

La thèse centrale de Freud, souvent reprise depuis, est que, dans le sentiment amoureux (qu'il compare lui aussi aux états d'émotion collective), « l'objet a littéralement pris la place de l'idéal du moi ». Celui-ci est projeté sur l'autre et, étant donné qu'il est, de façon constitutive, investi par le narcissisme, voici que ce dernier va se déplacer, se transférer sur autrui. Ce qui fait que l'amour de soi, si l'on peut dire, passe en l'autre[8].

Pourquoi celui-ci, cet « objet » (comme disent Freud et les freudiens) en est-il venu à être ainsi élu comme support d'un tel investissement affectif ? Parce qu'il se trouve rendre possible la manifestation à l'extérieur, l'incarnation du « bon objet global », de l'« objet intérieur fantasmatique », Sylphide ou prince charmant, que chacun porte en soi. C'est alors le « coup de foudre », ou le sentiment d'une rencontre inespérée entre l'imaginaire et le réel. D'où l'impression de magie, car la magie est bien cela. En stricte doctrine freudienne, l'objet intérieur s'est formé suite au renoncement aux premiers objets d'amour, les parents. La reconnaissance illuminée de « l'éclat de l'objet qui se lève vers moi » aura été largement précédée par le deuil des relations infantiles à la mère et au père, et se composera d'un subtil dosage, déterminé par les aléas impondérables de chaque histoire, de différences et de ressemblances avec ceux-ci[9].

Pour qui se trouverait quelque peu à l'étroit dans le scénario œdipien, le concept de *collusion*, exposé par Jean Lemaire, offre une interprétation plus large. Dans cette hypothèse, l'attraction

---

8. « Dans l'état amoureux c'est l'idéal du moi qui, par personne interposée (l'objet aimé), absorbe le moi ; somme toute c'est le moi qui s'absorbe lui-même par le biais de la projection des qualités qu'il se souhaite sur un support objectal. [...] Il s'agit d'un transfert de libido narcissique sur un objet élu. [...] Tout état amoureux participe de cet amour narcissique primaire » (C. DAVID, *op. cit.*, p. 45).

9. *Ibid.*, p. 45, 167, 241.

mutuelle serait essentiellement due à la perception (le plus souvent inconsciente), par les sujets, qu'ils affrontent des conflits intérieurs communs, tout en réagissant à ceux-ci de façons différentes mais complémentaires. À la suite de l'un de ses collègues, Lemaire appelle « collusion » cette union autour d'une problématique affective commune, cette convergence des attentes, ce mixte de conjonction et de différence. « Tout se passe comme si l'inconscient de chaque individu percevait, dans l'inconscient de l'autre, une série de conflits intérieurs. Si ces conflits sont pour une part analogues aux siens propres et qu'il ressente chez l'autre une manière différente d'y réagir, l'individu se trouve alors puissamment attiré vers cet autre, avec une forte chance de réciprocité[10]. »

Chacun pressent que la force émotionnelle tient encore à bien d'autres facteurs, que ne retient pas la grille de lecture analytique. Qui sait d'où peut provenir le caractère bouleversant de tel visage, de telle rencontre ? Une parole qui touche particulièrement juste, un geste qui paraît parfait, un éclair dans le regard, une intonation dans la voix... Et les critères ici impliqués ne sont pas à chercher seulement du côté des images parentales ou des conflits psychiques. Pourquoi n'auraient-ils pas trait à l'inscription dans une histoire personnelle intime, à telle aspiration très chère, à la révélation d'un désir encore naissant ou à un événement vécu comme l'éclosion d'un sujet nouveau en soi ? Tout ne vient pas du passé, c'est de l'accueil de l'avenir qu'il s'agit aussi en de tels moments.

Ces interprétations sont attentives surtout à l'image qu'ont l'un de l'autre les partenaires, et à leurs histoires respectives ; elles ont peu, jusqu'ici, fait intervenir le désir sexuel. Celui-ci

---

10. J. LEMAIRE, *Le couple, sa vie, sa mort*, *op. cit.*, p. 143. L'auteur se réfère à son collègue zurichois Jürg Willi : « La collusion correspond au jeu inconscient des attitudes des deux partenaires dont l'évolution affective est marquée de caractères communs liés chez chacun d'eux à une problématique individuelle non résolue, problématique refoulée qui échappe à la conscience de l'un comme de l'autre. Ce conflit intérieur commun et non résolu se traduit par des rôles différents assumés par chaque partenaire » (*Die Zweierbeziehung*, Hamburg, Rohwolt, 1975).

pourtant, à l'évidence, compte parmi les dimensions et déterminations de l'état amoureux. Pas de sentiment amoureux sans émotion devant le corps sexué de l'autre, sans le désir de vaincre l'extériorité de celui-ci. De même que la relation ne va pas seulement de conscience à conscience, mais, si l'on peut dire, d'inconscient à inconscient, de même aspire-t-elle à impliquer non seulement deux corps (extérieurs l'un à l'autre) mais deux chairs. On ne perçoit plus alors l'autre seulement comme interlocuteur, le regard ne se contente plus de son apparence, mais, l'émotion de la rencontre déclenchant l'énergie pulsionnelle, naît le désir de vaincre la séparation, d'oublier la distance entre les corps en franchissant la frontière de la peau, de goûter la chair de l'autre, d'éprouver en soi sa féminité ou sa masculinité[11].

Dans cette alliance, ou cet alliage, de sensualité et de tendresse, est-ce le désir qui suscite le sentiment ou le sentiment qui suscite le désir ? Il n'y a pas de réponse générale à cette question, la dynamique pouvant avoir lieu dans un sens comme dans l'autre. Il nous faut ici éviter aussi bien le matérialisme sommaire que l'idéalisme éthéré. À l'encontre du premier, rappeler que bien souvent, c'est-à-dire chaque fois que le désir naît dans un contexte relationnel, la subjectivité est première, l'attrait sexuel étant comme la traduction corporelle d'une émotion suscitée bien davantage par le regard, la voix, l'expression, autrement dit par la rencontre interpersonnelle ou par les aspects spirituels du corps que par une causalité de type instinctif. Mais il peut aussi arriver que l'inverse ait lieu, autrement dit que ce qui est pris pour spirituel ne soit que l'interprétation déguisée, plus ou moins consciemment et avec plus ou moins de bonne foi, d'un appétit purement sensuel. (Rappelons ici les propos désabusés de Solal cités au chapitre I.) Cette indécision entre le sentiment et les sens, avec tous les leurres, voire les mensonges,

11. Sur la naissance du désir, je renvoie à deux travaux antérieurs : *Le corps de chair*, Cerf, 1992, p. 63 et suiv. et 250 et suiv. ; *Le corps et l'esprit*, Vie chrétienne, 1995, p. 23 et suiv.

qui peuvent en découler, est au nombre des principales raisons de l'ambiguïté de l'état amoureux. Que l'on prenne pour sensualité ce qui est tendresse ou pour tendresse ce qui est sensualité, dans l'un et l'autre cas guette le malentendu. Il est bien vrai, certes, qu'entre ces deux pôles existe une profonde affinité, et qu'en leur vérité ils convergent. Mais cette convergence n'est jamais acquise ; l'équivoque est toujours possible.

Or, il se trouve que la théorie freudienne insiste sur un point qui n'est pas sans portée dans le contexte social et éducatif présent, à savoir que c'est grâce à l'écart entre le désir et sa réalisation, grâce au retardement de la satisfaction des pulsions que naît et se construit le sentiment amoureux. « Nous parlons d'amour à partir du moment où les tendances psychiques de la pulsion sexuelle viennent occuper le premier plan alors que les exigences corporelles ou "sensuelles" qui en forment la base sont refoulées ou momentanément oubliées [12]. » Ailleurs : « La valeur psychique du besoin d'amour diminue lorsque la satisfaction est facile à obtenir [13]. » C'est la thèse du lien entre le développement de la part proprement psychique, ou encore mentale et imaginaire, du désir et ce que les psychanalystes appellent le refoulement ou l'inhibition des pulsions. D'où la fameuse phrase, souvent citée mais peu homogène avec la culture régnante : « L'importancc psychique d'une pulsion croît avec la frustration [14]. » Le travail d'élaboration consistera alors à passer du refoulement à la sublimation, c'est-à-dire à l'utilisation de l'énergie de la pulsion vers un but supérieur, socialement (et spirituellement) valorisé. Il y aurait lieu ici de se demander si ce que Françoise Dolto appelait la « sexualité confortable [15] », c'est-à-dire celle dont la mise en œuvre paraît facile, favorise bien un tel travail.

---

12. S. FREUD, *Introduction à la psychanalyse* (1917), Petite Bibliothèque Payot, p. 40.
13. S. FREUD, « Psychologie de la vie amoureuse » (1910), in *La vie sexuelle*, PUF, 1985, p. 64.
14. *Ibid.*, p. 63.
15. F. DOLTO, *La cause des adolescents*, Laffont, 1988, p. 163.

C'est cette inhibition de la pulsion qui sera à l'origine de l'idéalisation. Plus l'autre paraît inaccessible, impossible à posséder, plus il sera investi de qualités. Mais, toujours selon la théorie analytique, avant d'avoir lieu à l'égard du partenaire, cela a eu lieu à l'égard des premiers objets d'amour, les parents, jouant un rôle important dans la genèse même de l'objet idéal dont, nous l'avons vu, l'aimé est comme l'apparition à l'extérieur. Prend place ici l'importance de la période de latence. Il s'agit de cette phase d'arrêt, ou de pause, dans l'évolution de la sexualité infantile, qui s'étend du déclin du complexe d'Œdipe au début de la puberté (approximativement entre six et douze ans). Cette période sera celle où, selon l'expression de Christian David, « la libido file son cocon[16] ». Les sentiments de l'enfant envers ses parents vont se « désérotiser » et commence à se construire en lui l'Objet intérieur, édifié pour une part sur le deuil de ses anciens objets d'amour. Mais, souligne C. David (et il est heureux qu'il le fasse, car tel n'est pas le cas de nombre de discours de vulgarisation psychologique), tout n'est pas joué dès lors. Une part du désir hétérosexuel s'édifiera hors de l'édifice œdipien, lorsque de nouvelles composantes du désir vont apparaître, en particulier lors de « l'efflorescence » que sera l'éclosion pubertaire, avec son cortège de transformations.

C'est alors qu'aura lieu l'accès au stade génital ou, mieux, à ce qu'André Green appelle la *vocation génitale du sujet* dont C. David souligne fortement la dimension de nouveauté par rapport aux avatars de l'ancien désir œdipien. Il ne s'agit pas, dit-il, d'un « rebondissement », mais d'un « bondissement », d'un saut nouveau. Celui-ci est (pour le garçon) « la reconnaissance entière et véritable de la féminité » ; « la saisie authentique et intégrale de la complémentarité sexuelle[17] ». On peut présumer qu'il en aille de même, à l'égard du masculin, pour la jeune fille, mais, à l'instar de la plupart des auteurs analytiques, C. David

16. *Op. cit*, p. 80.
17. *Ibid.*, p. 85.

est plus que discret sur le féminin et, chose curieuse, sur la différence sexuelle, c'est-à-dire sur les manières différentes dont l'homme et la femme, le garçon et la fille éprouvent le sentiment amoureux. Or, il s'avère que l'un et l'autre n'attendent pas exactement la même chose de l'amour. Et la rencontre de l'autre sexe, du masculin par le féminin, du féminin par le masculin, l'abord aux rivages de ce continent inconnu qu'est chaque sexe pour l'autre, fait partie de la visée ultime de l'amour, lorsque, du moins, il a atteint une maturité suffisante pour cela. Le dialogue de Mésa et Ysé, que nous lirons bientôt, le montre bien.

On voit donc, et on n'en sera pas surpris, qu'une multiplicité de facteurs interviennent dans la naissance du sentiment amoureux, lui-même si composite, polyphonique. L'imaginaire et le réel, l'idéal et le pulsionnel, l'intérieur et l'extérieur semblent s'y rejoindre. Sentiment d'une réconciliation universelle, et avec soi et avec le monde. D'autant plus que, toujours en termes analytiques, à l'abolition de la distance avec le moi idéal vient s'ajouter une réassurance par rapport au surmoi : « Si l'on m'aime, c'est que je ne suis pas fautif, que tout ce qu'il y a de fautif en moi s'est trouvé absous, accepté, et si j'aime c'est donc que je ne suis pas mauvais, que le bon domine en moi[18]. »

On comprend mieux encore le côté gratifiant de l'état amoureux et ce qui le rend si désirable par son absence en lisant, en négatif, le tableau de ce qui suit la vague amoureuse : « Le moi détrôné revendique de nouveau son pouvoir despotique, le surmoi muselé retrouve sa voix, l'idéal personnel réclame de nouveau des sacrifices exclusifs, la pulsion sexuelle s'affaiblit du fait des exigences de la sécurité, sinon de l'ambition, comme elle est simultanément minée par le travail de sape de l'agressivité[19]. » S'agit-il d'un tableau de la vie ordinaire ? Celui-ci serait bien sombre… Y a-t-il un rapport entre une conception aussi péjorative de la vie et l'exaltation du sentiment amoureux ? Cela

18. *Ibid.*, p. 168.
19. *Ibid.*, p. 196.

n'est pas impossible. Mais il se trouve que celui-ci est parfois rapproché, par les psychologues, de la « manie » (état d'exaltation dans lequel, précisément, le sujet a le sentiment d'une abolition de la distance entre lui-même et le réel). Où donc est le normal, où le pathologique ? Est-ce l'état ordinaire qui est normal et l'état amoureux une folie, ou est-ce celui-ci qui vient nous délivrer des enfermements de celui-là ?

De la répétition à la reconnaissance

Qui me reflète sinon toi-même je me vois si peu[20].

Aussi élaborée que soit cette grille de lecture, il s'avère pourtant qu'elle ne réduit pas l'énigme de l'amour. Pour des raisons finalement difficiles à expliciter, chacun a l'intuition que celui-ci déborde toute interprétation, *a fortiori* toute explication, et qu'il est bon qu'il en soit ainsi. À cet égard, ce pourrait être un des écueils de la psychologie dite « des profondeurs » que de vouloir rationaliser l'irrationnel. Un auteur comme Christian David dit s'en garder, renvoyant très souvent aux poètes. Des questions demeurent cependant, qui concernent aussi bien le vécu amoureux lui-même que son explication analytique. En particulier celle de l'articulation entre tous les processus internes au sujet, que nous avons entrevus, et la rencontre réelle de l'autre réel. Finalement, celle-ci a-t-elle bien lieu ? Est-elle bien centrale dans l'émoi amoureux ? On peut se le demander, plus particulièrement au sujet des deux pôles à partir desquels s'élabore la grille de lecture analytique : le narcissisme et la pulsion libidinale.

De même que le miroir est un thème récurrent de la littérature amoureuse, de même le narcissisme est-il le thème central de la théorie analytique de l'amour. « L'amour est essentiellement

20. Paul Eluard, « Je t'aime », *Le Phénix*, Seghers, 1962, p. 162.

narcissique », ose affirmer Louis Beirnaert[21]. Si, comme nous l'avons vu chez Freud, c'est mon idéal que j'aime en l'autre, ce dernier n'est-il pas pour moi un moyen de m'aimer moi-même ? Dans une telle perspective, est-ce bien l'autre que j'aime ? Les amants ressemblent alors à ces malheureux dont parle Aragon, « comparables aux miroirs, qui peuvent réfléchir mais ne peuvent pas voir[22] ».

Et si l'on imaginait l'hypothèse contraire ? Si seuls les amoureux voyaient ? Si l'amour était reconnaissance ? Non seulement recouvrement de mon propre idéal en l'autre, mais reconnaissance de celui-ci comme tel, en son unicité, en son irréductible singularité ? « Parmi les êtres humains, on ne reconnaît pleinement l'existence que de ceux qu'on aime », a pu écrire Simone Weil[23]. Notre regard ordinaire sur autrui, il faut bien l'avouer, est souvent superficiel ou défaillant. Prêter réellement attention à sa singularité, au fait qu'il existe autant que moi et que cette existence a autant d'importance que la mienne est finalement plutôt rare. Si souvent le regard est soit utilitaire, intéressé, soit très général, quasi statistique, fonctionnel… Un regard qui glisse à la surface de son corps et de son apparence, insensible à son mystère, au prix de cette manière d'être absolument unique et irremplaçable, à cette palpitation d'une vie fragile et forte, proche et lointaine, présente et cependant toujours à venir. Au regard, à la respiration de cet autre heureux et malheureux, habitant ce monde mais toujours en exil, vivant mais exposé à la mort. Il est donc de ces moments, rares, où les yeux s'ouvrent et où le regard devient comme contemplatif, réceptif et accueillant à cette présence qui déborde tout contexte. La rencontre amoureuse fait partie de ces moments exceptionnels. « Ainsi que par hasard, cela s'entr'ouvre, derrière l'autre[24]… »

21. L. Beirnaert, *Aux frontières de l'acte analytique*, Seuil, 1987, p. 152.
22. L. Aragon, *Le fou d'Elsa*, Gallimard, 1963, p. 73.
23. S. Weil, *La pesanteur et la grâce*, coll. 10/18, p. 69.
24. R. M. Rilke, *Les élégies de Duino* (1922), « Huitième élégie », *Œuvres, Poésie*, *op. cit.*, 1972, p. 367.

Non, ce « je-ne-sais-quoi » que tous s'accordent à reconnaître dans le déclenchement du sentiment amoureux ne saurait – en tout cas pas *a priori* – être enserré dans les déterminations de mon imaginaire narcissique, œdipien et sexuel. Pourquoi ne serait-ce pas, à travers une parole qui a sonné étonnamment juste, la vérité d'un geste, telle vibration de son regard, tel éclat de sa beauté, la révélation d'une nouveauté, qui me révèle certes à moi-même, mais en me faisant avancer, en me conduisant plus loin que moi-même ? Révélation n'est pas reflet. À la différence de celui-ci, celle-là ne renvoie pas qu'à moi-même. Toute révélation est rencontre, événement. Pourquoi dans l'état amoureux, que l'on a pu comparer à l'extase, le « tu » ne serait-il pas au moins aussi important que le « je » ? Un « tu » dans lequel je trouve enfin une patrie, un enracinement, mais venu d'ailleurs... Ainsi dans *Pêcheur d'Islande*, le roman simple et grand de Pierre Loti : « Il adorait le je-ne-sais-quoi invisible qui était en elle, qui était son âme, qui se manifestait à lui dans le son pur et tranquille de sa voix, dans l'expression de son sourire, dans son beau regard limpide[25]. »

Il y a une énigme dans le préfixe « re » du terme « reconnaissance ». Cet être nouveau, je ne le connaissais pas, il y a peu de temps encore. Comment donc puis-je le re-connaître ? On pourrait, bien sûr, évoquer l'objet idéal dont il a été question plus haut. Mais cette notion renvoie encore à mon passé, et donc à moi-même. Or, il ne faut peut-être pas négliger trop vite l'étonnant sentiment rétrospectif que celle (ou celui) dont je découvre aujourd'hui le visage répond à une attente antérieure. Ce sentiment, bien sûr, peut être entièrement construit et donc plus ou moins factice (comme la fameuse impression de « déjà vu » ou de « déjà vécu »). Mais nous ne pouvons pas nous en tenir à cela. Un tel sentiment peut être porteur d'une vérité : dans le visage de l'autre peut réellement se manifester la réponse à une attente très intime. Il ne s'agit pas de coïncidence avec une image toute

25. P. Loti, *Pêcheurs d'Islande* (1886), Livre de poche, p. 195.

prête ; l'autre peut être très différent(e) de tout ce qu'avait pu produire mon imagination. Mais en sa manière d'être, dans la modalité de sa présence, en sa singularité, je reconnais, ou plutôt je découvre la vérité de la visée d'un désir en moi très central. Il s'agit d'une reconnaissance-découverte et non d'une reconnaissance-recouvrement. L'autre peut me déconcerter, venir même me déranger et cela s'indique en moi par la joie, signe d'une augmentation de la vie en moi. La reconnaissance est réjouissance.

« Reconnaissance » peut prendre aussi un second sens, celui de *gratitude*. L'amour comme action de grâces envers l'autre. Je te remercie d'exister, d'être là, d'être tel(le) que tu es. Je te remercie aussi… de me reconnaître. Car, en un troisième sens, « reconnaissance » dit aussi le fait de s'identifier mutuellement (lorsque l'on parle, par exemple, d'un « signe de reconnaissance »). Le préfixe « re » dit alors la *réciprocité*. Nous avons encore peu parlé de cette dimension, essentielle pourtant. L'amour appelle l'amour ; l'amour répond à l'amour. Une relation amoureuse non réciproque ne le serait pas au sens plénier du terme. Même si le désir et l'émotion commencent plus tôt chez l'un ou chez l'autre, c'est lorsque est pressenti en l'autre le désir ou l'émotion réciproque que naît vraiment ce que l'on appelle l'amour. (Sous sa forme naturelle du moins ; les amours non réciproques, cela existe, mais il s'agit alors d'amours amputées qui, si elles durent, se transforment plutôt en passion malheureuse. Pensons à *Adèle H.*, le film de François Truffaut.) Je te reconnais me reconnaissant, toi-même touché par ma propre reconnaissance. Ainsi donc, ce qui peut apparaître comme le comble du narcissisme peut aussi apparaître comme le modèle même de la rencontre, de la co-naissance.

– Ô Ysé !
– C'est moi, Mesa, me voici.
– Ô femme entre mes bras !
– Tu sais ce que c'est qu'une femme à présent ?
– Je te tiens, je t'ai trouvée.

– Je suis à toi.[…]
– Ainsi donc
Je vous ai saisie ! et je tiens votre corps même
Entre mes bras et vous ne me faites point de résistance, et j'entends dans mes entrailles votre cœur qui bat !
Il est vrai que vous n'êtes qu'une femme, mais moi je ne suis qu'un homme,
Et voici que je n'en puis plus et que je suis comme un affamé qui ne peut retenir ses larmes à la vue de la nourriture !
Ô colonne ! ô puissance de ma bien-aimée !
[…]
– Dis, petit Mesa,
Est-ce qu'il n'est pas meilleur
De ne plus se retrouver supérieur à personne, mais ce qu'il y a de plus faible,
Un homme entre les bras d'une femme, comme une chose par terre
Qui ne peut plus tomber, rien qu'un pauvre homme à la fin entre mes bras[26].

On aimerait citer l'intégralité de ces pages du *Partage de midi*, où s'exprime de manière extraordinairement juste et forte cet événement de la reconnaissance. La victoire sur l'étrangeté, l'aveu de la faiblesse, l'humilité de l'abandon, la possession mutuelle et consentie. Nous sommes ici bien au-delà du narcissisme ! Être homme et être femme prennent pleinement sens, chaque sexe se trouvant alors révélé à lui-même en même temps qu'à l'autre, dans la différence. Chacun a sa manière de s'abandonner et de céder à l'autre. L'aveu de la faiblesse ne donne pas lieu en l'autre à une affirmation de puissance, mais, en retour, à un aveu correspondant.

26. P. CLAUDEL, *Le partage de midi* (1906), Livre de poche, acte II, p. 100.

L'ancien et le nouveau

L'aveu de faiblesse propre à la tendresse se trouve être le lieu d'un paradoxe. D'une part il est recouvrement de certaines expériences de l'enfance, faisant écho à la plénitude que l'enfant pouvait ressentir dans les bras de sa mère, mais d'autre part il représente une découverte, l'accès à une nouvelle étape de la vie affective, l'entrée dans une relation inédite.

La psychanalyse, on a pu l'entrevoir, accorde une très grande importance, dans son interprétation du sentiment amoureux, aux déterminations issues du passé. Celui-ci serait comme la réédition du sentiment de plénitude qu'a connu l'enfant lorsque, dans les premiers mois de sa vie, il se blottissait contre sa mère. « Trouver l'objet d'amour, c'est le retrouver », écrivait Freud pour lequel l'amour « n'est qu'une réédition de faits anciens[27] ». Il est vrai que les traces laissées par des moments de la vie aussi importants que ceux de la première enfance ne peuvent être que très profondes. (Il en va d'ailleurs de même, à un degré moindre, pour toutes les premières expériences : rencontre de la mer ou de la montagne, d'un paysage…) Il est vrai aussi que nombreuses sont les résonances que peut susciter l'analogie entre le giron maternel et le sein de l'aimée, entre l'un et l'autre embrassement, entre l'un et l'autre enlacement. (L'analogie n'est déjà plus du même ordre, pour la fille, entre le père et l'aimé.) Dans l'un et l'autre cas, sentiment de plénitude, de complétude, de pouvoir s'abandonner parce que l'on se sait accueilli sans réserve. Ressemblances aussi, et cela est sans doute encore plus important, entre ce qu'on appelle le « narcissisme primaire[28] » et

27. S. FREUD, *Trois essais…*, *op. cit.*, p. 32 ; *De la technique psychanalytique* (1912), PUF, 1953, p. 126.

28. Différencié du narcissisme « secondaire », le narcissisme primaire se caractérise par son caractère « anobjectal », c'est-à-dire antérieur à la distinction de moi et de l'autre, du sujet et du monde. D'après J. LAPLANCHE et J.-B. PONTALIS, *Vocabulaire de la psychanalyse*, PUF, 1968.

cette identification, cet état passager de non-distinction entre soi et l'autre caractéristique de l'élan amoureux. Mais ce point de vue ne saurait fournir une grille de lecture suffisante. Rencontrer la femme dans l'amour, ce n'est pas seulement trouver un substitut maternel ! L'interdit de l'inceste a précisément pour fin d'ouvrir un écart entre la mère et la partenaire, entre la femme de l'origine et la femme a-venir, entre le passé et l'avenir. Cet écart est tout à fait essentiel. Christian David lui-même, à plusieurs reprises, pour corriger peut-être certains schémas analytiques, insiste sur le caractère de nouveauté de l'état amoureux : « Être amoureux, c'est revivre un ensemble d'affects et de désirs anciens transférés, mais c'est aussi amorcer une vie nouvelle – dût-elle se révéler sans lendemain[29]. »

Une telle nouveauté n'est-elle pas précisément ce qui est attendu des amours juvéniles elles-mêmes ? L'expression « sortir avec » est, à cet égard, particulièrement significative. Il s'agit d'être aimé, reconnu dans son unicité mais, plus précisément de l'être « par quelqu'un d'extérieur à la famille », selon l'expression entendue un jour. L'amour des parents est sûr, inconditionnel, mais il va trop de soi ; il n'est pas le fruit d'un choix, d'une élection. Être aimé aussi inconditionnellement par quelqu'un venu de l'extérieur, qui vous a élu(e) entre mille, entre tous, tel est le vœu le plus ardent de l'âge tendre. Mais la réalisation de la plus grande intimité à partir de l'étrangeté croise le chemin de l'éloignement vis-à-vis du cocon familial. L'aspiration à l'alliance s'oppose à la nostalgie de la symbiose. En principe du moins, c'est-à-dire selon son authenticité. Car, empiriquement, il n'en va pas toujours ainsi ; les deux mouvements s'en-

---

29. *Op. cit.*, p. 55. En termes plus techniques : « Il me semble pouvoir relever dans l'état amoureux, au moins à titre de composante plus ou moins agissante, l'existence d'un mouvement dynamique régrédient, dont la valeur fonctionnelle me paraît évidente, et d'une sorte de déstructuration accompagnée parfois de certaines impressions épisodiques de dépersonnalisation, mouvement qui se représente comme la condition et le moment premier d'une néo-structuration progrédiente, moment second que l'on ne saurait méconnaître sans tomber dans les limites d'une vision exclusivement égocentrique et rétrospective » (p. 63).

tremêlent et la découverte de la nouveauté de l'autre peut être entravée par les interférences du passé.

Voilà ce qui risquera particulièrement d'avoir lieu dans les relations qui se construisent sur la base de ces amours précoces où la tendresse est recherchée pour elle-même, dans une quête qui traduit d'abord une soif, voire un besoin de protection, de sécurité et d'enveloppement. L'affection amoureuse tente d'y prendre directement le relais de l'affection parentale à l'égard de laquelle on vient à peine de commencer à prendre de la distance. Sans doute cela pourra-t-il apporter quelque soulagement et assurance dans un monde difficile, comme en atteste ce propos bien significatif d'une copie d'étudiante : « [...] À ce moment-là, on aimera pour aimer : "Il faut que j'aime à tout prix". Les adolescents sont dans un passage entre le deuil des parents et la découverte de la société. Il leur faut donc quelqu'un pour traverser ce passage. » (Nous retrouvons ici le thème du passeur évoqué au chapitre précédent.) Un tel désir peut apparaître comme légitime, mais, outre la question de savoir si le partenaire est bien à même de tenir un tel rôle, il s'avère aussi que la maturation affective demande d'accéder à des relations plus exigeantes, à des nourritures plus fortes. De parvenir à une certaine autonomie, tant affective qu'intellectuelle. De trouver en soi, et non seulement en l'autre, les forces requises pour effectuer le passage en question. Comment le pourraient-ils, ces « bébés couples » dont parle Tony Anatrella, en lesquels « il s'agit surtout de s'éprouver soi-même à travers l'autre plus que de le rencontrer véritablement[30] » ?

En dépit de ces ambiguïtés ou de ces complaisances, le sentiment amoureux, en dernier ressort, n'est pas seulement régressif,

---

30. T. ANATRELLA, *Interminables adolescences*, *op. cit.*, p. 99. Dans le même sens, Jean Lemaire dénonce les écueils du caractère fusionnel de la relation amoureuse, « fusion dangereuse si elle a quelque intensité : elle serait régression annihilante dans une désindividuation, dans une dédifférenciation et en fin de compte dans un retour au grand tout, au néant et au zéro du temps » (J. LEMAIRE, *Le couple, sa vie, sa mort*, *op. cit.*, p. 336).

il peut aussi être progressif; porteur qu'il est, si nous reprenons les termes de Christian David, d'une «puissance restauratrice et régénératrice», de «transmutations psychiques imprévisibles», d'un «dynamisme créateur». En sa vérité, il n'est pas seulement réédition, mais découverte, invention. La dépersonnalisation évoquée plus haut est ce qui peut donner lieu à une personnalisation nouvelle[31]. Oui, l'amour peut être créateur, recréateur, nouvelle naissance. Mais, si nous recourons ici à la modalité du possible (au verbe «pouvoir»), c'est parce que ces enjeux ne sont pas automatiquement vérifiés; l'amour n'a pas la garantie d'ouvrir sur l'avenir; il peut rester dominé par la dépendance à l'égard du passé. Disons que c'est lorsqu'il est le plus authentique (c'est-à-dire lorsqu'il se distingue de ce qui n'est pas lui) que la perspective créatrice devient centrale. Son authenticité, en effet, vient de l'ouverture à l'altérité qu'au moins par sa parole il professe.

Or, celle-ci est indissociablement une orientation vers l'avenir. «L'avenir, c'est l'autre»: thème central chez Lévinas[32]. Étroite en effet est la parenté entre la manière dont j'accueille celui-ci et celui-là. Autrui et l'avenir: deux visages (qui même, d'un certain point de vue, n'en font qu'un) de la transcendance, l'accueil de chacun d'eux s'opposant précisément au repli sur le même, l'ancien, le connu, l'immanent.

> Tu es venue le vœu de vivre avait un corps
> Il creusait la nuit lourde il caressait les ombres
> Pour dissoudre leur boue et fondre leurs glaçons
> Comme un œil qui voit clair
>
> L'herbe fine figeait le vol des hirondelles
> Et l'automne pesait dans le sac des ténèbres

31. *Ibid.*, p. 54, 55, 53, 48.

32. «Ce qui n'est en aucune façon saisi, c'est l'avenir; l'extériorité de l'avenir est totalement différente de l'extériorité spatiale, par le fait précisément que l'avenir est absolument surprenant. L'avenir, c'est ce qui n'est pas saisi, ce qui tombe sur nous et s'empare de nous. L'avenir, c'est l'autre. La relation avec l'avenir, c'est la relation même avec l'autre» (E. LÉVINAS, *Le temps et l'autre* [1948], PUF, 1983, p. 64).

Tu es venue les rives libéraient le fleuve
Pour le mener jusqu'à la mer[33].

Un tel accueil ne saurait s'interpréter en termes de causes seulement. Auquel cas il ne serait que conséquence, effet, résultat. Et je ne conçois guère que la rencontre entre deux personnes puisse n'être que résultat. Elle ne peut se penser que comme événement, autrement dit que comme l'irruption de quelque chose de nouveau dans l'histoire, une discontinuité dans le temps, un commencement. Si, selon la belle formule de Rainer Maria Rilke, « Tout ce qui arrive est un commencement[34] », cela est vrai *a fortiori* de la rencontre amoureuse. Une rencontre est toujours un commencement ; l'événement, comme tel, est un avènement.

D'un point de vue légèrement différent mais dans le même sens, il convient aussi, pour une juste description du sentiment amoureux, de laisser une bonne place aux aspects imprévisibles de sa naissance, à tous ces impondérables qui tiennent parfois à très peu de choses, absolument contingents (c'est-à-dire qui auraient très bien pu ne pas être là), grâce auxquels la rencontre a eu lieu. S'ils n'en ont pas été la cause, ils en ont été l'occasion, et sans doute un peu plus que cela. Cet aspect fortuit de la rencontre n'est pas sans liens avec son caractère gratuit, ni même avec son caractère de « rencontre » (au sens premier du terme – songeons à l'expression « de rencontre »). Elle aurait pu ne pas avoir lieu ; l'on ne s'en serait pas même aperçu. Mais elle a eu lieu ; quelque chose a surgi, quelqu'un est apparu, du neuf est survenu.

Cette apparition, ou cette venue, peut être éprouvée de diverses manières. Il arrive qu'elle dérange, venant bousculer des plans, conduire là où l'on ne pensait pas aller. Tel est le cas

33. P. ELUARD, « Dominique aujourd'hui présente », *Le Phénix*, in *Derniers poèmes d'amour*, Seghers, 1962, p. 130.

34. R. M. RILKE, *Lettres à un jeune poète* (1903), in *Œuvres en prose*, Seuil, 1966, p. 333.

pour Mesa qui, avant le dialogue cité plus haut, avait longuement résisté à Ysé :

> – Riez ! Vous êtes belle et joyeuse, et moi, je suis sinistre et seul.
> Et je ne veux rien de vous ; qu'auriez-vous à faire de moi ? Qu'y a-t-il entre vous et moi ?
> – Mesa, je suis Ysé, c'est moi.
> – Il est trop tard.
> Tout est fini. Pourquoi venez-vous me rechercher ?
> – Ne vous ai-je pas trouvé ?
> – Tout est fini ! Je ne vous attendais pas.
> J'avais si bien arrangé de me retirer, de me sortir d'entre les hommes, c'était fait !
> Pourquoi venez-vous me rechercher ? pourquoi venez-vous me déranger ?
> – C'est pour cela que les femmes sont faites[35].

Mais il peut arriver aussi, et les deux sentiments ne sont pas incompatibles, que la venue de l'autre soit éprouvée comme la réponse à une attente très intérieure. Il s'agit bien de venue quand même, celle d'un être venu d'ailleurs, mais qui n'est pas appréhendé comme un étranger ou une étrangère. Alliance paradoxale de familiarité et de nouveauté, comme dans ce beau poème de René-Guy Cadou où l'amant va vers l'aimée tout en la portant « déjà sur ses épaules ». Venue de très loin, vêtue de solitude, l'aimée est cependant promise à devenir en celui qui l'aime « plus forte que son sang ». Poème matinal, où les verbes sont au passé, mais où le dire est foncièrement orienté vers l'avenir, avenir d'un présent qui ne peut être que celui de l'alliance.

> Je t'attendais ainsi qu'on attend les navires
> Dans les années de sécheresse quand le blé
> Ne monte pas plus haut qu'une oreille dans l'herbe
> Qui écoute apeurée la grande voix du temps

35. *Le partage de midi*, acte Ier, *op. cit.*, p. 49.

Je t'attendais et tous les quais toutes les routes
Ont retenti du pas brûlant qui s'en allait
Vers toi que je portais déjà sur mes épaules
Comme une douce pluie qui ne sèche jamais

Tu ne remuais encore que par quelques paupières
Quelques pattes d'oiseaux dans les vitres gelées
Je ne voyais en toi que cette solitude
Qui posait ses deux mains de feuille sur mon cou

Et pourtant c'était toi dans le clair de ma vie
Ce grand tapage matinal qui m'éveillait
Tous mes oiseaux tous mes vaisseaux tous mes pays
Ces astres ces millions d'astres qui se levaient

Ah que tu parlais bien quand toutes les fenêtres
Pétillaient dans le soir ainsi qu'un vin nouveau
Quand les portes s'ouvraient sur des villes légères
Où nous allions tous deux enlacés par les rues

Tu venais de si loin derrière ton visage
Que je ne savais plus à chaque battement
Si mon cœur durerait jusqu'au temps de toi-même
Où tu serais en moi plus forte que mon sang[36].

Faire l'amour ?

Dans cette « torsade de sexualité et d'idéaux entrecroisés » qu'est, selon Julia Kristeva[37], l'expérience amoureuse, le désir a bien sûr, comme nous l'avons vu, sa part. L'autre y devient cher et chair en même temps. Même s'il s'avère en dernier ressort irréalisable, le désir de se fondre l'un dans l'autre fait partie des ingrédients de l'amour. Irrécusable, en ce sens, est le lien entre

36. R.-G. CADOU, *Hélène, ou le règne végétal*, Seghers, 1945.
37. J. KRISTEVA, *Histoires d'amour*, Denoël, 1983, coll. Folio, p. 9.

amour et sexualité. Mais cela ne signifie pas qu'il doive aussitôt se traduire par le passage à l'acte le plus intime, celui de l'engagement le plus total des corps. Nous avons souligné plus haut les écueils ou malentendus qui pouvaient apparaître lorsqu'il devenait impératif ou systématique. Entre tendresse et sensualité la corrélation, qui est un bienfait, doit demeurer libre et ouverte.

À cet égard, l'expression « faire l'amour » peut être interrogée. De très loin la plus usitée aujourd'hui pour désigner l'union, elle est souvent prononcée, je l'ai remarqué, avec quelque réticence. Cela tient sans doute, pour une part, à la pauvreté et à l'ambiguïté du verbe « faire », qui n'est souvent pas loin d'avoir une acception péjorative (que l'on songe à « faire de l'esprit », « faire l'Italie » ou « faire le portefeuille »). Les significations les plus courantes de ce verbe peuvent être sériées en trois ensembles : 1) fabriquer, bricoler, débiter, commettre, provoquer, extorquer ; 2) imiter, simuler, jouer, contrefaire ; 3) donner forme, construire, cultiver, exécuter, opérer, entreprendre, préparer, mettre en œuvre. Si l'application des deux premières séries à l'amour ne manquerait pas d'être quelque peu troublante, la troisième, en revanche, offre des perspectives intéressantes sur le sens et la portée des gestes de l'union. Ceux-ci, en effet, ne sont pas de simples moyens pour parvenir à un but déterminé qui serait l'orgasme. Ils sont par eux-mêmes des actes, qui ont par eux-mêmes un sens. Ce sens peut être interprété comme un apprivoisement réciproque. Ils réalisent la plus grande des intimités entre deux organismes qui, jusque-là, étaient étrangers l'un à l'autre ; ils jettent un pont entre deux rives, un pont par-dessus l'abîme de la séparation entre individus d'une part, entre sexes d'autre part. Sandor Ferenczi ne parlait-il pas du « triple pont » du baiser, des mains et du coït ? Un des grands apports de la phénoménologie et de la philosophie du XXe siècle à la compréhension du corps a été cette idée que le corps est langage, le fameux « corps-expression » des phénoménologues, tel Maurice Merleau-Ponty[38].

38. Notamment dans *Phénoménologie de la perception*, Première partie, Gallimard, 1945.

C'est ainsi que l'on peut entrevoir toute une sémantique des gestes de tendresse[39].

La *caresse* n'est pas seulement contact ou tentative d'appropriation («mettre la main sur»). Plus authentiquement, elle est célébration du corps de l'autre, façonnement de celui-ci. Elle consiste à se promener librement à la surface de sa chair, afin d'en ressentir et de l'aider à en ressentir lui-même (elle-même) la profondeur. Elle lui donne forme. Dans la plus grande des proximités, elle est aussi expérience de dépossession : le corps de l'autre, sa chair, est là, sous ma main, et pourtant il est toujours autre, porteur d'une vie que je sens vibrer en lui (en elle), mais qui demeure radicalement hors de mon pouvoir. C'est pourquoi la caresse est le langage même du désir. Elle est une quête qui ne sait pas ce qu'elle cherche, un quête sans objet précis, sans projet ni plan[40], libre promenade sur le corps paysage avec ses vallées, ses plaines, ses collines, mais ce paysage qui prolonge un visage est habité par quelqu'un que je ne vois pas, trop près pour être vu, que je tente alors d'atteindre par la face cachée de lui-même (d'elle-même), par sa chair, si proche et si insaisissable à la fois.

Embrasser, au sens premier du terme, c'est entourer de ses bras. Cela signifie que je les ai ouverts pour accueillir l'autre, puis que je les ai refermés pour le (la) recevoir vraiment. Dans mon espace propre, intime, je lui ménage une place, c'est-à-dire que je ménage un lieu à son propre espace intime. Est mise en gestes la victoire sur la distance ainsi que sur toute relation d'affrontement. La lutte peut ne pas être loin dans le temps ou dans la similitude des gestes (on parle bien de lutte amoureuse), mais lorsqu'elle est vraiment suscitée par l'amour, l'étreinte traduit le dépassement de la violence et l'accès à une relation de réciprocité consentie où l'on passe de la dureté du choc des existences

39. Je suggère seulement ici des analyses que j'ai développées dans *Le corps de chair*, Cerf, 1992, p. 100 et suiv. et dans *Le corps et l'esprit*, Vie chrétienne, 1995, p. 41 et suiv.

40. Expressions d'E. LÉVINAS, *Le temps et l'autre*, *op. cit.*, p. 82.

à une autre modalité de l'être : la tendresse ; les bras, alors, signifient et réalisent l'enveloppement mutuel qui correspond à un désir profondément ancré dans le cœur depuis l'enfance.

Le baiser : poser ses lèvres sur la peau ou sur les lèvres de l'autre... Ce qui pourrait être un acte de dévoration (la bouche ne sert-elle pas à absorber ?) devient ici, au contraire, l'expression d'une victoire sur l'appétit. Plutôt que de dévorer, il s'agit maintenant de boire, comme on boit à une coupe. Après la parole, le retour aux sources de la parole. Il ne s'agit plus de détruire mais de vénérer. Dans diverses cultures, le baiser signifie le respect : ainsi, dans la liturgie, le baiser de l'autel. Il peut signifier aussi la communion, comme dans le « baiser de paix ». La proximité y est encore plus grande que dans la caresse ou dans l'étreinte, la peau des lèvres y est plus fine et plus sensible que celle des mains ou des bras. Rosées et humides, les lèvres sont une muqueuse ; la vie interne du corps y affleure, y communique avec l'extérieur. La bouche est une des ouvertures du corps. S'abandonner au baiser, c'est donc, un peu, vaincre la clôture de celui-ci, ne pas se contenter d'être prisonnier de son sac de peau, vouloir passer à l'autre, connaître son goût, approcher de sa substance. Échange des souffles et des salives, jeu des langues, le baiser sur les lèvres est également un commencement, il annonce et amorce d'autres échanges, entre d'autres muqueuses, d'autres victoires sur les résistances ou sur la violence. D'autres avancées vers l'intimité, d'autres pas vers l'ajustement et la conjonction des corps.

Pénétrer, être pénétrée : acte d'hospitalité, « hôte » étant en français aussi bien celui qui reçoit que celui qui est accueilli. Dans le corps de la femme, le sexe de l'homme trouve comme une habitation, un lieu chaud et enclos ; il s'enfonce dans une profondeur où sa forme trouve sa raison d'être, une enveloppe. Si la femme, apparemment, est surtout réceptrice, elle ne vit cependant l'union avec bonheur que si elle-même s'éprouve comme reçue, si elle trouve son lieu entre les bras de l'homme et si le don pénien est lui-même réceptif à son accueil. Le masculin éprouve le féminin, le féminin éprouve le masculin, l'un et l'autre en soi et hors de soi. Où passent alors les frontières entre l'intérieur et l'extérieur ? Dehors et dedans cessent de s'opposer. L'érection est en même temps inclusion, l'inclusion est en même temps proversion. Chacun est à la fois entourant et entouré, enveloppant et enveloppé. L'homme est entouré en son organe sexuel central et entourant en ses membres périphériques (bras, jambes). La femme est enveloppante en son sexe, mais enveloppée en tout son corps. Semble alors se réaliser un désir très profond en chacun, le désir le plus archaïque selon Ferenczi, celui d'être inclus. Un tel désir plonge certainement ses racines dans de très anciennes expériences infantiles, mais on ne saurait le réduire à cela. Le coït n'est pas que la réitération de l'enfance ; il reçoit sens d'une situation tout à fait nouvelle. Tourné vers un ou une partenaire autre que la mère, non issu du passé mais de l'a-venir, il pourra être porteur de la signification de l'alliance.

Ainsi donc le langage des corps vient-il prendre le relais du langage verbal, chacun s'exprimant sur son registre et selon ses ressources propres. Le second est plus clair, il tranche davantage dans l'ambiguïté, il dit mieux l'engagement de la subjectivité. Mais le premier dit mieux la co-naissance, l'entrée dans la vie l'un de l'autre, l'intériorité réciproque (« toi en moi et moi en toi »). Il y a une immédiateté, un enveloppement mutuel que seuls les gestes corporels, seul le plaisir partagé peuvent exprimer. (« Et pour la première fois, il connut le prodige de se sentir transporté dans un autre corps[41]. ») Tandis que la communication verbale fait aussi apparaître la séparation, « les corps ont pitié des âmes et viennent les aider à se rejoindre[42] ».

Il ne faudrait pas, pour autant, surévaluer le pouvoir expressif de l'union. Il est tout aussi possible d'affirmer que la jouissance elle-même est « pauvre en informations[43] ». Certains, tel Georges

---

41. Gabriel GARCÍA MÁRQUEZ, *De l'amour et autres démons* (1994), trad. fr., Grasset, 1995, p. 214.

42. Jacques DE BOURBON-BUSSET, *Lettre à Laurence*, Gallimard, 1987, p. 114.

43. Henri VAN LIER parle aussi de « l'indigence de la sensation génitale », in *L'intention sexuelle*, Casterman, 1968, p. 27-28.

Bataille, ont même pu contester le terme d'« union ». La volupté, dont Lévinas dit aussi qu'elle est « refus de se livrer » est aussi expérience de séparation, voire de solitude. L'orgasme mime l'extase, mais le plaisir demeure immanent. « Le désir se brise et se satisfait comme le plus cruel des besoins », écrit encore Lévinas[44]. Quant aux gestes, eux non plus n'échappent pas à l'ambiguïté. La caresse peut être tentative de possession ou manœuvre d'envoûtement. Enlacer n'est pas loin d'encercler, le baiser gardera toujours des traces de l'oralité et de la première fonction de la bouche, qui est de dévorer ; quant à la pénétration, on sait combien elle peut s'apparenter à la violence. Ces rappels pour tempérer les excès d'euphorie ou d'idéalisation, fréquents aujourd'hui lorsqu'on parle de sexualité ou d'amour. La sexualité n'est pas seulement harmonie, elle est aussi débordement, lutte et difficile ajustement des partenaires l'un à l'autre. Elle n'est pas que langage, complicité, communion, elle a aussi une face obscure, trouble, traumatique.

Ce que nous avons dit en termes de langage peut se traduire aussi en termes de désir. Si nous nous rappelons ce que nous avons dit de celui-ci antérieurement[45], à savoir qu'il n'est pas seulement manque ou tension, mais demande, appel à la réciprocité, désir du désir de l'Autre, il s'avère tout à fait insuffisant de l'interpréter en termes exclusivement pulsionnels ou énergétiques. Le désir n'est pas seulement « pulsé » (par les « pulsions ») ; il est aussi « aspiré » et ce à quoi il aspire n'est pas seulement la décharge, mais la rencontre ; pas seulement la possession, mais la découverte. Ses enjeux ne se nomment pas seulement sensation, plaisir, assouvissement, mais proximité, intimité, communauté.

Une telle orientation toutefois n'est pas jouée d'avance. Le désir ne va pas toujours à l'essentiel ; il ne traduit pas toujours son authenticité. Il peut viser des fins partielles, se trouver face à des alternatives, connaître des paliers. C'est ainsi que, lors

44. Développements et références, in *Le corps de chair*, *op. cit.*, p. 67-68.
45. Au chapitre II.

d'une conférence à Paris en 1986, Victor Frankl proposait de distinguer quatre degrés, correspondant à quatre finalités possibles du désir : le désir de *détumescence*, ou de décharge, dont le but est seulement de faire cesser une tension ; le désir d'un *objet*, visé par les pulsions et dont est attendue la satisfaction de celles-ci ; le désir d'un *sujet*, c'est-à-dire d'obtenir la réponse d'un autre sujet désirant et enfin le désir d'une *personne*, c'est-à-dire d'établir une relation avec un être absolument unique et irremplaçable.

Par ailleurs, autour de la visée centrale du désir gravite une constellation de désirs périphériques, plus ou moins accidentels et contingents. Considérant par exemple les relations sexuelles juvéniles, il ne faut pas moins de six termes pour caractériser les intentionnalités diverses qui, outre le plaisir et la rencontre, peuvent orienter le désir. La visée peut être :

– *narcissique*, pour prouver et se prouver sa virilité ou sa féminité, son pouvoir de séduction, sa puissance, sa « normalité » ;

– *transgressive*, pour franchir un interdit, accéder à des actes et un mode de relation jusqu'alors réservés aux adultes et, en particulier, aux parents ;

– *exploratoire*, pour éprouver une expérience et découvrir des sensations jusqu'alors étrangères, accéder au savoir, au partage du secret que recèlent depuis si longtemps les représentations de l'union ;

– *rituelle*, l'union jouant alors le rôle de rite de passage ou d'initiation, marquant l'entrée dans le monde des adultes ou, du moins, de ceux qui ne sont plus des enfants ;

– *agrégative*, pour être reconnu par ses pairs, pouvoir parler, raconter, se poser ;

– *tactique*, pour répondre au désir de l'autre, dans la crainte parfois de le (la) perdre sans cette concession.

Impossible de ne pas évoquer ici les satisfactions partielles de pulsions partielles, autrefois appelées « perversions », et qui relèvent bien davantage de la mise en scène de fantasmes, de l'obtention du plaisir à travers des scénarios déterminés que de la « rencontre » et du « langage de l'amour ». Soumis à des pulsions partielles (orales, anales, agressives...), le désir s'arrête à des objets partiels, parties ou éléments du corps qui deviennent fascinants et obturent la visée du corps global. Une certaine culture superficielle entoure ces pratiques d'une singulière aura, cultivant le modèle d'une sexualité immature, dominée par l'infantile ou le pubertaire[46].

C'est du contexte que viendra la clarté, de la relation prise dans son ensemble et de l'engagement réel envers l'autre que viendra le discernement. L'union charnelle aura d'autant plus de chances d'être expressive et d'incarner l'amour qu'elle sera mieux insérée, intégrée dans un tissu de relations quotidiennes, qui viennent en éclairer le sens. Si, durant toute la journée, celles-ci ont été de délicatesse, soutien et attention réciproque, la signification des gestes ne sera pas la même que si elles ont été d'indifférence, guerre ou séduction. Plus elle est isolée, séparée de l'engagement réel de l'un envers l'autre, plus l'union est menacée par l'ambiguïté. En revanche, plus elle est intégrée dans une relation de don et de solidarité mutuelle, plus son sens est clair et confirmé. Il y a une cohérence profonde entre ce qui s'ébauche de signification dans les gestes de l'union, que l'on peut recueillir sous les termes de don et accueil et l'horizon de l'alliance, que nous définirons comme don réciproque, entrée de deux histoires l'une dans l'autre. Comme le dit très directement le philosophe libanais René Habachi, « on ne pénètre absolument un être qu'en épousant l'axe de sa vocation humaine[47] ».

Beaucoup aujourd'hui, parmi les jeunes en particulier, n'attendent pas un tel contexte pour « avoir des relations sexuelles ». Celles-ci ont alors, comme la relation dans son ensemble, un sta-

46. « Lorsque la sublimation des pulsions partielles et l'organisation œdipienne (prohibition de l'inceste, acceptation de la différence des sexes et des générations, accès à la relation objectale) échouent, la pulsion reste en partie morcelée et l'individu recherche des gratifications en deçà de la génitalité » (T. ANATRELLA, « Quand l'éducation sexuelle inhibe la sexualité », in *L'éducation sexuelle au temps du sida*, sous la direction d'André RUFFIOT, Privat, 1992).

47. R. HABACHI, *Commencements de la créature*, Centurion, 1965, p. 122.

tut intermédiaire entre l'insignifiance et l'alliance, se situant sur un degré variable de l'échelle entre ces deux termes. Le contexte généralement amoureux vient baigner la relation d'un climat de délicatesse et de tendresse qui la situe d'emblée au-delà de la violence, de la dérision ou de l'instrumentalisation. Les gestes y viennent prolonger et traduire une proximité, une connivence, un apprivoisement mutuel bien appréciables. Mais il se trouve que, quant à leur portée, les gestes de l'union, par eux-mêmes, vont plus loin encore. Ils traduisent un abandon ultime, dans la plus grande des intimités. Compris comme interpersonnel, c'est-à-dire comme reliant des personnes, un tel mouvement appelle fidélité et exclusivité. Selon les termes de Henri Van Lier, qui étaye son affirmation d'analyses phénoménologiques très fines, « le coït interpersonnel tend à la monogamie. En contraste avec l'amitié, toujours spécialisée, le coït comporte un abandon ultime, engageant chaque fois l'individu tout entier ; il ne peut se diversifier radicalement selon les partenaires, comme l'exigerait une intention sexuelle à la fois polygame et interpersonnelle. [...] Il engage d'avance ses retours, non en vertu de similitudes approximatives, mais parce qu'il est à la fois singulier et total, ne pouvant que se creuser, identique[48]. » La relation, les sujets eux-mêmes sont-ils « à la hauteur » d'un tel engagement des corps ? S'ils ne le sont pas se profilent alors deux cas de figure : soit la dissociation de l'intention et des gestes (le corps exprime le don, mais l'intention s'en tient au « prêt ») ; soit l'engagement des sujets dans une intimité et une solidarité qui vont au-delà de ce qui est aujourd'hui en leur capacité. Le désir et sa mise en œuvre peuvent entraîner les sujets au-delà de leur libre vouloir.

Ce qui vient d'être énoncé à propos de l'alliance pourrait aussi se dire de la fécondité. Celle-ci aussi fait partie des dimensions de la sexualité. Ce n'est pas par accident que la sexualité est aussi capacité d'engendrer ! Cela finit par être oublié dans une culture où l'interprétation amoureuse, c'est-à-dire affective,

---

48. H. VAN LIER, *L'intention sexuelle*, *op. cit.*, p. 158.

passe au premier plan et où la contraception n'est pas uniquement une technique mais une mentalité, en laquelle sont dissociés non seulement deux actes (union et procréation), mais deux significations. L'éventualité que l'union puisse susciter une conception est, la plupart du temps, considérée exclusivement comme un risque, une conséquence néfaste à éviter, une menace et, somme toute, un inconvénient. C'est ici qu'il y aurait lieu de montrer ce que j'ai développé ailleurs, à savoir que la potentialité de fécondité fait partie du sens plénier de la sexualité[49]. Autrement dit qu'une mise en œuvre de la sexualité qui n'est pas en mesure de l'intégrer dans son horizon peut avoir sa valeur certes, mais doit se savoir inachevée, incomplète, en voie de maturation.

> « Ceux qui se joignent au cours de nuits, qui s'enlacent, dans une volupté berceuse, accomplissent une œuvre grave. Ils amassent douceurs, gravités et puissances pour le chant de ce poète qui se lèvera et dira d'inexprimables bonheurs. Tous ils appellent l'avenir. Et même s'ils font fausse route, quand ils sont aveugles dans leurs étreintes, l'avenir vient. Un homme de plus se lève, et du fond du hasard, semblant seul ici obéi, s'éveille la loi qui veut que tout germe fort et puissant perce son chemin vers l'œuf qui s'avance ouvert. Ne vous laissez pas tromper par les apparences. Dans le profond tout est loi[50]. »

La relation entre l'état amoureux et la vie sexuelle n'est donc pas simple. S'ils ne peuvent être dissociés, ces deux versants de ce que l'on appelle, dans l'un et l'autre cas, « l'amour » ne peuvent être purement et simplement confondus. La transposition immédiate d'un registre dans l'autre ne peut qu'être source de malentendus. Cela pose la question des seuils, des limites et des critères de régulation des conduites. Question aussi du rôle de la frustration, souligné, comme on l'a vu, par Freud et que nous traduisons en termes d'*attente*. Rien dans notre culture ne favorise le sens de

49. Voir *Le corps et l'esprit*, *op. cit.*, p. 55, et *Le corps de chair*, *op. cit.*, p. 116 et suiv., 163 et suiv.

50. R. M. Rilke, *Lettres à un jeune poète*, *op. cit.*, p. 326.

celle-ci ou de la maturation. Dans la confusion de l'émotion, du sentiment et du désir, le passage précoce à l'acte sexuel semble être la nouvelle norme. Ordinaire est devenue la mise en œuvre d'une sexualité encore pubertaire, ce qui n'est pas un facteur de maturité. C'est en effet dans l'intervalle de temps qui sépare la puberté de la mise en œuvre de sa sexualité que l'adolescent pourra humaniser ses pulsions, intérioriser son désir, devenir sujet de sa sexualité. Comme le souligne Tony Anatrella, « ce ne sont pas les expériences qui vont favoriser l'association de l'affectivité avec la génitalité. L'une comme l'autre n'impliquent pas d'abord une réalisation dans des actes, mais elles relèvent d'un travail psychique. Des relations sexuelles précoces peuvent très souvent retarder ce processus associatif. On ne dira jamais assez que ce ne sont pas les expériences qui sont facteurs de maturité, mais la capacité du psychisme à harmoniser et à développer ses nouvelles compétences[51]. »

C'est dans ce contexte qu'il faut rappeler l'affinité profonde entre le sens de l'amour et celui de l'attente. L'attente creuse le désir ; elle le personnalise, lui donne sa dimension d'humanité en l'imprégnant de liberté. Elle permet de bâtir la relation sur des fondements plus solides que l'immédiateté sensible. Cette dernière en effet, si elle peut être l'expression et l'enracinement de l'affection, peut aussi être fascinante et obnubilante, voilant alors d'autres dimensions du lien.

À peine on se connaît qu'on a déjà fait l'tour
À peine est-on rentrés qu'on fait déjà l'amour
À peine on s'est parlé qu'on n'a plus rien à s'dire
À peine on s'est aimés qu'on a envie d'partir[52].

---

51. T. ANATRELLA, *Interminables adolescences*, *op. cit.*, p. 47.
52. Chanson de Romain Didier.

Oui au monde

Un des signes que la rencontre amoureuse est vécue comme plénitude est que les deux partenaires ne sont point fascinés l'un par l'autre. La rencontre, au contraire, leur ouvre le monde. Il est, bien sûr, de la nature de l'amour d'isoler quelque peu les amoureux et de les « mettre à part », de telle sorte que parfois le groupe ou la communauté leur en veut un peu... Il y a bien, dans cette exclusivité du face-à-face, dans ces moments de privilège, quelque chose d'irréductible qui permet, en se remplissant de la présence l'un de l'autre, d'accéder, par une intimité sans équivalent, à la constitution d'un lien qui ne fait pas nombre avec les autres, à la reconnaissance d'une singularité. Il n'en demeure pas moins que c'est un signe de bonne santé de la relation que non seulement supporter mais encore appeler, favoriser l'ouverture du couple et de chacun des sujets à une vie plus large.

« C'est à partir de toi que j'ai dit oui au monde[53]. » C'est en effet un des traits les plus remarquables de l'amour que de s'accompagner du sentiment d'une modification de la relation au réel dans son ensemble. (Par « sentiment », je n'entends pas seulement ici une impression superficielle ou une illusion, mais un événement dans le sentir, une forme de connaissance. La sensibilité en est réellement modifiée, ne fût-ce que pour une durée limitée.) Perçu sur fond de joie, c'est-à-dire de certitude, le monde est plus présent, et comme justifié. Les couleurs sont plus vives, les impressions plus fortes ; tout semble à sa place, nécessaire. Comme dans un beau tableau. La comparaison avec l'œuvre d'art est significative, celle-ci en sa dimension poétique étant l'exploration de ce qui est commun entre l'homme et le monde, en deçà (ou au-delà) de la distinction entre le subjectif et

---

53. « Dominique aujourd'hui présente », poème cité plus haut.

l'objectif[54]. Et c'est bien ce dont il s'agit ici. L'état amoureux, par l'envahissement qui le caractérise, fait tomber les barrières ; les sujets y deviennent plus sensibles à l'unité qu'à la séparation, et ce dans tous les domaines.

Il y a aussi à cela une raison moins psychologique, qui pourrait prétendre tenir aussi à l'ontologie[55]. Il s'agit de l'affinité entre la mystérieuse profondeur pressentie en la personne de l'aimée et celle de l'ensemble du réel, de la vie en particulier. De l'accès à la seconde par la première. Tout se passe comme si le monde entier était rencontré dans le regard et la chair de l'autre. Le corps devient paysage et les paysages deviennent corps. C'est le royaume de la métaphore, c'est-à-dire des correspondances et, plus encore, de la synecdoque, figure dans laquelle la partie exprime le tout. La réconciliation avec un élément du monde réconcilie avec l'ensemble du réel. Le corps de l'aimée relie à la mer, aux rivières, aux collines, aux étoiles et, à leur tour, celles-ci sont convoquées pour dire la beauté de celui-là. La beauté, toute beauté, n'est-elle pas, en son essence même, réconciliation, unité ? En la chair de l'autre, je trouve enfin un enracinement dans le réel, moi qui m'éprouve si souvent comme déraciné. Lorsque cet enracinement accède à la parole, ce ne peut être que poésie. Une manière parmi tant d'autres de comprendre l'immémoriale et profonde affinité entre l'amour et la poésie.

> Femme nue, femme noire
> Vêtue de ta couleur qui est vie, de ta forme qui est beauté !
> J'ai grandi à ton ombre ; la douceur de tes mains bandait mes yeux.
> Et voilà qu'au cœur de l'Été et de Midi, je te découvre,
> Terre promise, du haut d'un haut col calciné
> Et ta beauté me foudroie en plein cœur, comme l'éclair d'un aigle.

---

54. Voir aussi le suggestif développement de J.-C. SAGNE sur les rapports entre l'amour et l'écriture, in *L'homme et la femme dans le champ de la parole*, DDB, 1995, p. 50 et suiv.

55. Philosophie de l'être ou de la relation à l'être.

Femme nue, femme obscure
Fruit mûr à la chair ferme, sombres extases du vin noir,
bouche qui fais lyrique ma bouche
Savane aux horizons purs, savane qui frémis aux caresses ferventes du Vent d'Est

Femme nue, femme obscure
Huile que ne ride nul souffle, huile calme aux flancs de l'athlète, aux flancs des princes du Mali
Gazelle aux attaches célestes, les perles sont étoiles sur la nuit de ta peau
À l'ombre de ta chevelure, s'éclaire mon angoisse aux soleils prochains de tes yeux[56].

Si cette affinité entre l'amour et la poésie est pour une large part ce qui fait le prix de l'un et de l'autre, elle est porteuse aussi de bien des malentendus. Le charme, au sens premier du mot (qui est « chant magique ») de la poésie est pour une bonne part lié à son caractère de fiction. Elle est à la charnière entre le réel et l'imaginaire, pont entre l'un et l'autre. Parfois semble-t-elle même avoir plus d'affinités avec le premier qu'avec le second. Que l'on songe à l'écart entre l'amour chanté par Aragon et l'histoire réelle de celui-ci… L'écart, il est vrai, varie selon les poètes, qui n'idéalisent pas tous autant l'amour. Au demeurant, l'écueil est moins d'attendre trop de l'amour que d'attendre de celui-ci ce qui ne peut se trouver que dans les poèmes et qui tient précisément au pouvoir des mots. L'erreur consiste moins à voir l'amour à travers les lunettes embellissantes (qui, d'ailleurs, ne le sont pas toujours) de la poésie que de chercher dans l'amour la poésie, de confondre les deux registres, ce qui revient à oublier que l'aimé(e) est d'abord réel(le), c'est-à-dire autre, toujours autre que ce que le plus beau des poèmes pourra reconstruire par les mots. Qu'il n'est pas une idée poétique. La poésie chante, elle célèbre, elle exacerbe le désir, mais elle ne peut être que promesse. Seul donne et se donne l'autre réel, qui ne vient

56. Léopold S. SENGHOR, *Chants d'ombre*, Gallimard, 1945.

d'ailleurs que de l'horizon de mon imaginaire. Si l'œuvre d'art, selon l'expression d'Henri Maldiney, est « un possible qui éclaire le réel[57] », elle reste de l'ordre du possible. L'amour conduit à la poésie, mais la poésie ne conduit pas toujours à l'amour. L'amour redonne le monde sous forme poétique à celui qui ne lui demandait pas d'emblée cela.

Difficile rencontre

Être naturellement poétique est donc pour l'amour à la fois une chance et une limite, parfois un piège. Une manière de plus d'entrevoir combien de chemins de traverse rencontre l'amour susceptible de conduire à la reconnaissance de l'autre. Mais puisque cette dernière finalement, à travers mirages, leurres et miroirs, s'avère toutefois être l'orientation ultime du sentiment amoureux, son utopie au moins, sa croyance (ce qui n'est déjà pas rien), sans doute ne sera-t-il pas inutile de repérer quelques-unes des conditions de son avènement. Cela ne contredira pas le caractère événementiel et gratuit de la rencontre ; il s'agit au contraire de donner à celle-ci ses chances, sans que ne soient seuls déterminants besoins, dépendances, pressions sociales ou processus anonymes.

Dans la perspective des observations qui précèdent, nous retiendrons quelques critères à portée générale :

Que la relation soit d'abord établie sur la *parole*, qui atteste la séparation entre les sujets, en même temps qu'elle permet de franchir celle-ci par les ressources du sens, c'est-à-dire d'une visée commune, en référence à un réel commun. Hors du champ de la parole, le rapprochement non seulement peut rester purement apparent ou illusoire, mais il lui est demandé de venir remplir un vide, ce qui n'est pas le meilleur fondement pour une relation.

57. H. MALDINEY, *Regard, parole, espace*, L'Âge d'homme, Lausanne, 1974.

Que chacun des sujets ait accédé à un seuil convenable de *maturité affective*, celle-ci se traduisant par l'aptitude à supporter la solitude, l'association de la tendresse et de la sensualité, l'accès de la sexualité au stade génital, des signes de la capacité à dépasser, au moins partiellement, le souci narcissique de soi, enfin un minimum d'autonomie de pensée et de décision.

Que chacun ait intégré la *séparation* affective d'avec ses parents (cela peut, bien sûr, avoir lieu s'il vit avec eux) ; en particulier qu'il ait renoncé à la quête infantile de tendresse, faute de quoi la tendresse amoureuse ne viserait que le prolongement ou le rétablissement de celle-ci [58].

En termes moins psychologiques, davantage éthiques, cela se traduit par la faculté d'attendre le moment opportun pour s'engager dans une plus grande intimité. Ce qui demande d'une part de la *patience*, vertu essentielle, trop souvent oubliée, d'autre part une relative *maîtrise*, même s'il n'est pas question que celle-ci soit absolue, à l'égard de ses impulsions et de ses gestes. Le sens du *kairos,* c'est-à-dire du « temps favorable », est un des ressorts les plus précieux de la vie morale. Autre capacité requise, celle d'une réelle attention à l'autre, à l'écoute de son désir, de son rythme, de ses attentes. Car si, pour l'essentiel, l'amour est la plus haute forme d'attention à l'autre, dans la réalité, sur son versant émotionnel et passionnel, il peut être singulièrement aveugle.

Finalement, derrière l'expression « état amoureux », se profi-

---

58. Christian David énumère, lui aussi, les conditions pour que l'état amoureux soit le lieu d'une relation digne de ce nom : « Quand l'objet aimé ne constitue pas seulement un prétexte à fantasmes et qu'il peut exister avec lui un échange réel, je pense que l'état amoureux – dépassant l'exaltation narcissique – revêt alors une signification différente. *Si* les fixations infantiles ne sont pas trop fortes, *si* la propension à vivre la relation érotique sur le mode oral ou anal exclusivement n'est pas trop accentuée, *si* les blessures narcissiques liées à la condition même de l'enfance aussi bien qu'à l'histoire personnelle n'ont pas sidéré l'élan libidinal vers autrui, *alors* l'amour reçu, tout comme l'amour activement prodigué, ne peuvent plus être regardés comme n'atteignant que les seuls buts de la satisfaction sexuelle et de la satisfaction narcissique » (*op. cit.*, p. 47). C'est nous qui avons souligné certaines conjonctions. Il en faut, des conditions !

lent des réalités bien différentes. Désir, émotion, sentiment, passion y coexistent sans coïncider. L'émotion, bien que plus envahissante que le sentiment, est plus passagère et, finalement, plus superficielle. Quant au sentiment amoureux, il ne doit pas, contrairement à une représentation très répandue, être trop vite confondu avec la passion. L'autre n'y est pas toujours exalté comme un substitut d'idéal du moi, le narcissisme n'y est pas nécessairement dominant. (À cet égard, la grille de lecture psychanalytique, telle que nous l'avons entrevue, traite peut-être davantage de la passion que du sentiment.) La passion est l'exacerbation du désir lequel, insatisfait, s'enivre de lui-même et exalte son objet. Elle est *amour de l'amour*, ivresse de l'émotion ou du sentiment, de telle sorte que l'autre y devient plus occasion, voire moyen que véritablement fin. L'imaginaire règne, l'absence ou l'inaccessibilité de l'autre nourrissant l'idéalisation de celui sur lequel se « cristallisent » toutes les qualités désirables. C'est pourquoi la passion ne peut être que douloureuse. « Passion » ne signifie-t-il pas souffrance ? Mais le culte de l'émotion va conduire à se complaire dans cette souffrance. Ainsi la passion peut-elle être comprise comme une auto-affection du désir par lui-même, une suprématie du rêve qui ne conduit pas à autrui, mais à la fascination par un objet reconstruit, imaginaire[59].

La littérature, surtout celle dont nous héritons en Occident et particulièrement celle qui se transmet actuellement par le système scolaire, laisserait entendre que l'amour prend toujours cette forme. Il est vrai qu'entre la passion amoureuse et la littérature en tant que telle existent de profondes affinités. Le roman a besoin de personnages extrêmes, qui aillent jusqu'au bout de leur destin. C'est un fait que la littérature est plus naturellement apte à traduire l'affrontement de l'homme à ce qui fait obstacle à sa liberté et la met en échec que la patiente réalisation de celle-ci à

59. Nous traitons ici de la passion amoureuse, où le désir devient destin. Il existe un sens plus large et plus heureux du mot « passion », rencontré au chapitre II.

travers une histoire. Quant à la poésie, pour les raisons entrevues plus haut et de par sa dépendance, encore bien souvent vérifiée aujourd'hui, vis-à-vis de la sensibilité romantique, elle tend assez spontanément à quelque chose comme une divinisation de l'amour ou de son objet.

Mais l'expérience réelle est beaucoup plus tempérée, ce qui ne signifie pas qu'elle soit plus fade ou plus tiède, bien au contraire. Tous les amoureux ne sont pas des Tristan, des Fabrice del Dongo ou des Madame Bovary. Ils vivent bien souvent un sentiment plus proche de l'amitié, plus réaliste, acceptant davantage le relatif. Parfois même trop, diront certains observateurs, qui craignent au contraire un affadissement des sentiments, la fin des grandes passions, suite à la diminution, notamment, des interdits et des obstacles[60]. Le risque est alors la banalisation ou l'insignifiance, dans l'assimilation de la tendresse à la satisfaction de besoins (de proximité, de contacts, de confidences).

Ni exaltation, ni affadissement, donc. Oser dire aussi bien les ressources que les limites de l'état amoureux. Reconnaître les bienfaits de la magie qui s'exerce en lui, mais ne pas tout attendre de cette dernière. Oui, il est une occasion unique de devenir perméable à l'autre en se décentrant de soi. Il me rend sensible, accessible à l'existence de cet autre en tant que telle, vulnérable, capable de proximité. Il ne s'adresse pas seulement à ce que l'autre possède ou à ce qu'il fait, mais à son être même, il va droit à ce que Max Scheler appelle « la substance spirituelle de l'existant ». Ce dont souvent nous ne prenons conscience que quand une personne est décédée, le prix de sa manière d'être unique et fragile – mais alors il est trop tard –, l'amant le saisit du vivant même de l'aimé. « Les amants, écrit Jankélévitch, ont des yeux de lynx. Ils possèdent la promptitude du regard et le sens aigu de la contemporanéité flagrante[61]. »

60. « Ils s'aiment comme frères et sœurs », F. Dolto, *La cause des adolescents*, Laffont, 1988, p. 163. Voir aussi M. Kundera, *Risibles amours* (1968), Gallimard, coll. Folio, 1970, p. 143.

61. V. Jankélévitch, *Les vertus et l'amour*, II (1970), Flammarion, coll. Champs, p. 210.

Ajoutons que, dans le contexte actuel où, du couple durable, sont attendues des relations intersubjectives de qualité, connaître cet état est un moment quasi indispensable à la constitution de celui-ci. Le lien s'y nouera affectivement à un degré de profondeur assez grand pour impliquer non seulement les consciences, mais, les inconscients jusque dans leurs dimensions les plus archaïques, ce qui donne à l'engagement volontaire un soubassement psychoaffectif irremplaçable. « Tout est dans le commencement, écrit Jean-Claude Sagne. La genèse du couple est un moment d'une richesse inépuisable et inanalysable. [...] Le vécu imaginaire est indispensable à la constitution du couple. Par ses effets d'anticipation, il ouvre au risque de l'avenir à explorer ensemble. Par son choc d'émerveillement, il engage au long travail de la construction mutuelle par la puissance créatrice de l'amour[62]. »

Mais cela ne signifie pas qu'il soit bon de tout demander à l'amour, ni de tout en attendre. Et la relation amoureuse a aussi ses limites intrinsèques. Osons d'abord rappeler un truisme : elle repose sur une élection, un choix privilégié qui comporte en plusieurs domaines une certaine exclusivité. Il y a là une chance, nous l'avons vu, d'accéder à l'unicité de l'autre et d'être soi-même reconnu comme unique, désir légitime puisque telle est la vérité de notre être. Mais cela laisse tout de même de côté bon nombre de personnes ! Celui qui n'accorderait de prix qu'à l'idéal amoureux leur deviendrait indifférent. Certaines formes d'amour exclusif ne sont pas loin de cette effrayante limitation. N'y a-t-il pas une injustice inhérente à l'amour de préférence ? La consécration du modèle amoureux, on l'oublie trop souvent, suscite ses exclus, ses laissés-pour-compte dans le grand nombre de ceux qui, moins gracieux, moins séduisants... n'ont pas eu la chance d'être « élus ». Discrimination dont il faut prendre acte, en espérant qu'il existe d'autres formes d'amour, d'autres sources d'attention à autrui !

---

62. J.-C. Sagne, *L'homme et la femme dans le champ de la parole*, *op. cit.*, p. 43.

Une seconde limite intrinsèque au sentiment amoureux, tel du moins qu'on se le représente le plus ordinairement, tient à ce qu'il est à l'état naissant. Il est lié à l'émerveillement des commencements, aux joies de la découverte. (Le culte de l'état amoureux n'est-il pas caractéristique d'une culture qui privilégie ce qui commence, redoutant la durée ?) Les amants sont, en quelque sorte, hors du temps. Nous n'affirmons pas qu'il soit impossible que cet état dure, mais en revanche nous pouvons dire avec certitude que sur lui seul ne saurait reposer la durée. S'il a l'heur de durer, ce ne pourra être que sur d'autres fondements, grâce à d'autres étayages. Pour durer, l'amour devra se transformer. « Il faut qu'il meure ou qu'il change », dit Comte-Sponville[63].

Nous touchons là à une troisième limite de l'état amoureux, laquelle, comme les deux précédentes, est le revers de ses richesses. On ne décide pas de devenir amoureux. Cela nous arrive comme un cadeau ou, avons-nous dit, comme une maladie… Le sentiment fait partie, pour une très grande part, des choses qui ne dépendent pas de nous. Prenons acte qu'il est loin de relever de ce que nous plaçons sous les mots de liberté, volonté, décision. Il dépend, nous l'avons vu, de tant de facteurs que l'on serait presque tenté de le placer du côté des déterminismes… Peut-on, alors, vouloir aimer ? Peut-on promettre de rester amoureux ? Ne serait-ce pas contradictoire ? Deux hypothèses alors, si l'on choisit la durée : ou bien celle-ci reposera sur autre chose que sur l'amour ; ou bien il peut exister une autre forme d'amour, telle que celui-ci puisse faire l'objet d'une promesse. Serait-il possible de réconcilier désir et liberté ?

L'état amoureux apparaît donc comme contenant quelques vertus de l'amour, mais il n'est pas encore l'amour si, par ce terme, on entend la réalisation d'une relation libre, gratuite et généreuse avec un autre reconnu et voulu comme personne. Il

63. A. Comte-Sponville, *Petit traité des grandes vertus*, PUF, 1995, p. 340.

est passif, subi, proche de la passion ; saura-t-il devenir actif, capable de construction ? Disons qu'il est l'amour à l'état naissant, un premier aperçu sur l'amour. Au-delà de cet aperçu, quel est son avenir ? L'amour peut-il exister autrement qu'à l'état naissant ?

VI

DE L’AMOUR À L’ALLIANCE

« Aussi vous promettez-vous l’éternité[1]*... »*

Amour, toujours... Faut-il accorder crédit à cette rime trop classique qui s’entend encore pourtant dans les chansons, les serments et, sans doute dans bien des vœux secrets ? Il y a ceux qui y croient naïvement, il y a ceux, défrisés, qui n’y croient plus. Les premiers s’abandonnent au vœu spontané du sentiment amoureux, qui est de durer, de déborder l’instant présent, d’affirmer sa puissance face aux aléas de l’existence. On concevrait mal un amour qui se fixe un terme ou, ce qui revient au même, qui soit indifférent à l’idée de sa propre extinction.

Le problème est que cette intuition, aussi respectable soit-elle, se confond aisément avec l’illusion de la toute-puissance du sentiment. Avec l’idée d’un « toujours » qui ne serait que la conséquence, la simple continuation de l’intensité émotionnelle du moment présent. Comment un amour aussi fort que celui que nous éprouvons maintenant pourrait-il mourir ? L’avenir tout entier est contenu dans la certitude présente ; le temps est aboli. Nous sommes tout l’un pour l’autre. Je t’appartiens, tu m’appartiens, chacun est pour l’autre un bien sexuel assuré. Dans un texte déjà évoqué comme central pour cet ouvrage, Louis Beir-

1. R. M. RILKE, *Les élégies de Duino* (1922), Seuil, 1972, p. 351.

naert réfère ces illusions au narcissisme foncier du sentiment amoureux. « Ce qui est durable, indestructible dans l'amour, c'est le désir d'être aimé. » Dans cette perspective, la déclaration d'amour pour toujours peut s'entendre comme : « Je désire être aimé, et je ne cesserai pas de désirer être aimé[2]. »

La croyance peut aussi traduire une confiance, plus réfléchie en apparence mais non moins naïve au fond, en la toute-puissance de la volonté. Pour durer, il suffit de le vouloir, de tenir ses serments, d'être fidèle à ses principes, de maîtriser son affectivité. Nous sommes en bonne santé psychique l'un et l'autre, les échecs sont pour les êtres fragiles ou pour ceux qui se laissent aller à la passivité. Ce discours pouvait être tenu dans une culture où il était possible d'accorder à l'entente intersubjective une importance seconde, où donc l'on pouvait se contenter de compromis plus ou moins honorables, pourvu que l'institution, la famille et la morale soient sauves. Tel n'est plus le cas aujourd'hui : lorsque l'affectif ou même, tout simplement, la qualité relationnelle passe au premier plan, nous sommes confrontés à notre vulnérabilité, vulnérabilité intrinsèque à l'affectivité, à laquelle renvoient inéluctablement les limites du pouvoir de notre volonté.

Notre culture ne se prive pas de rappeler ces limites. Elle ne porte guère à l'illusion de la solidité. Combien de films, de romans ou de chansons ne préfèrent-ils pas aujourd'hui à l'histoire des amants qui, après les aléas de la rencontre, « se marièrent et eurent beaucoup d'enfants » celle du couple déjà constitué qui, confronté à la déception et revenu de toutes ses illusions, voit son lien se défaire inexorablement ? (Je pense, par exemple, à *Maris et femmes* de Woody Allen.) De leur côté, les sciences humaines et « philosophies du soupçon » ne portent guère à accorder crédit ni à la volonté ni au vœu d'éternité... Le réalisme prendra alors la figure du renoncement au « toujours ». Alertés par les déboires de la génération précédente, nourris de cette culture de la précarité et du désenchantement, les « nouveaux amoureux » se méfieront des

2. L. BEIRNAERT, *Aux frontières de l'acte analytique*, Seuil, 1987, p. 153.

serments, des paroles solennelles et, plus encore, de toute institutionnalisation de leur lien. Nombre d'entre eux opteront pour une démarche empirique : vivre au jour le jour et voir... Voir si la relation apporte ce qui lui est avant tout demandé, à savoir le bonheur. C'est cet impératif de bonheur qui est inconditionnel, non le lien lui-même. À l'égard de celui-ci on sera prudents, modérés, attentistes. On souhaite qu'il dure, mais on ne passe pas du vœu au vouloir, on ne le *veut* pas ; en d'autres termes le désir n'accède ni à la claire décision ni à la parole solennelle.

« Nous ne voulons pas dire que nous allons passer notre vie ensemble. Peut-être est-ce ce que nous allons faire », déclaraient à un enquêteur deux jeunes cohabitants[3]. Place est réservée au « peut-être ». « Les aléas de la vie peuvent venir rompre ce fragile équilibre qu'est l'amour entre deux personnes », écrivait une de mes étudiantes. Le réalisme consiste à laisser place à l'aléatoire. À ne pas anticiper sur les événements par une parole qui lierait (en un double sens, notons-le bien : qui lierait les sujets entre eux et les actes à la parole présente). On se rend compte alors que derrière l'apparent empirisme de tels propos se cache en réalité une philosophie, un choix : celui de laisser le dernier mot, le maître mot, aux circonstances, aux fluctuations du désir, aux processus psychoaffectifs finalement. On ne croit pas (vraiment) en la parole, ni en la liberté elle-même, c'est-à-dire à la capacité de celle-ci de s'affirmer à travers la durée, de lier le temps. Mais que serait une liberté prisonnière du présent ? Par ailleurs, peut-on encore parler d'amour en l'absence de tout vœu d'éternité – au sens d'aspiration à une dimension de la personne et de la vie qui relève d'un autre ordre que celui de l'écoulement des instants et de l'inévitable usure de ce qui est soumis aux relations de cause à effet ? Que serait l'amour si on lui ôtait l'intuition d'accéder à un réel plus certain, à une vérité, à un roc[4],

---

3. Propos transcrits dans le dossier « Les jeunes couples », *Le Monde de l'éducation*, juin 1986.

4. C'est la même racine, presque le même nom, qui, en hébreu, désigne « fidélité », « vérité » et « rocher ».

s'il se limitait à la gestion la plus rentable de l'économie libidinale[5] ?

Les croyances portent donc soit sur le sentiment, soit sur la volonté, sans que soit envisagée la conjonction, l'alliage, l'alliance allais-je dire, entre ces deux ressorts. Sentimentalisme d'un côté, volontarisme de l'autre, nous retrouvons toujours le système que forment entre eux le romantisme et le rationalisme, ces courants apparemment contraires, mais qui se suscitent et s'appellent mutuellement. Peut-être la résignation à la précarité provient-elle du désenchantement à l'égard du premier comme du second. N'y a-t-il pas moyen de concevoir un point de rencontre entre ces deux pôles, une articulation entre désir et liberté qui serait aussi, dans le même mouvement, intégration d'une objectivité sociale, intériorisation d'une forme de vie, pas vers la civilité ?

Mais peut-on vouloir en même temps la qualité relationnelle et la durée propre à l'institution ? Historiens ou sociologues relèvent que le mot « fidélité », derrière une apparente simplicité, peut prendre deux sens, qui peuvent éventuellement entrer en contradiction : l'un, dans le présent, porte sur l'exclusivité de la relation ; l'autre, à travers la durée, porte sur la continuité de celle-ci. À la fidélité-exclusivité s'opposerait l'adultère, à la fidélité-durée le divorce. Certains, tel François de Singly, soulignent que, selon les époques, l'un de ces deux sens peut avoir la prédominance et doutent que l'on puisse vivre l'un et l'autre à la fois ou, du moins, en faire un modèle normatif[6]. Mais, du point du vue de l'éthique, l'enjeu de l'une et l'autre fidélité est bien le même. L'une sans l'autre est partielle, purement extérieure. Dans la fidélité exclusive comme dans la fidélité temporelle, ce qui est en jeu est bien le sens de l'*unicité*, c'est-à-dire de la reconnaissance de l'autre comme unique et irremplaçable.

---

5. Voir à ce propos Paul MOREAU, *Les valeurs familiales, essai de critique philosophique*, Cerf, 1991, p. 106.

6. F. DE SINGLY, « Pour une sociologie de la fidélité conjugale », in *Lumière et vie*, nº 206, mars 1992, p. 7. Repris in *Le divorce est-il une fatalité ?*, X. LACROIX (dir.), DDB, 1992, p. 39.

Le temps et le lieu

« Dans la fidélité, nous apprenons à n'être jamais consolés[7]. »

Les mêmes motifs qui ont pu pousser au doute à l'égard du toujours peuvent se transformer en raisons supplémentaires pour vouloir la durée. Comment, en effet, dépasser le rêve, les images, la fameuse idéalisation de l'autre ou du couple ? Si vraiment c'est la rencontre réelle de l'autre réel qui est désirée, comment le découvrir, ce réel ?

À ce jour, aucun meilleur moyen n'a été découvert pour cela que le temps. À travers la durée, dans la vie quotidienne, irrécusable sera l'épreuve de la différence et, à travers elle, de l'altérité. C'est là que le partenaire se révélera différent : différent de ce que j'imaginais, percevais, concevais, attendais, désirais... Ce qui est la traduction concrète d'une vérité première : il est autre – comme sujet, comme personne, comme liberté. Le paradoxe de la fidélité est que cette altérité se livre à travers ce que l'on peut appeler la « mêmeté », c'est-à-dire à travers la répétition des jours, des tâches, des situations, des gestes et même, parfois, des attitudes, des traits de caractère... (Alors qu'à l'inverse, celui qui poursuit la différence par la multiplication des expériences trouvera la répétition : poursuite du même objet, répétition des stratégies de séduction, pour aboutir au quantitatif et à la loi du genre[8].) C'est parce qu'il est le même que l'aimé peut se révéler autre.

Pratiquement, ces différences se traduiront souvent par ce que l'on appelle les « défauts » de l'autre. Celui-ci « fait défaut » à

7. René CHAR, *Recherche de la base et du sommet* (1971), Pléiade, p. 765.

8. Voir à ce propos *Le corps de chair, op. cit.*, p. 161. Voir aussi les analyses du mythe de Don Juan in Denis DE ROUGEMONT, *Les mythes de l'amour* (1961), Gallimard, coll. Idées, p. 113 et suiv.

mon rêve d'union sans faille. Mais cette défaillance sera l'occasion de l'accueillir dans sa réalité, c'est-à-dire premièrement dans sa finitude, secondement pour lui-même. L'autre a des limites. Il ne correspond pas à la perfection ou à l'illimité de mes désirs[9]. Sa patience a des limites, son humour, son intelligence, son savoir-faire... Mais c'est seulement au sein de ces limites que je pourrai accueillir sa réalité, c'est-à-dire sa transcendance, l'infini qui est en lui. L'infini n'est pas l'illimité, mais ce que je n'aurai jamais fini de découvrir. Ou encore le sans-fond, l'inépuisable d'une source de vie dont je n'aurai jamais atteint le principe. Autre image, celle du chemin : pour aller toujours plus loin, pour expérimenter ce «jamais fini», il faut accepter les limites de celui-ci. Pour une éthique de l'altérité, c'est-à-dire de la rencontre, c'est cet infini qui compte, qui est la fin, l'horizon, la seule valeur inconditionnelle. «Si on m'aime pour mes qualités, m'aime-t-on, moi?», demande Blaise Pascal[10]. Aucunement, car l'accident ou la maladie qui détruira ces qualités fera qu'on ne m'aimera plus. La même question vaut pour autrui : «Si je t'aime pour tes qualités...» Aimer quelqu'un, l'aimer pour lui-même, va jusqu'à l'aimer non seulement malgré mais avec, dans ses défauts. L'épreuve du temps sera le moyen sans pareil de vivre cela.

> «Pour quelqu'un qui ne trouve la vie tolérable qu'à la condition d'en effleurer seulement la surface, il est naturel de se contenter, dans ses échanges avec les autres, de rapports superficiels. Peu d'exigences à satisfaire, aucune obligation de s'engager. Le mariage, au contraire, c'est une porte qui se ferme. Confiné dans un espace étriqué, il faut constamment manifester sa personnalité et par conséquent s'observer, s'analyser en profondeur. Porte ouverte, il n'y a pas de pro-

9. Dans le langage du psychothérapeute : «Certains, pour préserver cette idéalisation de l'objet totalement bon, écartent la perspective du temps : c'est la durée seulement, la fréquence des rencontres, les projets à long terme, la prolongation dans le temps qui réintroduiraient une certaine réalité du partenaire, de ses limites et détruiraient la possibilité de son idéalisation comme objet totalement bon» (J. LEMAIRE, *Le couple, sa vie, sa mort*, Payot, 1979, p. 77).

10. *Pensées*, Chevalier 306.

blème : on peut toujours s'échapper. On peut esquiver toute confrontation désagréable, avec soi-même comme avec autrui, rien qu'en sortant[11]. »

C'est à partir de la première déception surmontée que commence la véritable histoire de la rencontre (qui, jusqu'alors, n'en était qu'à sa préhistoire). Qu'un lien, c'est-à-dire une solidarité réelle, et non plus seulement une symbiose potentielle, se tisse vraiment entre les sujets. C'est alors que se jouent les choses sérieuses. Louis Beirnaert affirme que le couple n'existe que s'il est constitué comme lieu, si sont posées autour de lui des limites qui rendront possible l'expérience de la faille et du manque en la rendant inéluctable. Celle-ci en effet sera toujours éludée, la tentation d'aller chercher ailleurs l'objet idéal que l'on découvre après coup n'avoir pas rencontré ici sera toujours plus forte si n'est pas entendu un interdit, « l'interdit de ne pas durer ». Le fondement ultime de ce que Beirnaert appelle non seulement « fidélité » mais « indissolubilité » repose ainsi sur « la nécessité de ne pas quitter le lieu même où se joue une partie impossible à esquiver[12] ». Cette partie sera celle de l'affrontement à l'altérité réelle de l'autre. Nous avons tracé – ou reconnu – une limite autour de nous et, maintenant, à nous deux. Ce ne sera pas *Huis clos*. C'en sera même le contraire puisque ce passage, cette épreuve, que Beirnaert pose comme mort à l'amour narcissique[13], est le prix à payer pour entrer dans le dynamisme authentique de l'amour, qui est celui de l'accueil inconditionnel de l'autre.

---

11. Paul Auster, *L'invention de la solitude* (1982), trad. fr., Actes Sud-Babel, p. 27.

12. *Op. cit.*, p. 158.

13. « Le couple est un lieu où des choses se passent qui posent dans leur déroulement même la question de l'absence et de la mort » (*ibid.*, p. 159).

Faire du temps un allié

« Ce n'est pas un travail vite fait que d'aimer[14]*. »*

L'amour ne saurait être statique. Ou il avance, grandit, se vivifie, ou il recule, se vide de sa substance, se refroidit. Le propre de l'amour que je ne dirai pas « heureux » ou « réussi[15] » mais « vivant » est de renverser la valeur du temps : de destructeur, celui-ci devient chance de construction ; d'ennemi il devient allié. Destructeur, le temps l'est à l'égard de l'amour-passion. Chance de construction, il l'est à l'égard de l'amour-action, dont il a déjà été question plus haut[16]. Celui-ci s'édifie à la manière d'une *œuvre*, selon l'expression de Denis de Rougemont qui le comprend non comme une *ardeur exaltée*, mais comme une *patiente et tendre application*[17]. Or, toute grande œuvre demande du temps. Un adage dit que « ce qui se construit vite se détruit vite ». L'amour durable en vient toujours à ressembler quelque peu à l'amitié, dont nous avons vu combien elle se nourrissait d'histoire et de mémoire, combien elle est une longue conversation, faite de complicité, d'intelligence mutuelle, de liberté acquise. Tout cela demande des apprentissages, de la patience et du temps. La mémoire des meilleurs comme des plus mauvais moments fait partie de ce qui nourrit le lien ; avoir partagé de grandes joies et de grandes peines (les petites joies et les petites peines aussi) crée des solidarités ineffaçables.

Avant d'être communion, terme bien ambitieux, l'amour est,

14. Marie NOËL, *Chants de la merci*, Stock, 1939.

15. À dessein j'écarte les deux mots, auxquels sont attachés tant de stéréotypes, car ils sont trop statiques.

16. Au chapitre II.

17. « Personne, œuvre et fidélité : les trois mots ne sont point séparables ou concevables isolément. Et tous trois supposent un parti pris, une attitude fondamentale de créateur » (D. DE ROUGEMONT, *L'amour et l'Occident*, *op. cit.*, p. 259).

plus simplement, communauté. Et la réalisation de celle-ci suppose tout un art, une sagesse. On souligne trop, ordinairement, le côté subjectif de l'amour, son versant désir, affection, émotion. Il serait bon de retenir aussi son côté sinon objectif du moins pratique, efficient, et cela pas seulement dans le domaine sexuel. C'est tout un art que trouver la bonne distance (entre fusion et parallélisme), renouveler la conversation, savoir dire ses aspirations et ses peines, inventer une sage manière de vivre les relations avec l'une et l'autre famille d'origine, accorder place aux amis, pratiquer l'hospitalité, habiter la maison, créer un mode de vie original car approprié à la mise en commun des ressources respectives, intégrer la dimension spirituelle, être ouverts à une communauté plus large... Au bout de vingt ans de vie commune, on peut avoir le sentiment d'être encore sur le seuil, de commencer seulement, d'en être encore à l'ébauche de l'œuvre.

L'amour a pu être défini comme une intention absolue qui ne se concrétise que dans des réalisations limitées[18]. C'est bien parce que ces réalisations sont telles, autrement dit toujours bien en deçà de ce qui est visé, que le secours du temps est bienvenu pour recommencer, avancer, « faire mieux ». Le temps de l'amour n'est pas celui de la répétition mais de la *reprise*[19]. Le préfixe « re » dit un mouvement essentiel de l'amour. Ce n'est pas commencer qui est admirable, mais re-commencer. Repartir, redonner sa confiance (c'est le temps du pardon), reprendre le combat contre ces « petits défauts » qui agacent tant, refonder l'union lorsque celle-ci passe d'une phase de son histoire à une autre.

Dans une telle perspective, l'amour n'est pas seulement le ressort du lien, il n'est pas seulement la source subjective d'énergie déjà là, en amont de tous les actes que nous venons d'évoquer ;

---

18. Voir l'excellente contribution de Roberto NEBULONI, philosophe italien qui reprend à son compte le grand courant personnaliste français in *La famille, des sciences à l'éthique*, Paul MOREAU (dir.), Centurion, 1995, p. 233.

19. Notion kierkegaardienne, caractéristique du « stade religieux ». Voir S. KIERKEGAARD, *La répétition* (1843), trad. fr., éd. de l'Orante, *Œuvres complètes*, 1972, vol. V.

il en est aussi la visée, le but, en aval, en avant de ceux-ci. C'est pour aimer, pour apprendre à aimer, pour réaliser l'unité entre nous que nous sommes fidèles, que nous résistons aux tentations, que nous nous pardonnons, que nous restons inventifs. On n'est pas fidèle seulement parce que l'on aime, on est aussi fidèle pour aimer. «*Je t'aime afin de commencer à t'aimer.*» Ce beau vers de Pablo Neruda, lu un jour sur un faire-part de mariage, dit parfaitement cela : je t'aime dans le présent, dès aujourd'hui (l'auteur n'écrit pas : «je t'aimerai»), mais le commencement de notre amour est toujours en avant de nous, et il l'est comme une fin[20].

L'amour se donne du temps. Conscient que, dans le présent, il est imparfait, mélangé, maladroit, il se donne un intervalle, un cadre, comme un espace dans la durée, pour apprendre à aimer. Et l'on imaginerait mal que ce temps soit limité («si dans dix ans...»). Ce serait lier l'amour à une obligation de résultats, fixer une borne au chemin vers l'autre. Tandis que si, selon la formule de Jean-Claude Sagne, «*aimer quelqu'un, c'est lui donner du temps*», ce don ne peut être que sans limites dès lors que l'autre est reçu à la fois comme fin et comme in-fini (au sens que nous avons donné à ce terme : que je n'aurai jamais fini de rencontrer). Dans ce temps ouvert devant nous, devant lui aussi donc, et sans limites, l'autre sera apaisé. Il pourra librement être lui-même. Il n'aura pas à faire ses preuves ; il n'aura pas le sentiment de passer chaque jour un examen. Le temps qui lui est donné le rend à lui-même. «Promettre sans mesure à quelqu'un, c'est lui donner de vivre[21].»

20. On remarquera que la formule du rituel catholique du mariage ne dit pas autre chose : «Je te reçois comme époux (épouse) et je me donne à toi, (ensemble :) *pour* nous aimer fidèlement, dans le bonheur ou dans les épreuves, et nous soutenir l'un l'autre, tout au long de notre vie.»

21. J.-C. SAGNE, *L'homme et la femme dans le champ de la parole*, DDB, 1995, p. 48.

Le temps de la promesse

« *Tout le sérieux d'un homme est situé dans sa parole*[22]. »

On ne voit pas comment le sentiment – *a fortiori* le sentiment seul – pourrait être fondateur du couple. Seul peut l'être un acte, et un acte qui lie. Ici pourrait prendre place une analyse du don, mais pour le moment retenons le rôle irremplaçable de l'une des formes de celui-ci, le don de la parole, de sa parole. Jean-Claude Sagne, qui définit le couple comme « événement de parole », retient quatre paroles fondatrices du couple : la *reconnaissance*, la *promesse*, l'*aveu*, le *pardon*. Ces quatre paroles fondatrices devront être reprises tout au long de la vie du couple[23].

La simple parole « je t'aime » est déjà beaucoup plus que la communication d'une information sur mon état affectif. Elle relève de ce que les linguistes appellent le langage performatif ; elle est un acte. Elle ne traduit pas seulement une situation, elle la modifie. D'une part c'est un aveu, qui rend explicite ce qui n'était qu'implicite et donc tranche parmi les possibles, donnant forme, autrement dit réalité intersubjective, à ce qui n'était que subjectif. La part de risque que comporte tout aveu, m'exposant au pouvoir de l'autre, est déjà un pas vers lui (vers elle), un acte de confiance, une première forme de don, créatrice d'un commencement de lien. Certains gestes spécifiques seront associés à cette parole qui, tel le baiser, traduiront une plus grande intimité. Cet aveu de l'amour, est-il utile de le préciser, n'est pas réservé au couple naissant. Le couple durable lui aussi y puisera la sève de sa durée. Il faudra faire preuve d'imagination pour trouver le langage approprié, non exclusivement verbal, certes, mais aussi

22. J. ELLUL, *Ce que je crois*, Paris, 1987, p. 122.

23. J.-C. SAGNE, *op. cit.*, p. 38 et suiv. Nous traiterons ici seulement de l'aveu et de la promesse. Pour la renaissance et le pardon, voir chapitre VII.

verbal. L'autre versant de l'aveu est celui de la faute, de ses torts, de sa malice. Plus encore que pour l'amour, cet aveu sera risqué. La reconnaissance de ma faute, exposition à l'autre, est acte de confiance. Si l'autre lui répond par le pardon, nous aurons réussi cet exploit de transformer une défaillance, qui aurait pu briser le lien, en un renouvellement de celui-ci, qui le renforce.

La promesse est créatrice de lien pour cette simple raison que promettre, c'est se lier. C'est se constituer débiteur de l'autre, obligé envers lui (la notion d'obligation contient déjà celle de lien : *ob-ligare*). Si nous adhérons l'un et l'autre à l'éthique de la fidélité à la parole donnée, qui s'avère être un des piliers fondamentaux (peut-être même le plus fondamental) de toutes les éthiques humaines, je me dois, je te dois de tenir cette parole, c'est-à-dire d'agir conformément à ce qu'elle annonce[24]. Le sens de la parole donnée a véritablement une portée ontologique. Il est constitutif de l'humain comme tel. Être homme, c'est être capable d'une « parole d'homme ». Il y aurait beaucoup à dire ici sur la fonction humanisante et personnalisante de la parole donnée. Ne nous sommes-nous pas construits sur la base de quelques parole tenues ? Ne nous sommes-nous pas structurés ainsi ? À certains moments de notre vie, les plus intenses ou les plus décisifs, nous prononçons certaines paroles et, ensuite, nous tenons notre unité, la cohérence de notre histoire de notre loyauté à l'égard de celles-ci. Comme le dit très joliment France Quéré : « Si nous tenons parole, la parole nous tiendra. » Ainsi donc, la fidélité me donne consistance en me rendant fiable, c'est-à-dire non seulement *capable de* confiance, mais moi-même *digne de* confiance, digne de foi (de fiance), ce qui est une des plus grandes et des plus appréciables qualités humaines[25].

La promesse est affirmation de la liberté à travers le temps,

24. Le sens le plus ancien du mot *fides*, que nous traduisons par « fidélité », est « engagement moral ». *Fidem inter se dare* : s'engager mutuellement.

25. Trois traductions inséparables du mot *fides* : foi, confiance, fidélité. Voir aussi Jankélévitch : « La fidélité inspire la confiance » (*op. cit.*, tome I, p. 145).

c'est-à-dire d'une liberté qui ne se limite pas à l'instant présent, mais est capable de déborder sur le futur. Elle est une victoire sur la discontinuité du temps, un pari sur la continuité par le pouvoir qu'a la liberté, grâce à la parole, de lier le temps. Je lie d'avance le futur au présent, et cela non par une détermination mécanique mais par une reprise de mon acte par cette même liberté, laquelle aura le pouvoir de rendre après coup vraie ou fausse cette parole que je prononce maintenant : « Je te serai fidèle. » Étonnant pouvoir rétroactif d'une liberté à laquelle est confiée la garde de la vérité d'un de ses actes les plus caractéristiques, qui la lie tout en la manifestant.

Mais la promesse est plus que le serment. Celui-ci est une parole sacrée, qui a été prononcée un jour et à la loi de laquelle, pour des raisons sociales, juridiques, morales ou religieuses, je n'ai pas le droit de déroger. Le serment renvoie au passé, tandis que la promesse ouvre un avenir. C'est d'ailleurs le paradoxe de la fidélité à une promesse que de marier la mémoire d'un acte accompli dans le passé et la visée d'un cap encore en vue. C'est ainsi qu'avec Vladimir Jankélévitch ou Éric Fuchs, nous pouvons distinguer deux types de fidélité : la fidélité *au passé* et la fidélité *à l'avenir*. La première, conservatrice, risque de devenir fixation sur le même, crispation, obstination, rigidité, ne laissant plus place au mouvement de la vie, à ses tensions, ses conflits et au surgissement de la nouveauté. C'est plutôt de constance qu'il s'agirait alors, vertu fort respectable, mais qui est plus fidélité à soi-même qu'à l'autre[26]. La fidélité à l'avenir, quant à elle, est plus créatrice. Elle est la mise en œuvre de la forte parole d'Emmanuel Lévinas selon laquelle « l'avenir, c'est l'autre[27] ». Le mouvement dans lequel j'accueille celui-ci comme celui-là n'est-il pas étonnamment similaire ? La promesse de fidélité est engagement à accueillir ensemble un avenir commun. Consentement à être à l'horizon l'un de l'autre. Elle conjugue les vertus

26. « Constant pour moi-même, fidèle à l'autre », formule de Gabriel Marcel, citée par V. Jankélévitch, *op. cit.*, p. 149.
27. E. LÉVINAS, *Le temps et l'autre* (1948), PUF, 1983, p. 64.

de la permanence et celles de l'invention continuelle, dans l'ouverture au double inconnu de l'autre et de l'avenir.

Placer ainsi la rencontre de l'autre comme horizon et fin de la fidélité nous a conduits à dépasser une conception beaucoup plus atténuée de celle-ci, qui lui attribuerait comme fin le bonheur ou, plus exactement, une certaine représentation du bonheur, naturellement centrée sur l'épanouissement de l'ego. Selon une telle conception, la fidélité ne peut être que *conditionnelle*, subordonnée qu'elle est alors à la satisfaction des intérêts du sujet ou même, d'un point de vue moins unilatéral, de l'un et l'autre des partenaires, selon une sorte de transaction dans laquelle il est entendu que chacun trouve son compte. Le lien n'est alors qu'un moyen au service de deux requêtes personnelles. Il va alors de soi que si, au fil du temps, l'un des deux ou l'un et l'autre pense(nt) y trouver plus d'inconvénients que d'avantages ou, selon la logique la plus directement pragmatique, plus de déplaisirs que de plaisirs, il conviendra de mettre un terme à l'union. Telle est la logique « conditionnelle ».

Par fidélité *inconditionnelle*, j'entends une fidélité dans laquelle le lien est voulu non pas à n'importe quelle condition (nous y reviendrons), mais au-delà de toute condition. Il n'y a pas d'obligation de résultats. On est au-delà du calcul, des bilans comptables. On ne se demande pas si l'on perd ou si l'on gagne, car le désir le plus déterminant est de donner. La fin est non le bonheur[28], mais la réalisation de l'unité, la construction d'un lien vivant, lien qui est fin et non moyen. Il a par lui-même du prix, on accepte d'avance qu'il coûte, c'est-à-dire la perspective de renoncer à des pans entiers de son indépendance, à la poursuite d'une logique strictement individuelle pour nourrir et conforter cette vie commune, la vie de ce « nous » qui naît entre « je » et « tu ».

28. Qui reste très bienvenu, qui reste désiré, mais dont nous savons que le meilleur moyen de le manquer est de se le donner lui-même directement pour fin.

Trancher une alliance

> *« L'horizon de la vie du couple est l'appel à découvrir ensemble que l'amour n'est pas une attirance énigmatique, irrésistible et fugace, mais qu'il est le consentement à parcourir à deux tout le chemin de la vie pour s'apprendre mutuellement à recevoir et à donner*[29]*. »*

À ce degré d'engagement, la promesse prend un caractère spécifique ; elle devient pacte. À l'entrée de deux histoires l'une dans l'autre correspond un lien d'une nature particulière, le lien d'alliance. Nous ne sommes plus, alors, spécifiquement sur le registre de l'amour, mais sur celui de l'acte fondateur. Notre culture est peu sensible à l'idée de fondation. Cela tient à ce que la durée comme telle, la pérennité est moins valorisée, primauté étant accordée au spontané ou aux processus continus, bien davantage qu'à la discontinuité instaurée par l'acte de *fonder*[30]. Pourtant la fidélité, « vertu du temps continu », exige le courage, « vertu de la décision[31] ».

« Décision » vient d'un verbe latin (*caedo, caesum*) qui veut dire « trancher ». De même disait-on en hébreu « trancher une alliance ». Le terme fait sans doute allusion au geste qui consistait à sacrifier une victime au moment du pacte. En effet, dans l'Antiquité, il était courant d'accompagner le pacte d'alliance – comme, notons-le bien, d'autres actes fondateurs importants – d'un sacrifice religieux. Ne serait-ce pas l'intuition de cette parenté entre pacte, fondation et sacrifice qui détournerait

29. J.-C. SAGNE, *op. cit.*, p. 66.

30. Sur ce sujet : « La joie de fonder », in R. MISRAHI, *Les actes de la joie*, PUF, 1987, p. 31 et suiv. « L'amour aussi doit être fondé, c'est-à-dire appuyé réflexivement sur une fondation seconde, permanente et réitérée » (p. 46).

31. V. JANKÉLÉVITCH, *op. cit.*, tome I, p. 141. « Le courage est le commencement qui pose les fondations d'un ordre » (*ibid.*, p. 152).

aujourd'hui certains de ces notions ? Aimer, oui ; être heureux, oui ; mais sacrifier !

Pourtant, verbalement, « amour » et « alliance » sont souvent traités comme équivalents, quasi superposables. Surtout en contexte confessionnel chrétien. Pensons aux sermons de mariage… « Votre amour », « votre alliance » s'y entremêlent abondamment. Une telle assimilation est source de confusions, et cela dans les deux sens. Suffit-il qu'il y ait amour pour que les conditions d'un pacte d'alliance soient réunies ? Ou, à l'inverse, l'énonciation des paroles de l'alliance est-elle garante d'un véritable amour ? À vrai dire, poussé à ce point, le rapprochement est récent. Il s'est affirmé surtout depuis le milieu du XXe siècle[32], mais il remonte beaucoup plus loin, promu depuis près de trente siècles par la tradition biblique, juive et chrétienne[33]. Nos contemporains, tellement attachés à la corrélation entre amour et conjugalité, au point que parfois celui-là éclipse celle-ci, ne sont guère conscients de cet héritage. Le rappel de ce travail culturel, éthique et spirituel permettrait à la fois de mieux mesurer l'écart possible entre les deux registres et de mieux apprécier les bienfaits de leur rapprochement. En effet, pour ce qui est de l'écart, voici d'un côté un sentiment, un mouvement intersubjectif, une intention en acte ; de l'autre une parole solennelle, la naissance d'une solidarité, une forme de vie, une institution. Subjectivité d'une part, objectivité de l'autre. Mais, par la grâce du rapprochement, voici que l'idée d'alliance vient donner à l'amour un sens historique et radical, tandis que celui-ci apporte à celle-là une dimension véritablement interpersonnelle. Une communication s'établit entre l'intime et le social, entre l'amour et la loi, entre l'affectif et le volontaire, ce qui est une chance pour l'un et l'autre pôle.

---

32. Promu notamment par des auteurs chrétiens : Herbert Doms, Dietrich von Hildebrand, Gabriel Marcel, Gabriel Madinier, Jean Guitton, Jean Lacroix, Maurice Nédoncelle, Denis de Rougemont, Roger Melh…

33. Voir à ce propos X. Lacroix, *Le mariage, tout simplement*, éd. de L'Atelier, 1994, chapitres I et V.

«*L'alliance est le choix signifié de construire un espace de vie par et pour l'échange des dons*[34]. » Il s'agit bien de construction, et d'espace. Nous ne sommes plus sur le registre du fusionnel ou du confusionnel. L'alliance n'est pas la fusion. Elle n'abolit pas la distance entre les sujets, l'irréductible part de solitude dont nous parlions plus haut. Le « nous » qui la caractérise n'est pas un englobant qui abolirait les deux individualités en un tout dissolvant. Il est une vie tierce qui naît entre nous, à l'intersection de nos deux existences, de nos deux libertés, de nos deux histoires[35]. Une troisième histoire apparaît, la nôtre, qui n'abolit aucunement celle de chacun, mais la fait entrer dans une nouvelle dynamique. Or, cela n'est possible que si chacun se décentre vers l'autre, c'est-à-dire sort de la seule logique du calcul de ses intérêts. C'est pourquoi, avec Jean-Claude Sagne, nous définirons l'alliance par l'*échange des dons*. Il ne s'agit pas d'échange marchand, où chacun a le souci de ce qu'il gagne et qui repose sur le principe de l'équivalence. Lorsqu'un couple n'obéit qu'à cette logique, il est déjà sur la voie de la dissolution. Le couple ne peut tenir, mieux que cela, il ne peut avancer que si chacun a le souci de donner, se préoccupant plus de ce qu'il donne que de ce qu'il reçoit. Et ce qu'il donnera ne relève pas seulement de l'ordre des choses, des biens, de l'avoir. Son être même est impliqué dans les dons qui chaque jour prolongent et refondent l'alliance : don de sa parole, de son temps, de son énergie, de son corps. Faire alliance c'est, à partir du don de sa parole, s'engager sur la voie d'une lente transformation de son être, de son identité même.

L'idée d'alliance implique celle d'une radicalité de l'engagement. À l'origine le terme, dans nombre de langues, désignait un pacte guerrier. Contexte de combat, donc. Le propre d'un tel pacte est que l'on s'y engage tout entier, au-delà du calculable et du prévisible, puisque l'enjeu n'en est pas moindre que la vie ou

---

34. J.-C. SAGNE, *op. cit.*, p. 83.

35. Qui dit « intersection » ne dit ni confusion ni juxtaposition. L'image des cercles (ou sphères) qui se recoupent représente assez bien cela.

la mort. On y risque sa peau, ses biens, sa liberté. Par ailleurs, rompre l'alliance, c'est s'exposer à la mort, d'une part en devenant plus vulnérable, d'autre part, dans bien des cas, comme sanction de la rupture. Un point de non-retour a été atteint. L'alliance déborde ainsi l'ordre du tranquille contrat, acte volontaire, rationnel, aux objectifs bien définis. Elle peut engager dans des situations non prévues ; la volonté n'y est donc pas maîtresse de toutes les données. On signe un contrat *pour* (réaliser tel ou tel projet) ; on conclut une alliance, on scelle un pacte *contre* un ennemi commun.

Il reste quelque chose de tout cela dans l'alliance conjugale devenue, au fil des siècles, interpersonnelle, intersubjective même[36]. Faire alliance, c'est s'engager à affronter ensemble les combats de la vie, dont on ne sait pas ce qu'ils seront. L'un et l'autre resteront-ils en bonne santé ? Des enfants viendront-ils ? Que réservent ceux-ci ? Nous sommes largement au-delà du prévisible et de la notion, si prisée aujourd'hui, de « projet ». Nous sommes embarqués ensemble « à la vie et à la mort ». Chacun y risque sa vie, et cela de deux manières : tout d'abord, en s'engageant « pour la vie » (c'est bien celle-ci qu'il met en jeu, car on ne vit qu'une fois) ; par ailleurs il sait ou il pressent que, d'un engagement si radical, il ne se retirera pas indemne, que si une rupture devait avoir lieu, il mourrait à toute une part de lui-même, celle qu'il a engagée dans la relation, qui a été remodelée, transformée par celle-ci et en est désormais indissociable. Voilà un ancrage humain de la notion chrétienne d'indissolubilité.

De sorte que, aussi désagréable cela soit-il à entendre par des oreilles habituées à des propos lénifiants, la notion d'alliance implique de quatre manières l'*idée de mort.* 1) On s'y engage jusqu'à la mort ; 2) pour la contracter, il faut mourir à une vie ancienne ; 3) la rompre, ce serait mourir à une part importante de soi ; 4) elle consiste à lutter ensemble contre la mort et les forces

36. À mi-chemin entre le sens guerrier et ce sens intime, nous trouvons le sens familial où l'alliance (entre familles) était une affaire de stratégie pour la survie du groupe.

de mort. Au définitif de la mort, l'alliance oppose un autre définitif, celui de l'engagement sans retour. C'est peut-être en ce sens que l'on peut entendre le propos du Cantique des cantiques, si souvent interprété de façon romantique : « L'amour est fort comme la mort[37]. »

Ici s'ouvrirait une voie pour réintroduire l'idée de *fécondité* dans celle d'alliance, ce qui me paraît nécessaire car celle-ci est actuellement pensée de façon trop duelle. Faire alliance, c'est, face à la mort, se mettre en mesure de continuer l'histoire et de la continuer non par un vieillissement indéfini, mais par le rajeunissement que constitue la venue au monde d'êtres nouveaux[38]. Sujets nouveaux, auxquels aucun de nous ne serait capable par lui seul de donner naissance, mais que chacun peut recevoir de l'autre par l'union à celui-ci. Donner la vie, c'est aussi la recevoir, et d'abord de l'aimé. Faire alliance, alors, c'est se mettre en mesure d'offrir à cet être nouveau un cadre où il puisse grandir en sécurité, sur la base du bien sans équivalent d'un lien stable entre ses parents. De cette manière aussi, c'est lutter contre les forces de mort. C'est viser l'unité au-delà de nous-mêmes, au-delà du présent. De cette manière aussi, c'est accueillir l'avenir. Avenir qui n'est plus tout à fait le nôtre, mais celui d'un tiers dont la vie, si Dieu le veut, franchira notre mort.

La fécondité de l'alliance commence déjà à la personne des conjoints eux-mêmes. En promettant sans mesure à l'aimé(e), lisions-nous plus haut, je lui donne de vivre. En effet, mesure-t-on le prix de la profonde sécurité intérieure qui naît de la certitude d'être aimé inconditionnellement ? Certains regardent de haut ce goût de la sécurité. Ce serait philosophie de fonctionnaire… Mais, comme nous le verrons, la sécurité affective de

37. Cantique 8, 6.

38. « Le miracle qui sauve le monde de la ruine normale, "naturelle", c'est finalement le fait de la natalité […]. C'est la naissance d'hommes nouveaux, le fait qu'ils commencent à nouveau l'action dont ils sont capables par droit de naissance » (Hannah ARENDT, *Condition de l'homme moderne* [1958], Calmann-Lévy, coll. Agora, p. 314). Emmanuel LÉVINAS : « La fécondité continue l'histoire sans produire de vieillesse » (*Totalité et infini*, Martinus Nijhoff, 1968, p. 246).

base n'est pas exclusive de l'audace de l'aventure. Au contraire, elle la permet. Que peut-on construire sur l'insécurité ? Être aimé inconditionnellement, c'est être aimé pour soi-même, pour ce que l'on est et non pour ce que l'on fait. Certains, il est vrai, abuseront de cette situation. On cite souvent le cas des partenaires qui deviennent odieux après le mariage, celui-ci offrant en quelque sorte un cadre sûr à leurs caprices. Mais d'une part cela vient d'une méprise, voire d'un mensonge, sur le sens du pacte, lequel ne vaut que s'il est mutuel ; d'autre part une valeur ne doit pas être interprétée à partir de ses contrefaçons. L'alliance inconditionnelle seule offrira le fondement nécessaire aux démarches parfois très coûteuses de réconciliation ou de réparation, au dépassement des crises graves, à la foi dans la nuit.

Le prix de l'inconditionnalité apparaît aussi, par la négative, si l'on envisage les incidences d'une relation seulement conditionnelle. « Être aimé » a-t-il même encore un sens, si l'on n'est pas aimé pour soi, c'est-à-dire comme fin, et non comme moyen ? Dans la perspective d'une dissolution, mesure-t-on le poids terrible de paroles comme « je ne t'aime plus » ? Si l'amour est vœu que l'autre vive, si « je t'aime » peut se traduire par « je ne veux pas que tu meures », « je ne t'aime plus » peut s'entendre comme « maintenant, tu peux mourir ; ta mort m'indiffère ». Et c'est ainsi, bien souvent, qu'elle l'est[39].

La fécondité de l'alliance, enfin, peut se dire en termes de liberté. En me liant à l'autre, je renonce à une certaine forme de liberté, individuelle, à ma souveraineté sur mon existence. Mais, du même coup, je suis libéré de la première de mes prisons, celle de mon moi, et des plus persistants de mes liens, ceux qui me lient à mon ego. (Cela non d'un seul coup, bien sûr, mais à travers la durée.) Je ne suis pas aliéné, car mon acte reste libre, le consentement initial à l'autre se prolonge dans le temps. Mais je suis en quelque sorte allégé de moi-même. Je deviens capable de

39. Voir Tony ANATRELLA, « Les effets psychologiques du divorce », in *Le divorce est-il une fatalité*, *op. cit.*, p. 19. Louis DINGEMANS parle à ce propos « d'atteinte à la vie du conjoint », in *Lumière et vie*, n° 206, p. 27.

me détacher d'habitudes, de penchants, de traits de personnalité que j'eusse crus inhérents à ma nature ; j'entre dans le mouvement de la liberté véritable, celui de la vie spirituelle qui peut être définie comme l'entrée dans le dynamisme du don et du décentrement de soi.

La foi conjugale

« L'époux est le plus grand des aventuriers[40]. »

Une question est déjà venue à l'esprit de plusieurs lecteurs : cela est-il bien réaliste ? Est-il raisonnable de s'engager aussi radicalement ? Les fruits annoncés viendront-ils ? Lorsque l'on voit tant de couples... Comment faire la part de l'échec ? Rappelons, en premier lieu, que cette réflexion est elle-même partie d'une critique des idéalisations de l'amour. C'est bien par souci de réalisme que nous avons insisté sur l'importance de la radicalité de la décision, sur la conscience de la gravité des enjeux, sur le caractère construit du lien. En revanche, nombre d'approches qui sembleraient à première vue plus « réalistes » parce qu'elles ne proposent pas d'exigences font preuve d'une belle idéalisation de la vie amoureuse, voire de l'économie libidinale, en postulant une sorte d'accord miraculeux entre la croissance de la personne et les aléas de ses désirs.

En second lieu, et ceci est encore plus important, il ne faut pas confondre réalité et vérité[41]. La réalité est mêlée, mélangée, approximative. Nous vivons un mouvement et son contraire.

---

40. « À un point de vue tout extérieur, des centaines et des centaines ont risqué plus qu'un époux : ils ont risqué royaumes et provinces, des millions et des millions, ils ont perdu trônes et duchés, fortune et prospérité ; et pourtant un époux risque davantage. Car celui qui aime risque plus que toutes ces choses, et celui qui aime dans toutes les circonstances de la vie risque plus que tous » (S. KIERKEGAARD, *Stades sur le chemin de la vie* [1845], trad. fr., *Œuvres complètes*, Éditions de l'Orante, 1978, tome IX, p. 108).

41. « C'est d'ailleurs que la réalité que la vérité trouve sa garantie » (J. LACAN, cité par D. VASSE, *La chair envisagée*, Seuil, 1988, p. 34).

L'égoïsme en nous se joint à la générosité, la volonté de puissance à la tendresse, la passivité au dynamisme. Mais, pour ce qui concerne les fins de l'agir, il importe de dégager l'essentiel, ce qui fait que l'amour est amour, la tendresse, tendresse, et l'alliance, alliance. Ce par quoi elles se distinguent de leurs contrefaçons. « Il n'est nul bon vent pour celui qui ne sait où il va », disait un adage latin. Cela rejoint précisément l'option de la méthode phénoménologique qui vise, elle aussi, à dégager l'essentiel, c'est-à-dire l'irréductible ou, si l'on préfère, l'authentique. Or, il se trouve que cet irréductible nous le vivons aussi, mêlé à tout le reste. Nous vivons le pur au sein de l'impur. Ce que Jankélévitch nomme « la fine pointe de l'amour[42] » est présent au milieu de nos affections mélangées. Malgré nos atermoiements, nos peurs et nos retours en arrière, la disposition à l'alliance est présente dans la plupart des cœurs.

Cela dit, si l'intention est centrale, décisive même, elle n'est pas pour autant, à elle seule, déterminante. Elle n'est porteuse d'aucune garantie. Tant d'autres facteurs interviennent… Marques de l'histoire personnelle, transformations de la personnalité qui feront que le partenaire peut devenir méconnaissable ou témoigner d'une incapacité foncière à nouer véritablement un lien… Diverses figures d'échec ou de demi-échec de l'alliance guettent : l'ennui, l'emprisonnement, le parallélisme, la guerre[43]. Osons le dire : s'il est un des principaux lieux de joie, le couple est aussi un des premiers lieux de souffrance, d'agressivité voire de violence, de déception finalement. Il ne faut donc pas gommer la dimension dramatique, tragique parfois du couple et de l'alliance. Le risque est à la hauteur de l'audace de ce pari : réaliser la plus grande intimité, à travers la durée, entre deux étrangers. Marier le désir et l'attachement, dont les éthologues nous disent que, naturellement, ils s'opposent[44]. Poursuivre une longue conversation sur

42. *Op. cit.*, p. 238.

43. Voir *Le mariage, tout simplement*, *op. cit.*, chapitres II et VI.

44. Éthologie : étude des comportements comme tels, animaux notamment. Sur l'opposition entre désir et attachement, voir B. Cyrulnik, *Sous le signe du lien*, Hachette, 1989, et *Les nourritures affectives*, Odile Jacob, 1993.

vingt-cinq, quarante, cinquante ans... Trouver l'énergie suffisante pour refonder périodiquement le lien... La principale difficulté, qui est en même temps la principale limite au pouvoir de la volonté personnelle, est que, pour exister et, *a fortiori* pour vivre, l'alliance doit être réciproque. Toutes les attitudes que nous avons évoquées plus haut (tels le don désintéressé ou la docilité à l'autre) ne prennent tout leur sens que si elles sont mutuelles. Si elles sont vécues à sens unique, à moins de ressources spirituelles et de capacités exceptionnelles, elles sont minées de l'intérieur ; elles deviennent héroïsme crispé, rarement joyeux. Elles peuvent même être perverties, la générosité de l'un venant alimenter, conforter, grossir l'égoïsme de l'autre[45]. Terribles aussi sont les exemples de ces amours sans réponse, dont la tendresse et la patience viennent buter sur la dureté d'un cœur de pierre. La relation peut prendre des formes nettement pathologiques. Le lien peut devenir névrotique, comme dans les couples de type persécuteur-persécuté ou obsessionnel-dépressif[46].

> « Il n'avait que des torts, à elle on ne lui faisait que du tort. Comme elle ne faisait jamais de mal, comme il ne faisait que du mal, il devait, pour que la paix revienne à la suite des scènes de ménage, reconnaître qu'il avait tort, qu'il était le seul à avoir tort. Il devait capituler. Elle demandait la capitulation totale, sans conditions. Naturellement, puisqu'elle avait raison. Elle s'arrangeait pour qu'il fût toujours en état d'accusation. Il se débattait, bien entendu, comme un beau diable, il essayait de se justifier, de s'expliquer, donc, de se trouver des excuses. Ce qui faisait que plus il se débattait, plus il s'enfonçait aux yeux de sa femme, peut-être même à ses

---

45. « Deux égoïsmes accouplés se freinent, et, d'une certaine façon, se neutralisent réciproquement. Mais quel bouillon de culture pour les penchants égoïstes d'une créature que de sentir autour de soi une atmosphère de dévouement inlassable ! Nous connaissons tous des ménages où l'esprit de sacrifice de l'un des époux fait de l'autre un monstre d'exigence et de recherche de soi » (G. THIBON, *Ce que Dieu a uni*, Lardanchet, 1946, p. 112).

46. On en trouve des exemples dans le livre d'E. DREWERMANN, *L'amour et la réconciliation* (1983), trad. fr., Cerf, 1992, p. 88 et suiv.

propres yeux, dans le marécage de la culpabilité. Toute discussion était vaine, il se trouvait devant un mur, un mur sans oreilles, un refus d'entendre, elle était le refus incarné ; bien entendu il piquait des colères folles, des crises de rage et c'est justement cette crise de colère qu'elle espérait, consciemment ou non. De cette façon, la colère de l'homme étant obtenue, celui-ci ne pouvait plus ne pas se sentir coupable, ne pas être envahi par un remords énorme : et c'est ainsi qu'il capitulait, après chaque discussion, pendant des années, tous les jours, plusieurs fois par jour[47]. »

Ainsi le lien n'est-il pas tissé que d'amour. Tant d'autres éléments peuvent le constituer ! Il faut donc bien s'entendre sur le sens du mot « inconditionnel ». Ce terme, essentiel pour nous, désigne un lien qui n'est pas défini par des conditions, puisque sa seule fin est la rencontre de l'autre. Mais il ne signifie pas « à n'importe quelles conditions ». L'inconditionnalité de l'engagement est elle-même conditionnelle. Elle suppose la réciprocité ; elle exclut l'aliénation de sa liberté et la mise en péril de sa vie (vie psychique ou spirituelle aussi bien que physique). Le premier devoir de chacun étant de vivre, de rester le sujet de son existence, il est des situations où la séparation sera non seulement inévitable, mais la seule voie de libération. Elle pourra même être un acte de courage. Il convient toutefois de distinguer cet ultime recours, face à une situation qui s'est avérée intenable et irrémédiable, de la conception du divorce en premier recours, comme réponse hâtive à la première crise grave. Tout a-t-il été tenté pour le sauver ? Par ce dernier terme, je n'entends pas « le maintenir coûte que coûte », mais le guérir, le restaurer, lui redonner vie…

Ainsi donc la perception réaliste des écueils et des limites ne légitime-t-elle pas un point de vue fataliste ou une philosophie de la précarité. Elle devrait plutôt inciter à ne pas poser les questions relatives au couple seulement en termes d'amour, mais plutôt en termes de liberté, d'actes, de médiations. En effet, excepté

47. Eugène Ionesco, *Journal en miettes* (1967), Gallimard, coll. Idées, p. 134.

certaines situations limites, la part de liberté et de responsabilité des sujets est rarement nulle. Le point de vue déterministe, vers lequel beaucoup penchent aujourd'hui, est lié à deux facteurs : d'une part le peu de poids accordé à la notion de décision, d'autre part une perception à court terme qui, peu exercée à la patience, interprète très tôt toute crise comme un échec. Comment un lien solide pourrait-il s'établir sur la base d'une philosophie sceptique ou fataliste de la relation ? « *Il n'y a pas de certitude en ce domaine* », entendais-je déclarer récemment. Une confusion s'introduit facilement entre l'incertitude objective, qui provient de ce qu'en effet rien n'est jamais acquis d'avance, l'avenir n'étant pas l'objet d'un savoir, et ce qui relèverait d'une incertitude subjective, c'est-à-dire d'un doute sur sa propre résolution.

D'une certaine manière, les circonstances ont le pouvoir que l'on veut bien leur accorder. Par une sorte d'excès de modestie ou de timidité, sans doute très lié à un contexte culturel fortement marqué par l'esprit scientifique et technique dans lequel sécurité et fiabilité sont attendues de paramètres extérieurs, beaucoup n'osent pas prendre appui sur la confiance dans les ressources de leur propre subjectivité. Kierkegaard pourtant nous a appris qu'au sein de la plus grande incertitude objective était possible une certitude subjective[48]. Entendons par là une certitude qui mise non sur des paramètres extérieurs (au nombre desquels les déterminismes psychoaffectifs), mais sur ce qu'il y a de plus subjectif, au sens précis, c'est-à-dire de plus personnel, source et non effet, jaillissement et non résultat, acte et non pas chose. Appelons cela liberté, capacité de décision, plus précisément bonne volonté, ou encore, si l'on préfère vraiment ce mot, désir, mais en tant que celui-ci est capable de susciter une décision, un vouloir.

Promettre présuppose cette élémentaire foi en soi. Dans la promesse d'aimer, je ne prends pas un engagement de résultats,

---

48. S. Kierkegaard, *Post-scriptum aux miettes philosophiques* (1846), Éditions de l'Orante, *Œuvres complètes*, tome X.

mais un engagement de moyens. Je ne m'engage pas à être encore amoureux dans vingt ans, mais je m'engage dès à présent, c'est-à-dire à partir d'aujourd'hui, et demain (autre présent), et après-demain, chaque jour, à prendre les moyens de faire vivre notre lien, de traduire en actes mon attention à toi, de m'exercer à la justice, à la patience, à la générosité. De poser les gestes de l'amour. Ma certitude repose sur la foi élémentaire en la présence en moi, demain et après-demain, de ce vouloir présent aujourd'hui. Confiance aussi que cette volonté peut être réciproque, c'est-à-dire que les mêmes ressources sont en toi. La foi est le contraire de la peur. Combien de couples glissent vers une logique d'échec en se laissant dominer par la peur… La peur de l'autre est l'autre face de la défiance à l'égard de soi.

Que cette foi élémentaire soit elle-même le fruit d'une foi encore plus radicale ; que la volonté ne puisse pas compter sur ses propres forces ; que la foi en soi soit l'écho de la foi en un acte créateur encore plus originel m'apparaît comme une évidence. Mais je m'arrêterai ici au seuil de cette affirmation – ou de ce mystère.

Des critères de prudence existent au demeurant. Même sur le plan des données, l'incertitude ne doit pas avoir le dernier mot. Disons même qu'une décision d'une telle importance que celle de l'alliance ne peut pas être prise sans l'expérience d'une évidence. Une décision, certes, n'est pas la conclusion d'un raisonnement, elle n'est pas de l'ordre du savoir, mais elle n'est pas pour autant un « coup de poker ». Pour pouvoir être ferme, une décision doit avoir lieu dans la clarté. Si la clarté en question n'est pas l'évidence intellectuelle, elle y confine presque, tant il est vrai que des critères existent. Tout d'abord, l'engagement doit avoir lieu sur la base d'une *estime de fond*. Sur la reconnaissance de l'autre comme fiable, c'est-à-dire digne de fiance. « Ne pouvoir aimer que ce qu'on estime, signe de santé de l'amour », écrit très justement Gustave Thibon[49]. En second lieu

49. *Ce que Dieu a uni*, *op. cit.*, p. 163.

doit être étayée l'intuition d'une *validité du lien*. Que le lien soit valide signifie qu'il soit réellement constitué, sur la base du don réciproque. L'un et l'autre sont-ils capables de don, c'est-à-dire de générosité ? Car un lien conjugal digne de ce nom ne peut être à sens unique ; il ne peut naître et se maintenir que sur fond de capacité de l'un et l'autre à donner et se donner. En troisième lieu, hormis quelques aptitudes ou vocations tout à fait exceptionnelles, doit être vérifié un *accord de fond* sur les questions déterminantes de l'existence. Ou, au minimum, une aptitude à dialoguer de manière à la fois paisible et exigeante à ce propos. Ce qui, à son tour, suppose une foi commune (au moins en certaines « valeurs »). En quatrième lieu, *la liberté* l'un vis-à-vis de l'autre, particulièrement sous l'angle suivant : sommes-nous capables de dire « non », d'exprimer sans drame nos désaccords ? Cela est vital, et pour les individus et pour le couple. Enfin, cinquième critère, la capacité à accepter l'autre *tel qu'il est*, ce qui, très concrètement, signifie l'aptitude à se dire non pas : « l'autre changera », mais : « il ne changera pas ». Qui dira les dégâts provoqués par ces engagements dans lesquels chacun (et ce peut être de façon croisée) se lie à un partenaire revu et corrigé... dans le futur ! On pourrait poursuivre. Des ouvrages judicieux existent à ce sujet[50]. Retenons que le côté « pari », c'est-à-dire saut dans l'inconnu, de la décision est inséparable, pour relever de la sagesse, d'un versant de lucidité. Celle-ci ne pourra jamais être parfaite, dira-t-on. Certes, mais quelques pas déterminants peuvent être faits dans sa direction.

Nous parlions plus haut de la foi élémentaire présente au cœur de la promesse. Plus on avance dans le temps, plus l'analogie entre fidélité et foi va se confirmer. Il n'est pas de vie de couple durable sans ce que l'on appelle des « crises », c'est-à-dire sans états critiques en lesquels a lieu la perte d'un certain équilibre, d'une certaine économie du couple, vers un autre palier. L'histoire d'un couple n'est pas lisse, continue ; elle n'est pas « un

---

50. Notamment ceux de Denis SONET, *Réussir notre couple*, Droguet-Ardant, 1987, et *Découvrons l'amour*, Droguet-Ardant, 1990.

long fleuve tranquille». Elle connaît des phases différentes, au terme desquelles se révèlent les limites de l'état antérieur et s'avère nécessaire un nouveau départ. C'est ainsi que Jean-Claude Sagne distingue quatre «moments» dans la vie du couple : la *constitution*, temps de la fondation où l'imaginaire, la quête de complétude et l'idéalisation occupent une grande place; la *réalisation*, temps de l'épreuve de la différence, de l'accueil des enfants, de l'œuvre commune et de l'intégration des médiations; la *maturité*, temps de l'adolescence des enfants, du deuil de constructions imaginaires, qui correspond souvent avec la grande crise du milieu de la vie; la *résolution*, moment ultime qui est celui de la démaîtrise et d'un nouvel accueil de la vie comme don, dans la gratuité et le dépouillement.

Le passage d'un moment à un autre exige une recomposition générale de l'économie du couple. L'histoire d'un couple ne peut être que celle de décalages et de réajustements permanents. Il ne s'agit pas de cultiver la nostalgie des états antérieurs, notamment de celui du commencement; s'abandonnant à ce que Thibon appelle «le regret idolâtrique de l'aurore[51] ». Il s'agit d'avancer vers une plus grande vérité de la relation. Cela exige quelques dispositions simples qui relèvent, elles aussi, de l'art ou de la sagesse pratique que j'évoquais plus haut : pourvoir la relation de nourritures plus amples qu'elle, trouver la bonne distance à l'autre, savoir dire «non», savoir dire ses désirs ou ses peines, apprendre à demander pardon, ne pas tout attendre de l'autre[52]... Mais, antérieurement, cela relève d'une attitude plus fondamentale, qui rend possible les attitudes en question. Une disposition intérieure à la volonté elle-même, qui alimente celle-ci et lui apporte la détermination suffisante pour tenir, faire preuve de patience, attendre lors des phases difficiles. Cette atti-

---

51. «Il ne faut pas se raccrocher aux rêves anciens, il faut laisser mourir les rêves. Malheur à qui n'a jamais rêvé, mais malheur à qui ne sait pas mourir à son rêve ! » (*Ce que Dieu a uni*, *op. cit.*, p. 133).

52. Je renvoie ici encore au chapitre VI de *Le mariage, tout simplement* et à des ouvrages de psychologues ou thérapeutes, tels ceux de Jacques SALOMÉ et Jeannine MARRONCLE.

tude fondamentale, déjà brièvement mentionnée au sujet de la promesse, est la foi.

Ni le désir, ni le sentiment, ni la raison, ni la volonté ne suffisent à fonder le lien conjugal. Tous ces ressorts sans exception, chacun à sa manière, connaîtront des défaillances, des ambivalences, des passages à vide. C'est précisément lors de ces passages à vide que le lien est en péril, là que se joue son sort. C'est l'heure du pas de la foi. La foi comme acte décisif par excellence, qui n'est pas seulement croyance ou crédit, mais, ce qui est beaucoup plus radical, fiance, acte de se fier à – mieux, de se fier en – l'autre. L'image de la foi qui me parle le plus est celle que l'on trouve dans les récits des chevaliers de la Table ronde, celle de la poutre invisible à franchir au-dessus d'un abîme. C'est seulement au moment où le chevalier aura posé le pied sur celle-ci (encore invisible !) qu'elle deviendra visible, à l'instant même où elle lui apportera un appui. Le pas de la foi est effectivement un pas, dans la mesure où il consiste à avancer, à se disposer tout entier d'avance à trouver un point d'appui, même sans voir celui-ci. Lors de la marche corporelle ordinaire, la part de la foi est infinitésimale, dans la mesure où l'on voit le point d'appui ferme. Or, dans la marche existentielle, celle de la vie et, singulièrement, celle de la fidélité, on avance non dans l'espace mais dans le temps. Le point d'appui est par essence invisible, étant à-venir. Il y a des moments où la lancée antérieure suffit, où un pas en entraîne un autre, naturellement. Et il y a des moments où cette lancée est « en panne », perd de son évidence, se trouve contredite, semble impossible. C'est l'heure de l'épreuve. De la décision, au sens fort de ce mot. Du renouvellement ou de la fin de l'alliance. De sa refondation. Le pas est risqué : l'autre peut se dérober ; mais une chose est certaine : sans ce pas, le lien va à sa perte, avec toutes les morts corrélatives de celle-ci. Il faut donc lâcher ce type de certitude, objective, pour entrer dans l'ordre de celle que nous évoquions plus haut, la certitude (subjective) que l'autre est digne de foi, que le vide rencontré est lieu de vérité, que la voie qui a été suivie jusqu'à maintenant, celle de la cohérence avec la parole donnée, est la plus féconde. Telle est la poutre invisible, qui se révélera solide lorsque l'on posera le pied sur elle.

Foi dans l'autre, foi dans le lien, foi dans la *fides* elle-même. À travers de telles épreuves, le lien conjugal se purifie. Se manifeste au grand jour son ressort essentiel, à savoir cette foi dans la foi, qui est dans le même mouvement foi en l'autre, foi en soi et foi en la constance de la source mystérieuse de ce mouvement. Foi dans la vérité humaine de ce passage à l'autre dans la nuit. Comme la foi en Dieu, la foi conjugale doit passer par des nuits pour devenir ce qu'elle est[53]. Nous retrouvons ici le texte de Louis Beirnaert déjà rencontré à plusieurs reprises : « La foi surgit non d'une confiance faillible dans la capacité du partenaire à répondre au désir narcissique, mais de ce qui est là entre l'homme et la femme, d'une absence qui tend à se faire reconnaître dans son visage de mort[54]. » Il faut passer par la mort pour trouver la vie. Il n'est ni amour ni alliance qui tienne sans l'acceptation de ce passage.

Tel est l'axe essentiel, le noyau central. Mais il n'y a pas que l'essentiel... Le lien conjugal ne se tisse pas que de foi pure. Tout ce qui vient, autour de celle-ci, lui donner corps doit être rappelé. C'est dans le même sens que je suggérais en commençant de ne pas voir en ce lien seulement une affaire d'amour, mais d'accorder place à des dimensions du lien plus modestes, plus empiriques, plus tempérées. Le lien, donc, n'est pas qu'amour (ou que foi). Il est aussi loyauté envers une parole donnée, solidarité ou responsabilité mutuelle, mémoire des moments les meilleurs comme des plus douloureux, fécondité commune, gratitude. « Je lui dois tellement » est une phrase

53. « À lire les grands mystiques, aussi bien que l'Ancien et le Nouveau Testament, il est clair que Dieu est un Dieu toujours caché, un Dieu qui ne répond pas à la demande immédiate, un Dieu, disons-le, qui n'aime pas comme on le voudrait. De sorte que c'est toujours dans l'acceptation et la reconnaissance d'un vide, d'une absence radicale de satisfaction, qu'on accède à ce que signifie son nom » (L. BEIRNAERT, *Aux frontières de l'acte analytique*, *op. cit.*, p. 157.

54. *Ibid.*

qu'un sociologue dit avoir souvent entendue lors de ses enquêtes[55]. La mémoire de ce que l'autre a donné, parfois sacrifié, de tout ce dont je lui suis redevable, fait partie des ingrédients du lien. La prise de conscience de tout ce qui nous lie inciterait parfois à mieux œuvrer au salut du lien, et aussi à être plus miséricordieux envers lui.

Le tiers inclus

La plupart des termes qui précèdent supposent une situation duelle. Celle-ci a sans doute paru évidente au lecteur qui, comme l'auteur lui-même, appartient à un courant culturel, éthique et spirituel qui place la relation intersubjective, la rencontre du « je » et du « tu » au-dessus de tout et, singulièrement, au cœur de la réalité conjugale. Mais il serait naïf et partial d'oublier le rôle des médiations dans cette rencontre et pour la construction du lien lui-même. En particulier de la médiation du tiers, des tiers. Le raisonnement est un peu le même que dans le paragraphe précédent. Si l'essentiel se noue dans l'irréductibilité du face-à-face, cet essentiel lui-même a besoin de nombre d'étayages, confirmations, présences. Ce que nous avons dit du rôle des amis pourrait s'étendre à celui de la famille élargie et de toute communauté plus vaste, des aides ou soutiens divers (psychologiques, spirituels), de la profession elle-même (il est connu que le chômage contribue à fragiliser les couples).

Déjà lors de sa constitution, lors de la promesse, le pacte d'alliance appelle des témoins. Que serait un pacte qui se voudrait seulement intime ? La promesse ne se réduit pas à l'aveu ; elle n'acquiert sa pleine dimension que lorsqu'elle vient se graver dans des oreilles et des mémoires autres que celles des contractants[56].

---

55. Jacques GOBDOUT, *L'esprit du don*, La Découverte, 1992, p. 49 et 60.

56. « Il faut élever les attachements au-dessus des états psychologiques qui les ont fait naître et leur donner des formes objectives, fixées par l'écriture, insérées dans les coutumes. [...] La moralité a besoin d'une inscription qui résiste aux colères et aux

Les témoins apportent à la promesse une objectivité qui déborde celle de la confidence ; ils seront la mémoire vivante de la parole émise. Ils pourront éventuellement (j'ai connu le cas) la rappeler explicitement aux conjoints.

Nous touchons là à l'essentiel du mariage, que j'ai défini comme acte de parole solennelle[57] ou, ce qui revient au même, comme référence au tiers. *Se marier, c'est ne pas compter que sur ses propres forces*. C'est prononcer une parole qui implique davantage que l'intersubjectivité des époux, ne serait-ce que parce qu'elle a des effets juridiques. Par ailleurs, l'acceptation d'une ritualité signifie l'entrée dans une *forme*, c'est-à-dire la reconnaissance que l'alliance n'est pas seulement union des cœurs, mais intégration de règles. Reconnaissance que nous ne sommes pas à l'origine absolue de ce que nous vivons. Autrement dit que nous n'en sommes pas les seuls sujets. Auteur des formes sociales dans lesquelles nous entrons, le corps social en est aussi quelque peu le sujet (il l'est, par exemple, de la cérémonie). « Nous recevons infiniment plus du social que nous ne lui donnons[58]. » Pas d'alliance sans loi, sans l'intégration d'une *loi de l'alliance* qui en fixe les règles les plus élémentaires (loi morale, juridique ou religieuse, selon le contexte). Acceptant de marier l'amour et le droit, de conjoindre ces deux réalités que le néoromantisme oppose avec indignation, les conjugants font preuve de maturité, aussi bien psychologique qu'éthique. Comme le dit Kierkegaard, « l'amour n'est jamais aussi grand que lorsqu'il ose se faire devoir[59] », c'est-à-dire, concrètement, se traduire par des obligations qui réussissent cet exploit de correspondre à la fois à un consentement intime et à une morale commune. Ce n'est pas parce que l'amour déborde le devoir

---

intempéries. » Lire à ce propos tout l'excellent développement de France QUÉRÉ, in *La famille*, Seuil, 1990, p. 196.

57. M'appuyant sur Jacques ELLUL, cité plus haut, ou sur les travaux de Guy RAYMOND, dans sa contribution aux travaux de la 70e semaine sociale, in *Une idée neuve, la famille*, Centurion, 1996, p. 161.

58. France QUÉRÉ, *op. cit.*, p. 200.

59. *Étapes sur le chemin de la vie, op. cit.*

qu'il ne l'inclut pas. Qui peut le plus peut le moins. Un amour incapable de se traduire en obligations morales et sociales me paraîtrait quelque peu évanescent.

Ainsi seulement la parole peut-elle être fondatrice, c'est-à-dire donner naissance à une nouvelle cellule sociale. Pour cela, il faut qu'elle unisse non seulement deux sujets entre eux, mais un couple à la société. En effet, selon les termes de Paul Ricœur, « ce n'est pas le couple qui dit qu'il est marié, ni quand il est marié, c'est la société[60] ». La méconnaissance (plus que le refus) du mariage par beaucoup de jeunes couples aujourd'hui provient principalement de cet oubli du tiers. « Aujourd'hui, le couple ne peut s'appuyer que sur ses propres forces », lisais-je récemment dans un mémoire. Mais cela est-il possible ? Beaucoup de couples, ne misant que sur les ressources de leur intersubjectivité, seront un jour amenés à jouer *Huis clos*, autrement dit à se trouver prisonniers d'un face-à-face sans issue.

Témoins, officier, ministre, amis, famille, communauté, conseillers, représentants de la loi... on pourrait nommer nombre de tiers extérieurs au couple, sans oublier l'enfant en qui s'incarne la fécondité de l'alliance. Mais il y a aussi celui que nous appellerons le « tiers intérieur », dont beaucoup ont l'intuition, même en dehors de l'appartenance confessionnelle. « Pour que le couple tienne sur le plan humain, il faut qu'un dieu soit là », disait Jacques Lacan[61]. La « foi dans la foi » dont nous parlions tout à l'heure appelle non point, selon une mise en garde de Louis Beirnaert, ce qui vient « suppléer à une carence » ou « boucher un trou[62] », mais la fiance (tantôt expérience, tantôt pari, comme pour la poutre invisible), confiance donc en un principe de renouvellement transcendant à l'usure du temps, en une source d'énergie et d'espérance tout à fait vitale pour le lien

60. Paul Ricœur, Note de synthèse d'un dossier sur la sexualité, *Esprit*, n° 289, novembre 1961, p. 1808. Les textes cités plus haut de France Quéré et Paul Moreau développent remarquablement ce thème.

61. J. Lacan, *Séminaire*, livre II, Seuil, 1978, p. 306.

62. L. Beirnaert, *op. cit.*, p. 157.

car il n'est pas trop hâtif de dire que le principal adversaire de celui-ci est le découragement. L'amour, comme le lien, n'a pas seulement à être prolongé, mais à être sauvé, sauvé de la ruine en quelque sorte naturelle par l'accueil d'une vie qui est jaillissement permanent de nouveauté.

En christianisme, la référence au « tiers intérieur » est indissociable de la référence aux tiers extérieurs, puisque c'est en communauté, en communion de foi que le don est reçu comme « sacrement », c'est-à-dire comme acte ecclésial. L'Église est le premier sujet du sacrement. Que de sujets, dira-t-on, pour un même acte ! Mais n'est-ce pas cela, se marier ? Accepter de ne pas être les seuls sujets de l'alliance, tout en étant les premiers dans l'ordre de la responsabilité. En d'autres termes, la communion avec l'autre est communion avec d'autres. Très concrètement, l'appartenance à une communauté contribuera de façon irremplaçable à ce que les couples soient moins isolés, voués à leurs seules « propres forces », moins tentés aussi de croire qu'ils puissent être lieu de plénitude parfaite ou de totalité close. Les sujets accepteront mieux mutuellement leurs imperfections et celles de leur couple si celui-ci n'est pas pris pour l'absolu et s'il entre lui-même dans un réseau de liens plus vastes où son apport original mais limité ne fera que mieux ressortir sa note propre.

VII

LES RIVAGES DE L'AMOUR

L'amour résiste donc à la critique. Aussi nombreux soient ses mirages, ses écueils et ses échecs, aussi prégnants soient les mythes qu'il cristallise et les idéologies qui tentent de le réduire, la visée de ce que l'on entend par ce mot demeure irréductible. Même lorsque nous soulignons ses limites, sa non-suffisance et les appuis sur lesquels il doit s'étayer, ne ressort que mieux l'axe central de ses ressources propres. Mais cette visée, cet axe, peut-on mieux les caractériser ? Au terme d'un parcours riche en différenciations, distinctions, discernements, peut-on avancer de quelques pas vers une unification du sens, un rassemblement de celui-ci autour d'un nombre restreint de termes ? Cela est à souhaiter, car un mot, s'il reste seul, perd peu à peu son sens (et c'est parfois, nous l'avons assez vu, ce qui arrive au mot « amour »). Tout se passe comme s'il fallait d'autres termes pour le faire vivre. Pour ma part, je ne suis pas parvenu à un seul, mais à trois termes qui, chacun à sa manière, selon des voies différentes – non incompatibles toutefois –, me semblent dessiner ce que nous pourrions appeler « les rivages de l'amour ». Le premier est celui d'*union*, le second celui de *reconnaissance*, le troisième celui de *don*. Au-delà de cette triade, un ultime terme s'annonce, mais il se peut qu'il soit lui-même intraduisible…

Union

« *Tout amour est une force unitive*[1]. » En cette formule lapidaire, l'axe central est donné. On ne peut guère s'éloigner de l'intuition selon laquelle aimer, c'est tendre vers l'un. L'aspiration à surmonter la séparation, à vaincre la dualité n'est-elle pas caractéristique de l'élan amoureux ? Descartes est ici en accord avec saint Thomas lorsqu'il définit l'amour comme « la volonté de se joindre avec l'objet aimé[2] ». Et les psychologues soulignent que l'amour est à base d'identification. Tout se passe comme si l'amour permettait de connaître l'autre du dedans, surmontant miraculeusement les limites de la connaissance extérieure. A lieu cette chose étonnante que chacun y acquiert l'aptitude à souffrir de la douleur de l'autre, à se réjouir de sa joie. Aussi Max Scheler a-t-il pu poser que l'amour était la forme supérieure de la sympathie.

Sous sa forme désirante, et désirante sexuellement, l'amour tend vers ce que l'on appelle la « possession », terme un peu redoutable, suscitant souvent une légitime méfiance, mais qui néanmoins s'avère sans équivalent pour dire à la fois l'objet du désir et l'expérience de l'union des corps. La possession serait une forme d'union avec ce que je ne suis pas. Posséder, c'est « avoir sous la main », disposer de, oublier la dualité. Avoir à défaut d'être, ne faire qu'un à défaut d'être un. Éprouver, donc, ou viser, ou mettre en scène une unité qui, si elle n'est pas celle de l'être, tend du moins à lui ressembler. Ce n'est donc pas la possession à proprement parler qui est visée, mais ce qui, en elle, permet de se rapprocher de l'être un. En effet, écrit Janké-

---

1. Saint THOMAS D'AQUIN, *Somme théologique*, Ia, IIae, qu. 28, art. 1. Formule reprise de DENYS L'ARÉOPAGITE, *Des noms divins*, 4, § 12.

2. « L'amour est une émotion de l'âme causée par le mouvement des esprits, qui l'incite à se joindre de volonté aux objets qui paraissent lui être convenables » (*Les passions de l'âme*, 79).

lévitch, « Éros insatiable veut plus qu'avoir, puisque aussi bien avoir est une duperie : il veut être ce qu'il ne peut avoir ou mieux il voudrait surmonter l'alternative de l'avoir et de l'être. [...] Il cherche à être ensemble soi et l'autre, à se sentir deux fois exister, en bref à exister deux fois à la fois[3]. »

Indéniable est cet élan, touchante cette aspiration. Elle a la vertu d'inciter au dépassement de l'enfermement en soi. Comment même ne pas reconnaître une certaine noblesse dans cette contestation des limites de l'individuation, dans cette insatisfaction à l'égard de la clôture de l'ego ? Mais convient-il pour autant de sacrifier toute lucidité ? Aussi valeureux soit-il, l'élan en question ne peut pas aller à l'encontre de la réalité. Et celle-ci est têtue : la dualité demeure ; indéniable est la séparation. De façon très concrète, la caresse, qui a pu être comprise comme tentative d'appropriation de l'autre, est aussi, nous l'avons vu expérience sensible que l'autre est insaisissable[4].

Nous avons eu l'occasion de voir combien l'image de l'unité était porteuse d'illusions. Illusion de constituer à deux une totalité, comme dans le mythe des Androgynes ; illusion d'un ajustement parfait ; d'une suppression de la distance entre les êtres, d'une abolition de la solitude, illusion de transparence ou de parfaite communication, illusion d'un avenir radieux dont la réussite serait garantie par la plénitude du présent. Le pari sur une vérité de l'amour, sur l'amour comme réalisable devra miser sur une autre forme d'unité, moins ambitieuse ou moins abstraite, pour laquelle nous préférerons le terme d'union, qui désigne mieux la constitution d'un lien.

Ni symbiose, ni fusion, donc, l'union en question serait-elle sympathie ? Sentir ensemble les mêmes choses, éprouver les mêmes sentiments ? Cela peut paraître désirable, source de l'harmonie chère à Aristote, mais est-ce vraiment de l'amour ? Ne sommes-nous pas sur le registre de la simple « contagion » ou

---

3. V. JANKÉLÉVITCH, *Les vertus et l'amour*, *op. cit.*, tome II, p. 280, 285.

4. Rappel de notre esquisse d'analyse, au chapitre V.

« condoléance affective[5] » ? Or, fait remarquer Max Scheler, d'une telle identification un acteur est capable à l'égard du personnage qu'il est conduit à jouer ; plus encore, elle peut avoir lieu entre ennemis, avoir pour véhicule la haine. La sympathie n'implique pas d'elle-même la transitivité, c'est-à-dire le mouvement vers l'autre caractéristique de l'amour. « On peut souffrir de la douleur d'un autre sans aimer cet autre ; le fait de se réjouir de sa joie, de vibrer avec lui à l'unisson n'implique pas qu'on l'aime, mais seulement que son bonheur nous rend nous-mêmes heureux et qu'on imagine ou réalise fortement son destin[6]. » Non, aimer, ce n'est pas vouloir ce que l'autre veut, c'est-à-dire la même chose que lui, mais vouloir son vouloir ou, selon la belle formule de Jankélévitch encore, « convouloir à sa volonté[7] ». Il y a bien, alors, union, c'est-à-dire accord, mais dans la dualité : cette volonté est celle de l'autre et, aussi profond soit mon consentement, il se réfère à une altérité, c'est-à-dire à une origine qui n'est pas en moi mais en l'autre. Cette altérité n'est pas seulement tolérée, supportée ; elle est souhaitée, voulue, cultivée, honorée.

À la philosophie de l'amour comme tension vers l'un semble pouvoir être opposée celle de l'amour comme promotion de l'altérité. « Aimer, ce n'est pas passer dans l'autre pour s'y perdre, c'est constituer, présent en face de soi et pour soi, un être qui est un toi », écrit Gabriel Madinier[8]. Or, ce « toi » est un sujet, c'est-à-dire un principe d'action, une liberté, un mystère. L'accueil de cette liberté sera, du même coup, acceptation de son caractère imprévisible et inaliénable, ce qui, pratiquement, pour moi, veut dire irréductible. Irréductible à toute subordination comme à tout

5. Expressions que V. Jankélévitch emprunte à Max SCHELER, *op. cit.*, p. 292.

6. *Ibid.*, p. 295.

7. « Entre ennemis aussi tout peut être commun. L'amour, ce n'est pas de vouloir ce que tu veux, mais de vouloir comme tu veux, de convouloir à la volonté de l'aimé » (*op. cit.*, p. 292). Voir aussi page 298 : « Nos deux vouloirs ne coïncident pas par la matière, ils communient dans la forme ; ce ne sont pas leurs objets ou contenus qui sont les mêmes, ce sont les deux sujets qui n'en font qu'un. »

8. G. MADINIER, *Conscience et amour*, *op. cit.*, p. 87.

« englobement ». Il ne s'agit pas de former avec l'autre une totalité, mais de consentir à l'autre total, dans sa totalité, c'est-à-dire en tout ce qu'il est, non seulement dans ses qualités, mais aussi dans ses limites, ses défaillances. Altérité signifie aussi résistance, déception, écart, contradiction. Aimer quelqu'un, a-t-on pu dire, c'est non seulement l'aimer malgré ses défauts, mais l'aimer avec ceux-ci ; osons aller plus loin, c'est aimer ses défauts eux-mêmes. Ces derniers, finalement, ne contribuent-ils pas à façonner sa personnalité, ses traits, son visage[9] ?

Opposerons-nous la thèse de l'union à celle de l'altérité ? À vrai dire, c'est avec une représentation imaginaire de la première que la seconde entre en contradiction. Qui ne voit en effet que, dans la volonté de promouvoir l'autre comme tel, réside la meilleure chance de réaliser union ? Union réalisée, précisément, et non donnée d'emblée, magiquement. Union provenant moins de l'harmonie miraculeuse entre les affects que de l'accord entre deux volontés. Union en acte, qui serait plutôt unification, et qui prend moins le chemin de l'identification que celui de la reconnaissance, moins la voie de la possession que celle du don. Tout se passe effet comme s'il y avait deux manières de réaliser l'un : la possession ou le don. Or, la première s'avère soit illusoire soit violente, tandis que sur la base du second pourra réellement se construire un lien, c'est-à-dire une communauté, fruit de la « mise en commun » (la *koinônia* rencontrée au chapitre III). Les termes susceptibles de caractériser celui-ci, plus tempérés eux aussi que ceux du vocabulaire fusionnel, offrent l'intérêt

9. G. Madinier cite à ce propos le très beau texte de l'une de ses contemporaines : « Rien n'est plus attachant que les faiblesses et les défauts : c'est par eux-mêmes que l'on pénètre l'âme de l'être aimé, âme constamment cachée par le désir de paraître semblable à tout le monde. Il en est comme d'un visage. Les autres ne voient qu'un visage ; mais soi, l'on sait à quel instant précis la courbe du nez, au lieu de continuer sa ligne idéale, se casse imperceptiblement pour dessiner un nez ordinaire ; on sait que de près le grain de la peau est gros avec des points noirs ; on a trouvé la tache des yeux qui par moments éteint le regard et le millimètre qu'a, en trop, la lèvre pour être distinguée. Ces petites irrégularités, on a envie de les embrasser plus que les perfections, parce qu'elles sont pauvres et qu'elles font que ce visage n'est pas celui d'un autre » (Marcelle SAUVAGEOT, *Commentaires*, Paris, 1936, p. 46).

d'évoquer une forme d'union compatible avec la différence : *concorde*, *convenance*[10], *communion*. Communion n'est pas fusion mais « commune union », sur le fond d'une réalité tierce en laquelle nous sommes unis, qui nous réunit, qui naît et grandit entre nous. Encore faut-il pour cela qu'il y ait place pour un « entre nous », pour ladite réalité tierce, vivante et vivifiante. Si l'essentiel de l'amour est dans le rapport du « je » et du « tu », dans le face-à-face, cet essentiel n'est pas tout. L'amour, comme la rencontre elle-même, appelle une médiation, des médiations, comme nous avons eu l'occasion de le souligner à propos de l'alliance[11].

Reconnaissance

« Mesa, je suis Ysé, c'est moi[12]*. »*

Le thème est déjà apparu dans l'analyse de l'état amoureux : il est de ces moments privilégiés où s'allient de manière étonnante le sentiment de découvrir l'autre pour la première fois, de le découvrir enfin ou mieux, et le sentiment de re-connaître en lui (en elle) un être déjà connu. Lorsque Ysé dit à Mesa : « c'est moi », à quelle identité se réfère-t-elle ? À quelle connaissance

---

10. Concorde est mis en valeur par Aristote et Spinoza ; convenance l'est notamment par Montaigne et par saint FRANÇOIS DE SALES, dans son *Traité de l'amour de Dieu* : « La convenance de l'amant à la chose aimée est la première source d'amour, et cette convenance consiste à la correspondance, qui n'est autre chose que le mutuel rapport qui rend les choses propres à s'unir pour s'entre-communiquer quelque perfection » (I, 8).

11. Sur ce point je m'écarterai du point de vue de Jankélévitch, qui insiste exclusivement sur le caractère duel, direct et immédiat de la rencontre amoureuse (*op. cit.*, p. 300-302). Pour Luce IRIGARAY en revanche, l'amour appelle des médiations : parole, chair, enfant, nature, vie spirituelle, construction d'un *nous*. Elle souligne le caractère d'« indirection » de l'amour. D'où son titre surprenant : *J'aime à toi*, Grasset, 1992.

12. P. CLAUDEL, *Le partage de midi*, *op. cit.*, acte I.

antérieure fait-elle allusion ? À aucune connaissance empirique, aucun savoir, à mieux qu'une coïncidence. Il ne s'agit pas de répétition ou de recouvrement. Non, ils ne se connaissaient pas, mais ils se reconnaissent. Expérience, donc, à la fois de nouveauté et de correspondance. Mais correspondance avec qui, avec quoi ? Avec cette Ysé que tu as déjà rencontrée ? Le contexte montre qu'il ne s'agit pas que de cela : un événement est en jeu, la rencontre de l'homme et de la femme. Immédiatement avant, Mesa vient de dire : « Qu'y a-t-il entre vous et moi ? » À l'acte suivant, lors de l'étreinte qui scellera leur union, elle lui redira : « C'est moi, Mesa, me voici. » Qui donc est ici reconnu ? La personne d'Ysé, son être intime qui se révèle et se donne alors ? Ou un visage, une voix que Mesa portait déjà en soi, en attente ? Il n'y a pas à choisir entre ces deux interprétations ; il faut au contraire les tenir ensemble l'une et l'autre ; c'est dans leur conjonction que réside l'événement amoureux. La reconnaissance est expérience à la fois de nouveauté et de parenté, de différence et de ressemblance, d'altérité et de mêmeté. L'autre y est perçu non seulement en tant qu'autre, mais en tant que toi, « car il est ensemble autre que moi et le même que moi [13] ».

Le prodige de l'amour est que l'accès à la transcendance de l'autre est, dans le même mouvement, accès au plus intime de soi. « *À ce coup-ci, c'est l'os de mes os et la chair de ma chair*[14]. » Dans la révélation de l'intimité de l'autre, c'est en même temps la mienne qui se déploie. Accès au « même » entre toi-*même* et moi-*même*. Je découvre l'autre par la voie du même. Entre toi et moi, *entre nous*, il y a communauté. Mais à quoi tient donc cette communauté ? À une ressemblance, une affinité, une complémentarité ? Non. Il est clair que ce n'est pas de cet ordre de choses qu'il s'agit. De tels éléments peuvent intervenir, mais ils ne sont pas déterminants. La communauté en

---

13. V. JANKÉLÉVITCH, *op. cit.*, p. 354.
14. Genèse 2, 23.

question n'est pas résultat mais événement ; bien plus, un événement lui-même issu de la communauté entre deux événements. Il s'agit de deux reconnaissances conjointes. La réciprocité ne lui est pas accidentelle, mais essentielle. Je te reconnais me reconnaissant. L'une et l'autre reconnaissance se suscitent mutuellement. On parle souvent de la reconnaissance des amants au singulier, à charge pour le préfixe « re » de dire la réciprocité.

Ainsi donc, avant d'être connaissance de l'autre, la reconnaissance est-elle expérience d'un écho ou d'une résonance, expérience quasi spéculaire[15] de l'appréhension en l'autre du même mouvement qu'en moi. Je le découvre me découvrant, je l'aime m'aimant. (L'aimant m'attire comme un « aimant ».) En un sens c'est mon amour qui me rend aimable, de même que c'est son amour qui me rend l'autre aimable. Nous frôlons bien sûr ici le narcissisme. Mais s'en tenir à cette interprétation serait partiel. Les miroirs ne font que refléter ; alors qu'ici c'est de *révélation* qu'il s'agit. D'une double révélation réciproque. La métaphore musicale de la résonance, ou de l'harmonie, serait plus appropriée. Chaque note est mise en valeur, déployant toutes ses harmoniques, au moment où elle entre en résonance avec l'autre dans un bel accord.

Il ne s'agit pas de se complaire en son image, ni de rechercher son double ; il s'agit de trouver la vraie vie, sa vraie vie, dans l'agrandissement du regard, dans le contrepoint des voix, dans l'enlacement et la vibration commune des corps. Cette vie est plus que la mienne ; elle n'est pas exactement moi, puisque j'y sors de moi pour aller vers toi, toi qui, de ton côté, fais le même chemin. Un « nous » naît entre nous, en débordement vers lequel chacun, sans se confondre avec lui, trouve sa vérité, c'est-à-dire est davantage lui-même qu'en restant enfermé en soi. Comme si dans l'amour, tout en me décentrant, en sortant de moi, je devenais davantage moi-même. Comme si je me trouvais, sans le chercher, au moment où je me perds. Le romancier Paul Auster exprime très bien cela :

15. De *speculum*, miroir.

« C'est venu comme une révélation, et lorsque j'ai enfin eu le temps de l'assimiler, je me suis demandé comment j'avais réussi à vivre aussi longtemps sans avoir appris une chose aussi simple. Je ne parle pas tant de désir que de connaissance, de la découverte que deux personnes, par leur désir, peuvent créer une chose plus puissante que celle que chacun peut créer toute seule. Ce savoir m'a transformé, me semble-t-il, et, de fait, m'a donné la sensation d'être plus humain. Il s'est avéré que ma véritable place dans le monde se trouvait quelque part au-delà de moi, et si cette place m'était intérieure elle était également impossible à situer. C'était le trou minuscule entre le moi et le non-moi, et pour la première fois de ma vie je percevais ce nulle part comme le centre exact du monde[16]. »

Ainsi donc la reconnaissance est-elle bien, quand même, aussi connaissance. Co-naissance, naissance ensemble à une vie nouvelle, naissance l'un à l'autre, l'un par l'autre. Bien qu'elle ne soit pas un savoir, elle est quand même aussi accès à l'autre. Le seul lieu de révélation non seulement de *ce* qu'il est, mais de *qui* il est, de sa singularité unique et irremplaçable[17]. « Aimer quelqu'un, c'est l'aborder comme unique au monde[18]. »

Mais de quelle unicité s'agit-il ? Celle dont il est ici question n'est pas seulement originalité, dissemblance, comme pour un objet n'existant qu'à un seul exemplaire. Il s'agit d'une unicité beaucoup plus radicale, qui n'est pas seulement effet (de la fusion de patrimoines génétiques, par exemple, critère selon lequel un être humain n'est pas plus unique qu'un chimpanzé), non plus qu'un ensemble d'attributs (qui lui permettraient de prendre rang dans une collection). D'une unicité de principe, foncièrement incomparable et incommensurable, non seulement

---

16. P. AUSTER, *La chambre dérobée* (1986), in *Trilogie new-yorkaise*, trad. fr., Actes Sud-Babel, 1991, p. 319.

17. « Aimer consiste à transformer un *lui* en *toi*. [...] L'amour est essentiellement *inventeur du toi* ; ce que nous aimons dans celui que nous aimons, ce n'est pas, comme semblerait le dire un mot de Pascal, ses qualités, mais c'est bien plutôt le fond même de son être, quelles que soient ses qualités. La plus humble nature a un prix infini pour celui qui aime, car ce qu'il aime, sous cette nature médiocre, c'est le sujet personnel unique et, en tant que tel, d'une valeur infinie » (G. MADINIER, *op. cit.*, p. 89).

18. E. LÉVINAS, in *Racismes*, entretien avec Emmanuel Hirsch, Cerf, 1988, p. 95.

existentielle mais ontologique, d'une « exclusive présence », un « inimitable hapax[19] », qui ne peut être exemplaire d'une série parce qu'il est un univers à soi seul. Un singulier porteur d'un universel.

D'une telle unicité, il n'est pas emphatique d'affirmer que l'amour est le seul mode de connaissance. « Parmi les êtres humains, on ne reconnaît pleinement l'existence que de ceux que l'on aime. » La parole de Simone Weil mérite d'être citée à nouveau ici[20]. Dans le même sens, un terme très proche de celui d'amour pourrait être celui, mis en avant par le même auteur, d'*attention*. Si l'amour ne se réduit pas à l'attention, il est le premier lieu d'attention véritable à l'autre. Le propos ne doit pas être entendu du sentiment seulement. Heureusement que l'amour de préférence, celui que nous désignions plus haut sous le nom de « dilection », n'est pas le seul mode de reconnaissance de l'unicité d'autrui ! L'affection peut s'arrêter en chemin, à un ensemble de qualités, physiques ou morales, à un certain profil qui ne caractérise pas encore la personne, mais l'individu[21]. Tel ne sera pas le cas de l'amour-*agapè*, cet amour « du premier venu », au regard encore plus aigu, qui voit peut-être plus large parce qu'il voit plus profond.

Tout se passe comme s'il y avait deux manières de percevoir et accueillir l'unicité : dans la dilection, cette reconnaissance est élection ; l'autre est unique en tant qu'irremplaçable, non seulement par son originalité ou par la constellation de ses traits et qualités, mais parce que le lien qui me relie à lui n'a pas d'équi-

---

19. V. JANKÉLÉVITCH, *op. cit.*, p. 302. Un *hapax* est un terme que l'on ne trouve qu'une seule fois dans une langue. E. Lévinas va plus loin encore en contestant ce terme : « La singularité du sujet n'est pas l'unicité d'un hapax. Elle ne tient pas, en effet, à une qualité distinctive quelconque comme les empreintes digitales qui en feraient un *unicum* incomparable [...]. L'identité du soi-même n'est pas l'inertie d'une quiddité individuée grâce à une différence spécifique ultime [...]. Elle est dans l'unicité de l'assigné » (*Autrement qu'être* [1974], Martinus Nijhoff, 1986, p. 133).

20. S. WEIL, *La pesanteur et la grâce*, *op. cit.*, p. 69.

21. Max Scheler distingue le désir sexuel, l'affection et l'amour, selon que le premier se porte sur ce genre, la seconde sur l'individu, le propre du troisième étant de viser l'Unique de la personne. Rapporté par V. JANKÉLÉVITCH, *op. cit.*, p. 230.

valent. Je reconnais son unicité en m'engageant avec lui, avec elle, dans une relation elle-même unique et irremplaçable. En ce sens, aimer, c'est préférer. Nous touchons là du doigt à la fois la valeur et les limites de l'amour d'affection. Valeur d'une mise en œuvre de la reconnaissance à travers la durée, d'une traduction de l'unicité de la personne en celle d'une histoire concrète, incarnée, prioritaire. Limites de l'exclusivité – mot redoutable – de la préférence et de son revers, la jalousie. Celle-ci traduit aussi bien le légitime vœu de réciprocité dans l'unicité, l'aspiration à être soi-même reconnu comme irremplaçable qu'une volonté de possession, un instinct de propriétaire toujours quelque peu honteux. Oui, l'unicité de l'élection est une grande chance pour la rencontre interpersonnelle, mais elle n'est ni la seule ni la plus haute manière de reconnaître l'unicité de la personne.

L'autre voie consiste à reconnaître celle-ci dans l'existence même du premier venu, comme tel. La préférence y est remplacée par l'attention. C'est dans le présent, non à travers la durée, que l'autre est irremplaçable. En un sens, cela est une limite : la durée n'est-elle pas un moyen sans équivalent d'avancer vers la rencontre de l'autre ? Mais, en contrepoint, il n'est pas impossible d'affirmer que le présent est tout, surtout lorsqu'il est porté par un regard véritablement attentif. L'acte de don, d'écoute, d'accueil peut y être aussi entier. Cette voie est celle de l'amour de charité, qui n'exclut pas la forme précédente (il peut être sous-jacent à l'élection), mais qui peut aussi se déployer en-dehors d'elle. Joie d'être reconnu comme unique, à un degré encore plus profond que celui des motivations psychoaffectives de la préférence, en vertu d'une communauté spirituelle, d'une parenté encore plus radicale que celle des liens du sang, en vertu d'une fraternité qui est proximité et partage de la même royale dignité.

C'est ici que le terme de « reconnaissance » laisse affleurer un nouveau sens, jamais totalement absent des précédents, celui de gratitude. « Je t'aime » signifie aussi « je te remercie d'exister ».

Gratitude sans raison ou, du moins, sans raison déterminée. Tu existes, cela m'est révélé et je m'en réjouis. Je t'en rends grâces et j'en rends grâces au créateur. Je te suis également reconnaissant de me reconnaître et, ainsi, de me permettre d'exister davantage. Si la reconnaissance est réjouissance, cette dernière est double, suscitée par la croissance de deux êtres qui, l'un par l'autre, découvrent une dimension nouvelle de la vie, de leur propre vie.

Don

« Se donner un peu coûte beaucoup ;
se donner beaucoup coûte peu ;
se donner tout entier est devenu aussi simple
que bonjour et bonsoir[22]*. »*

Don : ce petit mot de trois lettres habitait déjà les deux précédents. Nous l'avons entraperçu à la fin du thème de l'unité, comme réalisant mieux celle-ci que la possession. Quant à la reconnaissance, si elle est gratitude, si elle « rend » grâces, n'est-ce pas sur le fond d'une donation première ?

C'est une expérience humaine toute simple, dont témoigne l'enfant qui tend l'un de ses jouets à celui avec lequel il souhaite entrer en relation, que le don est créateur de liens. Je serais même tenté d'écrire que le don seul est créateur de liens. L'avare suscite autour de lui l'isolement dans lequel il s'enferme, tandis que le généreux devient foyer de relations et de vie. Le don parvient à réaliser ce que ni la sympathie, ni l'affection, ni le désir ne savent faire. La sympathie ne suffit pas à créer des liens : elle n'opère pas d'elle-même (nous l'avons vu plus haut) le passage à l'autre qui permettrait d'établir un pont entre lui et moi. Il en va de même pour l'affection et le désir, dans lesquels l'imagi-

22. V. JANKÉLÉVITCH, *ibid.*, p. 349.

naire peut prendre une part prépondérante et qui n'impliquent d'eux-mêmes ni réalisation ni choix. Ils ne sont pas par eux-mêmes des actes et des mouvements vers l'autre, en quoi consiste l'amour qui est, selon le mot de Simone Weil, « une orientation, et non un état d'âme[23] ». Il n'est pas seulement passion mais action, non seulement état mais création[24]. Il est mise en œuvre de la reconnaissance de l'altérité, mouvement qui, pour ne pas rester abstrait ni pure « pétition de principe », est indissociable de l'établissement, entre toi et moi, entre nous, d'une communauté, c'est-à-dire d'une vie commune. Or, par le don, non seulement je symbolise, mais je réalise cette dernière. En effet, prenant de ce qui était « à moi » et le donnant à l'autre, je signifie le prix qu'a pour moi la relation. Ce que faisant, je fais exister celle-ci en lui donnant du prix. En réalité, ce que je donne alors est moins la chose, le cadeau que l'acte même de donner, lui-même expression de mon désir de lien. Derrière le don de l'objet se tient le don du sujet, c'est-à-dire de son attente, de sa confiance, de sa présence, de son temps[25]... Il paraît que, en araméen, « je t'aime » se dit « *qorbane* », « je m'offre à toi ».

Je vois d'ici les sourcils se froncer. Maints collègues en sciences humaines sont soupçonneux à l'égard de cette mise en avant du don[26]. Ils redoutent une méconnaissance de la part que l'intérêt, l'intéressement même, prennent dans toute relation. N'est-ce pas pour recevoir que je donne ? Et l'on parlera de gratifications, narcissiques ou libidinales par exemple. N'y a-t-il pas un obscur calcul de rétribution, une inavouée transaction, une attente de compensation dans le don apparemment le plus désintéressé ? Et, fondamentalement, l'amour de l'autre n'est-il pas une forme indirecte de l'amour de soi ?

---

23. S. WEIL, *L'attente de Dieu*, Fayard, 1966, p. 120.

24. « L'amour véritable est une création, à la manière d'un enfantement » (J.-C. SAGNE, *L'homme et la femme dans le champ de la parole*, DDB, 1995, p. 63).

25. « Aimer quelqu'un, c'est lui donner du temps » (*ibid.*, p. 48).

26. « Par un étrange renversement, le don, autrefois sujet obligé des discours édifiants, est devenu plus obscène que l'obscénité même » (J. GODBOUT, *L'esprit du don*, La Découverte, 1992, p. 12).

Il est vrai qu'il y a une manière naïve, précritique, de parler de la gratuité du don, lorsque l'on ne mesure pas la part que l'intérêt et le calcul peuvent prendre dans nos actes. Part cachée, le plus souvent, qui peut se glisser avec une subtilité déconcertante dans les conduites apparemment les plus désintéressées. Mais il convient aussi de débusquer les présupposés d'une philosophie ou plutôt d'une idéologie qui érige en dogme ce soupçon sur la gratuité. Si elle s'impose avec tant de facilité aujourd'hui, n'est-ce pas parce qu'elle rejoint les catégories de l'utilitarisme, fond de pensée le plus prégnant, peut-être, de la culture contemporaine ? La plupart des travaux en sciences humaines semblent avoir fait leur le principe du philosophe anglais Jeremy Bentham : « L'homme choisit les actions qui engendrent le plaisir et fuit celles qui lui causent de la peine[27]. » La recherche du plaisir serait sous-jacente à toutes les relations humaines, lesquelles deviennent alors des transactions où chacun espère recevoir au moins autant que ce qu'il donne. Des notions comme générosité, gratuité, désintéressement font alors l'objet d'une réduction radicale, semblant n'être qu'alibis ou interprétations secondes et illusoires.

Devant l'apparente évidence d'un tel point de vue, il y a tout d'abord lieu de se demander si celui-ci ne peut pas être mis en relation avec le triomphe d'une société marchande qui ne valorise que l'échange des biens et le calcul d'intérêt, s'il ne peut pas être compris comme une théorisation de l'individualisme induit par celle-ci. Mais que deviendraient les relations interpersonnelles, que deviendrait le lien social, si ce point de vue devenait hégémonique ? Car il faut bien voir les choses en face : adhérer à l'hypothèse utilitaire revient à affirmer que, dans toute relation, l'autre, en dernier ressort, n'est qu'un moyen.

Une critique de l'utilitarisme nous vient de l'anthropologie. Le Canadien Jacques Godbout met en évidence que les rapports sociaux primaires, c'est-à-dire communautaires, qui se jouent de

27. Cité par N. DUFOURCQ, « Le don entre pureté et impureté », *Esprit*, novembre 1995, p. 49.

personne à personne, ne peuvent reposer que sur le don, à la différence des rapports sociaux secondaires, c'est-à-dire marchands ou politiques, qui reposent, eux, sur l'échange ou le contrat. « Le don constitue le système des relations proprement sociales en tant que celles-ci sont irréductibles aux relations d'intérêt économique ou de pouvoir[28]. » Alors que les rapports secondaires sont, en dernier ressort, anonymes, fonctionnels et utilitaires, les rapports primaires sont personnalisés et ont par eux-mêmes du prix. Ils ne reposent pas sur le principe de l'équivalence, mais sur celui de la dette, c'est-à-dire de l'inégalité alternée. « Ce qui maintient le lien, c'est que chacun pense à donner plus qu'il ne reçoit[29]. » Le sentiment de « devoir beaucoup » à l'autre fait partie des constituants du lien, et cela non sur le registre de la culpabilité, mais sur celui, beaucoup plus positif, de la gratitude et de l'appel au don en retour[30].

Toutefois le point de vue de l'anthropologie n'est pas encore celui de la générosité ou de la gratuité. Dans la ligne de Marcel Mauss, Godbout entend le don comme fait social total, c'est-à-dire comme le maillon d'une vaste chaîne où ce qui est reçu devra obligatoirement être rendu en retour, sous peine d'exclusion, à l'issue d'une période de dette. Nous ne sommes plus sur le registre du calcul utilitaire, mais nous sommes encore sur celui de la contrainte. Aussi Godbout rejette-t-il (sortant peut-être quelque peu de son domaine) l'idée de gratuité[31].

Celle-ci ne peut apparaître que sur fond de liberté, c'est-à-dire de relations entre les êtres qui laissent place à des alternatives et des modulations, et qui peuvent se jouer aussi bien sur le registre de la générosité que sur celui de l'avidité. Oser affirmer que gratuité et générosité sont possibles, c'est affirmer l'esprit, c'est-à-

28. J. Godbout, *op. cit.*, p. 23.

29. *Ibid.*, p. 49.

30. « L'état de dette n'est pas une névrose, et le but n'est pas de s'en libérer, mais d'apprendre à donner à son tour » (*ibid.*, p. 60).

31. « Le don gratuit n'existe pas – ou alors de manière asymptotique de l'asocialité » (*op. cit.*, p. 14).

dire une dimension de l'existence irréductible aux lois de la nature, celle-ci étant gouvernée par la « lutte pour la vie » et le souci de persévérer dans l'être. Avec Emmanuel Lévinas, je propose de comprendre l'accès à la vie spirituelle comme passage du mouvement centripète du pour soi au mouvement centrifuge du pour autrui. « *Le donner est le mouvement originaire de la vie spirituelle*[32]. » Alors que la vie biologique est centrée sur le principe de la conservation de soi, la vie spirituelle est décentrement, priorité accordée à l'autre, ce qui revient à dire capacité de générosité et, donc, de gratuité (car que serait la première sans la seconde ?).

Une des hypothèses centrales de Godbout est « que le désir de donner est aussi important, pour comprendre l'espèce humaine, que celui de recevoir. Ou encore que l'appât du don est aussi puissant ou plus que l'appât du gain[33]. » Affirmations déjà très éclairantes. Mais pour passer de cet « appât » à l'acte de l'amour, il faut passer du point de vue de « l'espèce » à celui de la personne. Du point de vue collectif à celui du libre choix des sujets. Or, comme la liberté, la gratuité ne se démontre pas. Elle n'est pas une donnée positive, mais plutôt quelque chose comme un « postulat de la vie spirituelle ». Elle réside dans l'intention, c'est-à-dire dans le rapport intime du sujet à son acte, n'advenant, il est vrai, qu'au sein de ce que Platon appelait la « vie mélangée », c'est-à-dire mêlée à d'autres mouvements, à des intentions moins pures, ce qui n'ôte rien, pour autant, à son irréductibilité.

Jankélévitch parle de « percée métempirique de l'amour » pour signifier que celui-ci n'est pas du même ordre que l'attachement à soi, l'instinct de conservation ou l'amour-propre. Il ne naît pas d'une transformation de l'amour de soi, sur le même terrain que celui-ci. Se démarquant de pensées qui situent l'amour de l'autre en continuité avec l'amour de soi (Aristote, Cicéron, Hugues de Saint-Victor, Spinoza, La Rochefou-

---

32. E. LÉVINAS, *Difficile liberté*, Albin Michel, 1976, p. 87.
33. *Op. cit.*, p. 31.

cauld...), l'auteur du beau chapitre intitulé « De la gratitude à la gratuité » affirme avec netteté : « Celui qui s'est installé d'abord dans la philautie[34] [...] a beau la creuser et l'élargir, il ne trouvera pas l'amour. » L'aimé n'est pas un *alter ego*, car celui-ci « n'est pas *alter* mais *ego*, encore *ego* et toujours *ego* ; toujours lui-même et désespérément le même. On n'en sort pas ! Deux moi ne sont qu'un seul moi réitéré ou deux fois répété[35]. » L'amour n'est pas un élargissement ou une reduplication de l'amour de soi. Il n'est pas même certain que cette dernière expression (« amour de soi ») ait un sens car l'amour est relation transitive, passage à l'autre, et ce n'est que de manière approximative que l'on peut parler de relation avec soi-même. Non, l'amour est une mutation, une conversion, un « premier mouvement » et la gratuité est sa fine pointe, son inspiration spécifique, son intention irréductible[36]. En effet, l'amour n'est amour qu'en ayant son centre de gravité en dehors de lui, par le mouvement centrifuge de la générosité, en laquelle le don est un « départ sans retour », ouverture et aventure à la fois.

Il est vrai que le propre de l'amour est que le « pour autrui » y est en même temps « pour soi », dans la mesure où, en allant vers l'autre, en lui donnant, je m'y retrouve, d'une certaine manière, par le plaisir ou la joie que j'éprouve dans cet acte. Ce qui distinguerait le don par amour du don par pur devoir. On peut donc concéder qu'en ce sens l'amour n'est pas totalement désintéressé. Mais si l'amour est authentique, cette joie ou ce plaisir ne sont pas des fins, mais des fruits. La fin, c'est le plaisir ou la joie de l'autre, son bonheur. Que cette joie ou ce plaisir me réjouissent n'enlève rien à la gratuité, l'augmente plutôt.

Celui qui donne authentiquement ne calcule pas ses chances de recevoir, il donne sans rien exiger en retour. Et Jankélévitch

---

34. Litt. « amour de soi », terme repris à Aristote par V. Jankélévitch.
35. *Op. cit.*, p. 191.
36. « Le pur amour, c'est-à-dire le "bon mouvement", ne rebrousse pas chemin. [...] Le bon mouvement est aussi un *premier* mouvement » (*op. cit.*, p. 264 ; voir aussi p. 193, 241, 265).

de prendre ici comme modèle l'amour parental : « L'amour ne demande rien en échange, pas plus que les parents ne demandent à leurs enfants de les rembourser de leur infinie, inlassable, inépuisable donation. La seule pensée d'un "remboursement" n'est-elle pas déshonorante en soi[37] ? » Cela ne signifie pas que les parents ne désirent pas l'affection en retour, ni qu'ils ne souffrent pas lorsque celle-ci fait défaut : mais là n'est pas le but. S'ils sont réellement capables d'amour paternel ou maternel (et il est vrai qu'empiriquement tel peut ne pas être le cas), ils ne veulent pas être remboursés, ils souhaitent même ne pas l'être, c'est-à-dire donner plus qu'ils ne reçoivent et que le paiement de la dette, si tant est que l'on puisse parler ainsi, aille vers d'autres, vers la génération suivante, par exemple.

Il ne s'agit donc pas exactement de renoncement ou d'abnégation. Dans l'ordre du don authentique, qui est spirituel, « la donation enrichit l'être, à proportion qu'elle amoindrit et appauvrit l'avoir ; ce que le donateur a donné, inexplicablement et miraculeusement il l'a encore ; plus il donne, plus il conserve ; plus il gaspille, plus il possède[38] ! ». Cet enrichissement est un allégement du moi, une libération de l'ego ; il s'accompagne de joie. S'il y a joie, c'est que cet allégement s'accompagne du sentiment d'une croissance, de l'accès à une vie plus large et plus véritable. Il y a donc bien des fruits du don, mais ceux-ci, qui sont récompense, ne doivent pas être confondus avec un but poursuivi dans un esprit de calcul. Donner *avec* plaisir n'est pas donner *pour* le plaisir. Persister à confondre ces termes, c'est s'enfermer obstinément dans l'ordre marchand de l'équivalence, ériger en principe la pusillanimité. Le pari sur l'ordre du don est pari sur la générosité, la magnanimité. Là est l'alternative : croyons-nous, oui ou non, que la grandeur d'âme soit possible ?

Un des enjeux de la question est la distinction entre l'essentiel et l'accidentel. Il est indéniable qu'empiriquement l'amour propre et l'intérêt jouent un grand rôle dans l'amour. Mais il

37. *Ibid.*, p. 260.
38. *Ibid.*, p. 261.

n'en demeure pas moins qu'au cœur de celui-ci, le faisant être ce qu'il est, jaillit le mouvement gracieux de la générosité. « L'amour n'est pas une chimie, ni un composé de sentiments ou de mobiles : mélangez l'attrait sensuel, l'estime admirative, l'intérêt utilitaire, et je ne sais quels ingrédients encore, brassez et tournez, vous n'obtiendrez pas l'amour, mais un simple *simili*, un *simili* qui, comme tous les *simili* et tous les *quasi*, engendre inévitablement les malentendus. [...] Aimer est un mouvement simple et direct, et qui va franchement à la rencontre de l'autre[39]. »

Il est donc possible de tenir ensemble le réalisme quant au caractère intéressé de nos affections et l'affirmation du désintéressement comme fine pointe de l'amour. Bien plus, une telle position conjointe n'est pas seulement une concession, mais une condition de vérité. Aimer véritablement, c'est aimer avec tout ce que l'on est ; ce n'est donc pas ignorer, repousser ou refouler ce qui est en continuité avec l'égoïsme naturel. On ne se libère de celui-ci qu'en l'assumant. Le véritable amour est un égoïsme surmonté. Il faut que la générosité soit passée à travers l'égoïsme primitif pour être réelle[40]. Travail intérieur, donc, tension, combat même, entre des mouvements contraires, sans que l'on soit en droit de réduire l'un de ces pôles à l'autre, de présumer de la victoire de celui-ci ou celui-là, ou encore d'exclure parmi les sujets une diversité et en chacun d'eux une perfectibilité qui donne ses chances à la générosité[41].

Mais si l'amour est don, qu'est-ce alors qui sera donné ? À plusieurs reprises nous avons effleuré l'idée, tout à fait centrale, que l'objet essentiel du don n'est pas la chose donnée, mais

39. V. JANKÉLÉVITCH, *op. cit.*, p. 353.

40. « On peut servir Dieu avec sa pulsion mauvaise. Sans pulsion mauvaise, il n'est pas de service accompli. On ne doit pas anéantir la pulsion mauvaise mais, avec elle, servir Dieu » (Rabbi NAHAMAN DE BRATZLAV).

41. « Les âmes généreuses et les esprits valeureux ont pour loi de donner plutôt que de recevoir, jusqu'à ce qu'ils en viennent à se donner eux-mêmes, car ils considèrent comme une lourde charge de se posséder et préfèrent être possédés et étrangers à eux-mêmes » (saint JEAN DE LA CROIX, *Maximes*, n° 188).

l'acte de don lui-même. La chose (le cadeau par exemple) sera le symbole de celui-ci. Et l'acte, à son tour, est signifiant : derrière le geste se tient le désir d'entrer en relation avec l'autre. Une nuance se présente ici entre l'amour que, plus haut, nous avons appelé amour « de dilection » et l'amour « de charité ». Dans le second, qui est amour du prochain comme « premier venu », la relation n'a pas d'autre horizon que le présent de la rencontre ou l'avenir de l'autre en tant qu'autre. Dans l'amour de dilection, cette relation est habitée par le désir de lien ; le don vise non seulement à répondre à la faim et à la soif de l'autre, mais (ce qui n'est pas contradictoire) à tisser un lien avec lui. Dans l'un et l'autre cas, toutefois, l'amour aspire à la réciprocité. Non, encore une fois, au sens de calcul marchand, mais parce que donner véritablement à l'autre, c'est aussi recevoir de lui. Le don véritable est corrélativement accueil. Accueil de ce qu'est l'autre et de son propre désir de me donner. On a pu dire que donner sans recevoir serait le pire des égoïsmes : ce pourrait aussi bien être une expansion du moi, un acte de puissance.

Au-delà des choses, finalement, que puis-je donner à l'autre, sinon mon temps, mon attention, ma parole, mon désir, mon corps ? Derrière chacun de ces termes se tient l'accueil de l'autre. À l'horizon de toutes ces formes de don se profile la forme la plus radicale et la plus globale, déjà impliquée dans chacune d'entre elles, le don de soi ou don de sa vie. On pourra légitimement se méfier d'une telle expression, souvent hyperbolique et d'usage facilement idéalisant. Qui ne voit toutefois que, derrière le don de son temps, de sa parole, de son désir et de son corps, c'est sa vie même qui est en jeu ? Sa chair et son sang ? Sa fatigue et sa peine ? Une phrase demeure gravée dans la mémoire de tous ceux qui l'ont entendue : « *Il n'y a pas de plus grand amour que de donner sa vie pour ceux que l'on aime*[42]. » Parole dont chacun au fond de soi perçoit la vérité irrécusable, surtout s'il porte un regard de foi sur l'histoire de celui qui l'a

42. Évangile de Jean 15, 13.

prononcée. Donner sa vie, ce n'est pas, ou très exceptionnellement, la sacrifier dans les heures qui viennent. Plus ordinairement, cela signifie donner son énergie, sa confiance, son attention, sa patience à l'autre, lui accorder la priorité, consentir à ce que les actes les plus déterminants de notre vie soient posés en fonction de lui (d'elle). Consentir à vivre l'un par l'autre, à donner et recevoir l'un de l'autre le meilleur de soi. À trouver son lieu, son identité nouvelle dans ce flux qui circule entre nous. Il faut une vie entière pour donner sa vie.

Lorsque l'on passe de l'avoir à l'être, la logique du don change de sens. Je reçois mon être au moment où je le donne. Si, en donnant ce que j'ai, je le perds, en donnant ce que je suis, je le gagne. En me donnant, je me libère de la plus pesante de mes entraves, c'est-à-dire de l'enlisement en moi-même. Une distance se crée entre moi et moi ; j'accède alors, paradoxalement, à l'avoir de ce que je suis. J'apprends à disposer de moi-même. Ce qui veut dire que c'est en se donnant que l'on se possède véritablement[43]. Il ne s'agit pas ici, à proprement parler, d'héroïsme, ni d'exploit volontariste. Ce mouvement de don n'est pas, en lui-même, difficile. Il l'est de par les résistances que lui opposent d'autres mouvements ou attachements de notre personnalité. Mais il est des moments (moments de grâce) où nous expérimentons que le don est le mouvement le plus spontané qui soit, celui dans lequel nous sommes le plus nous-mêmes. Que la vie est don et que, paradoxalement, nous sommes davantage nous-mêmes dans cette vie qui ne coïncide pas exactement avec ce que nous sommes, c'est-à-dire avec notre ego. Que notre vraie vie est au-delà de celui-ci, entre soi et autrui, entre « je » et « tu », *entre nous*.

---

43. « On se crée soi-même en se donnant et pour se donner. Cet être que l'on n'a pas, puisqu'on l'"est", devient un je-ne-sais-quoi que l'on a ; autrement dit : notre existence elle-même devient gratuite, arbitraire, révocable. La personne, au lieu de coïncider végétalement avec soi, [...] entre en possession de son être propre ; elle se rend ainsi capable de faire à autrui le don de son ipséité qui est de toutes les possessions la plus impossédable et la moins accessible » (V. JANKÉLÉVITCH, *op. cit.*, p. 323).

L'ultime nom de l'amour

« Toute rencontre est suspendue hors de soi[44]. *»*

Le don véritable, c'est-à-dire celui qui correspond au dynamisme de la liberté et de l'amour, est, avons-nous dit, joyeux et détendu. Il n'est pas vécu comme privation mais comme surabondance. Comment cela est-il possible ? Car nous connaissons aussi la difficulté de donner, la volonté de ménager son intérêt, son pré carré, son « quant à soi ». La « percée métempirique » de l'amour évoquée plus haut peut-elle vraiment devenir empirique ? Le mouvement sans retour vers l'autre est-il aussi « simple et direct » que l'affirme Jankélévitch ? Tant d'ambiguïtés, tant d'ambivalences demeurent… Le poids de l'amour-propre est si grand, si prompt le retour de l'esprit calculateur… Irrécusable est ici la question des ressources de l'amour, c'est-à-dire de l'énergie qui rendra le sujet capable d'entrer dans ce dynamisme spirituel que nous avons reconnu comme propre au don authentique. Il faut quitter ici les lois générales, les affirmations universelles, pour reconnaître que tous ne sont pas dans la même position à cet égard, que les sujets sont plus ou moins avancés sur la voie de l'apprentissage du don généreux, ce qui revient à dire sur celle de l'accueil de la vie spirituelle. Celui qui n'obéirait qu'aux lois, modèles et ressorts de la vie psychique « naturelle », à l'intersection du biologique, du culturel et du social, n'irait sans doute pas très loin dans cette direction. Il faut donc laisser place aux alternatives, aux choix existentiels, aux différences qualitatives, ne pas « ramener l'exception à la règle », ce que Lévinas reproche parfois aux sciences humaines.

---

44. Henri MALDINEY, correspondance avec Gisela Pankov, cité par celle-ci in *Présent à Henri Maldiney*, L'Âge d'homme, Lausanne, 1973, p. 185.

Comme un miracle

Il est très improbable que, par le ressort des seules forces psychiques, le don soit vécu avec gratuité et bonheur. Ici il s'accompagnera de quelque calcul d'intérêt, là il sera plus ou moins forcé, vécu comme une perte ou une amputation. Pour que le don soit à la fois pur, libre et joyeux, il faut que s'accomplisse un véritable miracle. Qu'opèrent dans le sujet les germes d'une aptitude à se détacher de soi en allant vers l'autre sans s'y aliéner, à se quitter et se trouver dans le même mouvement, par un acte qui ne soit ni effort volontariste, ni abnégation sacrificielle, ni idolâtrie de l'autre. Il ne s'agit pas non plus, comme dans certaines éthiques traditionnelles, de s'immoler sur l'autel des valeurs du groupe ou de l'institution. Il ne s'agit pas de suicide moral, mais d'accéder à une vie nouvelle. En vérité, le prodige de réunir liberté et arrachement à soi n'est possible que par l'entrée dans un dynamisme inédit, au-delà de l'opposition entre égoïsme et aliénation, par l'accueil d'une vie d'un autre ordre qui, consistant à donner, est elle-même donnée. *Le don est lui-même donné*, tel est le secret de la vie spirituelle. Nous recevons le mouvement même par lequel nous (nous) donnons. Cet acte a une origine passive, il est lui-même reçu comme un cadeau, comme une inspiration, comme une grâce. Ce dernier terme se trouve chez des philosophes comme Jankélévitch ou Aristote[45]. Avant de prendre un sens explicitement théologique, il est le concept propre au registre de la gratuité, qui est aussi celui de la gratitude. « Grâce » serait la gratuité ou la gratitude absolue. Il y a là comme un mystère, une réalité qui nous précède et dont nous ne pouvons faire le tour[46]. Or il se trouve qu'en son sens premier, « mystère » ne signifie pas seulement « énigme » ou

45. *Les vertus et l'amour*, p. 316 ; *Rhétorique*, II, 4, 1381b, 35.

46. « Aucune réalité n'est aussi mystérieuse que le don. [...] Le don excède les possibilités de notre imagination, en même temps qu'il suscite les craintes les plus fortes et les plus profondes » (J.-C. SAGNE, « La solitude du mystique », *Lumière et vie*, n° 223, p. 58).

« inconnu », mais « révélation d'un secret ». En grec, le nom vient d'un verbe qui signifie « introduire ». Le mystère n'est pas le point où cesse toute compréhension, mais le lieu où commence une compréhension nouvelle.

Ni *eros*, toujours plus ou moins intéressé[47], ni *philia*, avec sa philosophie du bonheur raisonnable, ne sont adéquats pour traduire ce mouvement un peu fou qu'est le risque du don à fonds perdus, ce consentement à la dépossession, ce renoncement à occuper tout l'espace qui pourrait être le nôtre, ce retrait pour que l'autre existe. Il faut, il fallait un troisième terme. Les auteurs du Nouveau Testament, Paul et Jean en particulier, ont pour cela exhumé un vieux nom grec, rarement usité, au sens peu éloigné de *philia*, pour lui donner un sens nouveau, inédit : *agapè*. Les traducteurs grecs de la Bible avaient déjà eu recours à lui pour traduire le mot qui, en hébreu, désignait l'amour de Dieu (*ahabah*). Voici donc un pas décisif : le troisième terme que nous recherchions renvoie lui-même à un troisième pôle de la relation, le sujet de l'acte de pur don, que les croyants juifs et chrétiens reconnaissent comme étant le Sujet d'une parole qui traverse les Écritures, sujet de leur inspiration et objet de leur annonce. Les chrétiens sont, de surcroît, habités par la mémoire de l'incarnation de cette *agapè* en une personne, celle de Jésus de Nazareth, lequel, dans sa Passion et dans sa mort, a montré jusqu'où pouvait aller cet amour fou, jusqu'au don libre de sa vie. L'amour de don ne s'invente pas, il n'est pas le produit de l'alchimie de nos affects ; il se reçoit – bien plus, il est le fruit d'une révélation.

Lorsque nous comprenons l'amour comme don, et comme pur don, nous ne procédons pas seulement à ce que les phénoménologues appellent une « réduction eidétique », c'est-à-dire à la mise en lumière d'une essence de l'amour « en général ». Nous choisissons, nous avons choisi une orientation spirituelle. Nous

47. Ou alors, comme chez Platon, tendant vers la contemplation désincarnée des idées pures.

élisons, nous prenons parti dans le sens d'une certaine tradition. Ce qui n'empêche pas de faire œuvre de philosophie : toute philosophie, selon Lévinas, repose sur une expérience préphilosophique, fondamentalement sur une expérience spirituelle[48]. Quant à l'éthique, Paul Ricœur a montré qu'elle peut très légitimement se greffer sur une herméneutique, c'est-à-dire sur la lecture des textes qui ont façonné le patrimoine spirituel de l'humanité, à commencer par ceux qui, comme la Bible, ont une portée universelle[49].

Saint Paul a été le premier à élaborer la doctrine de l'*agapè*, dont le terme n'apparaît que deux fois dans les évangiles synoptiques[50], en parfaite cohérence toutefois avec ceux-ci. Au centre de l'enseignement de Jésus se trouve en effet le double commandement de l'amour de Dieu et du prochain issu du Premier Testament[51]. Reconnaissons qu'il y a là un paradoxe : comment donc l'amour peut-il être l'objet d'un commandement ? Cela ne peut se comprendre que si l'amour dont il est question n'est pas un affect (désir, émotion, passion), mais s'il est action, s'il habite des actes : accueillir, donner, secourir celui qui est blessé, vêtir celui qui est nu, nourrir celui qui a faim. Que l'acte ne coïncide pas avec l'affect, pouvant aussi bien avoir lieu sans ce dernier, apparaît dans les situations limites où il est pardon et amour des ennemis (Matthieu 5, 44[52]).

---

48. E. LÉVINAS, Entretien avec Christian Descamps, *Le Monde*, 2 novembre 1980.

49. Voir P. RICŒUR, « La liberté selon l'espérance », in *Le conflit des interprétations*, Seuil, 1969, p. 393-415. Voir aussi l'éclairant article d'Alain THOMASSET, « Une éthique à l'école de Paul Ricœur », *Études*, octobre 1996.

50. C'est-à-dire Matthieu, Marc et Luc. Il apparaît en Matthieu 24, 12 et Luc 11, 42, passages où son sens est peu expressif.

51. « L'un d'eux lui demanda pour l'embarrasser : "Maître, quel est le plus grand commandement de la Loi ?" Jésus lui dit : "*Tu aimeras le Seigneur ton Dieu de tout ton cœur, de toute ton âme et de tout ton esprit* (Deutéronome 6, 5) : voilà le plus grand et le premier commandement. Le second lui est semblable : *Tu aimeras ton prochain comme toi-même* (Lévitique 19, 18). À ces deux commandements se rattache toute la Loi, ainsi que les Prophètes" » (Matthieu 22, 34-40).

52. « Aimez vos ennemis, priez pour vos persécuteurs ; ainsi serez-vous fils de votre Père qui est aux cieux, car il fait lever son soleil sur les méchants et sur les bons, et tomber la pluie sur les justes et sur les injustes. »

L'ordre de la gratuité

Nous rencontrons là un des traits les plus originaux et les plus spécifiques du message évangélique. Il ne s'agit pas d'avoir de l'affection pour l'ennemi, mais de porter sur lui le même regard et poser envers lui les mêmes gestes que si l'on en avait. Cette situation limite sera la pierre de touche de la gratuité de l'amour, qui déborde alors la logique circulaire du « donnant-donnant » :

> « Que si vous aimez ceux qui vous aiment, quel gré vous en saura-t-on ? Car même les pécheurs aiment ceux qui les aiment. Et si vous faites du bien à ceux qui vous en font, quel gré vous en saura-t-on ? Même les pécheurs en faut autant. Et si vous prêtez à ceux dont vous espérez recevoir, quel gré vous en saura-t-on ? Même des pécheurs prêtent à des pécheurs pour en recevoir l'équivalent. Au contraire, aimez vos ennemis, faites du bien et prêtez sans rien attendre en retour » (Luc 6, 32).

Aimer ceux qui nous aiment est le mouvement naturel de l'affectivité. L'Évangile appelle à dépasser la logique de l'équivalence qui constitue le point faible de la réciprocité et peut-être de toute affection purement psychique. Quelle valeur a, au fond, un amour où l'on « prête » en attendant d'être remboursé… si possible avec intérêt ? Mais prêter sans espoir de retour, voilà la liberté, la magnanimité, l'amour qui a du souffle (plus encore peut-être que dans le don, lequel induit la gratification de la reconnaissance).

À vrai dire, ces paroles de l'Évangile contiennent le plus puissant ressort critique que nous ayons rencontré à l'égard des mirages de l'amour comme alibi de l'égoïsme. Il s'agit de changer de registre. Non plus de calculer autrement, mais de ne plus calculer du tout. D'entrer dans un nouvel ordre, l'ordre de la gratuité, autre nom de l'ordre du don. « *Vous avez reçu gratuitement, donnez gratuitement*[53]. » Ce qu'il y a de remarquable dans

53. Matthieu 10, 8.

cette dernière parole est qu'elle fait reposer l'exigence de gratuité sur l'expérience de la gratuité, celle du don actif sur celle du don passif. La gratuité s'y révèle fille de la gratitude. À la question toujours récurrente : « Un tel amour est-il possible ? », la réponse est qu'il ne peut naître ni de l'affection naturelle, ni d'un coup de force volontariste, mais qu'il ne peut être que reçu, inspiré, précédé par la certitude d'être soi-même précédé, porté dans l'être par un acte de don inconditionnel.

Selon Anders Nygren et plusieurs autres commentateurs, le caractère central de la notion d'*agapè* chez Paul est en lien direct avec l'expérience fondatrice que fut pour lui ce que l'on appelle « le chemin de Damas ». C'est au moment où il persécutait les chrétiens que le Christ se manifesta à lui ; le persécuteur devint disciple et apôtre, c'est-à-dire « envoyé ». D'où le thème fondamental chez lui que l'agapè nous précède, qu'elle ne dépend pas de nos mérites, qu'elle est créatrice. Ce qui est déjà nommer deux des quatre traits par lesquels Nygren caractérise l'essence de l'agapè : 1) elle est spontanée, c'est-à-dire qu'elle ne se fonde pas sur une raison extérieure ; 2) elle est indépendante de la valeur de son objet ; 3) elle est créatrice : « elle ne constate pas des valeurs, elle en crée » ; 4) elle crée en particulier la communion.

Au premier sens du terme, l'agapè est, chez Paul, l'amour qui vient de Dieu, puisque seul un amour supra-humain peut être absolument gratuit et créateur, le nôtre ne pouvant l'être que relativement, d'une manière seconde, par reflet ou participation. En second lieu, il désignera l'amour qui nous oriente vers le prochain, comme fruit et rayonnement de l'amour divin, cette agapè dont l'« Hymne à la charité » a pour toujours campé le profil :

> « L'agapè prend patience ; l'agapè rend service ; elle ne jalouse pas ; elle ne fanfaronne pas, ne s'enfle pas d'orgueil ; elle ne fait rien de laid, elle ne cherche pas son intérêt, elle ne s'irrite pas, elle n'entretient pas de rancune, elle ne se réjouit pas de l'injustice, mais trouve

sa joie dans la vérité. Elle couvre tout, croit tout, espère tout, endure tout[54]. »

Sur quinze propositions, huit ont une forme négative : il s'agit de poser des limites au jeu de la vanité, de l'expansion de soi ou de la concurrence des désirs. Mais dans les autres propositions se dessine une éthique de la patience et du service qui n'a rien de triste ou de résigné puisqu'elle est à base de joie et d'espérance. C'est de la vérité que l'agapè se réjouit, c'est parce qu'elle espère tout qu'elle supporte tout.

Aux antipodes d'un amour qui serait expansion du moi, réduction de l'altérité au profit des intérêts de l'ego, le propre de l'agapè est de se retirer pour laisser place à l'autre. Compris à partir du témoignage des évangiles, c'est-à-dire à partir des paroles, de la vie et de la mort du Christ telles que les reçoivent les chrétiens, le mouvement de l'agapè est celui de la *kénôse*, terme grec utilisé par saint Paul pour dire l'acte par lequel le Christ, en s'incarnant, s'est « vidé de sa divinité[55] ». Il s'agit bien, en effet, de se vider, de consentir à être le « serviteur souffrant » dont parlait le prophète Isaïe :

> « Affreusement traité, il s'humiliait, il n'ouvrait pas la bouche. Comme un agneau conduit à la boucherie, comme devant les tondeurs une brebis muette et n'ouvrant pas la bouche. Par coercition et jugement il a été saisi ; qui se préoccupe de sa cause ? Oui ! Il a été retranché de la terre des vivants ; pour nos péchés il a été frappé à mort. On lui a dévolu sa sépulture au milieu des impies et son tombeau avec les riches, alors qu'il n'a jamais fait de tort ni de sa bouche proféré de mensonge » (Isaïe 53).

---

54. Première épître aux Corinthiens 13, 4-7. Avec une note de la Traduction œcuménique de la Bible, nous pouvons remarquer que l'agapè n'est pas définie de façon abstraite ou par des adjectifs, « mais par une série de verbes, c'est-à-dire concrètement, par l'action qu'elle suscite ».

55. « Lui, de condition divine, ne retint pas jalousement le rang qui l'égalait à Dieu. Mais il se vida lui-même (*eauton ékénôsen*) prenant condition d'esclave, devenant semblable aux hommes. S'étant comporté comme un homme, il s'humilia plus encore, obéissant jusqu'à la mort, et à la mort sur une croix ! » (Philippiens 2, 6-7).

La vérité humaine d'une telle voie, bien que paradoxale, à la limite de l'insoutenable, a été perçue par des philosophes. Lévinas voit émerger un autre humanisme, qu'il appelle « humanisme du serviteur souffrant » dans cette aptitude à être battu, à « recevoir des gifles », dans cette « passivité plus passive que toute passivité » qui est exposition à l'autre, « destitution de la souveraineté du moi », en lesquelles il reconnaît le propre de l'incarnation au sens radical du terme, c'est-à-dire comme « possibilité d'offrande[56] ». Simone Weil déjà, avant lui, comprenait l'amour comme mouvement à rebours du *conatus essendi*, c'est-à-dire de la tendance à persévérer dans l'être et augmenter sa puissance qui, selon Spinoza, caractérise tout existant et tout vivant. Le mouvement de la grâce est inverse : s'effacer pour que l'autre existe. « Renoncement. Imitation du renoncement de Dieu dans la création. Dieu renonce – en un sens – à être tout. Nous devons renoncer à être quelque chose. C'est le seul bien pour nous. » Ou encore : « Il a été donné à l'homme une divinité imaginaire pour qu'il puisse s'en dépouiller comme le Christ de sa divinité réelle[57]. »

Ainsi compris, le mouvement de l'amour rejoint celui qu'une tradition mystique juive perçoit dans la création, tradition selon laquelle Dieu a créé le monde en s'en retirant. C'est la thèse de l'autolimitation divine, traditionnellement désignée par le joli terme de *zimzum*, qui veut dire « concentration », « contraction ». « Là où Dieu se retire de lui-même, il peut susciter quelque chose qui n'est pas d'essence ni d'existence divine[58]. » Cette thèse a été reprise par plusieurs auteurs chrétiens, depuis Nicolas de Cues. C'est aussi un thème constant dans la théologie chrétienne que la toute-puissance de Dieu se manifeste dans son abaissement[59] ou

56. E. Lévinas, *Humanisme de l'autre homme*, Fata Morgana, 1972, Biblio-Essais, p. 104 ; *Autrement qu'être*, Martinus Nijhoff, 1974, p. 65.

57. S. Weil, *La pesanteur et la grâce* (1948), 10/18, p. 42.

58. Gershom Scholem, cité par Jürgen Moltmann, *Dieu dans la création* (1985), trad. fr., Cerf, 1988, p. 121.

59. « Rien ne prouve autant le comble de sa force que le fait d'avoir pu, lui Dieu, lui que l'espace ne peut contenir, impassiblement, par la chair, se laisser enlacer à la mort » (Basile de Césarée, *Sur le Saint-Esprit*, § 18).

que l'action de Dieu est douceur en ce que, si elle était violente, elle anéantirait tout[60]. Cet aperçu théologique pour suggérer que le rapprochement entre une expérience à notre portée comme l'agapè et le mystère dont est né l'univers n'est pas nécessairement incongru. Selon Simone Weil encore, l'âme ancrée dans l'amour est au centre de tout, à l'intersection de la création et du créateur et « ce point d'intersection est celui du croisement des branches de la Croix[61] ».

Mais l'agapè n'est pas que retrait et renoncement ; elle est vivifiante et source de vie. Elle est essentiellement communicante, effusion, créatrice de liens. L'expérience de l'agapè est celle d'un vide qui devient plénitude, d'un effacement qui devient débordement. Elle n'est pas un mouvement contraint ou volontariste ; elle est, de soi, joyeuse et spontanée, libérée et libérante, source de paix et d'unification intérieure. Ainsi ne va-t-elle pas à rebours des affections naturelles, elle les enrichit au contraire, les suscite, voire les res-suscite. C'est ainsi qu'elle viendra relancer, guérir et sauver les affections familiales, ou encore qu'elle pourra être le lien de ces agapes fraternelles évoquées plus haut. Si son centre est l'humilité, c'est-à-dire un oubli, un affranchissement de soi qui permet de s'orienter réellement vers l'autre, le regard attentif qu'elle libère et en lequel réside aussi son essence donne à l'autre d'exister, de vivre. Car nous n'existons que sous et pour des regards aimants.

Caritas

Cet ultime nom de l'amour, peut-on le traduire ? Il a bien fallu, d'abord, passer du grec au latin. Les premiers traducteurs ont retenu deux termes, *dilectio* et *caritas*. Le second s'est avéré plus approprié car il implique moins que le premier l'idée d'élection, donc de sélection. Comme l'agapè, la *caritas* est uni-

---

60. « Mon âme que tu touches en posant doucement ta main, car si tu la posais un peu plus rudement, tu anéantirais le monde » (JEAN DE LA CROIX, *La vive flamme d'amour*, II, 3).
61. S. WEIL, *Attente de Dieu*, Fayard, 1966, p. 121.

verselle. Son étymologie renvoyant à l'adjectif *carus*, « cher », elle consiste à reconnaître le prix de l'autre, de tout autre, du « premier venu », égal devant Dieu[62]. C'est saint Augustin qui franchira un pas audacieux en osant traduire *agapè* par un troisième terme, *amor*, terme aux résonances très diverses qui désignait déjà couramment aussi la passion amoureuse et le désir érotique[63]. Prenant ce risque, Augustin invite à une incarnation du sens de l'agapè en même temps qu'à une conversion de celui de l'amour. Il ne semble pas qu'il ait été bien suivi, d'une part parce que les théologiens chrétiens ultérieurs ont préféré retenir celui de *caritas*, d'autre part parce que le terme *amor* a gardé son ambiguïté originelle et, finalement, constitutive. Beaucoup aujourd'hui préfèrent traduire par « amour », reprochant au terme « charité » les connotations jugées péjoratives dont il s'est chargé au fil du temps (autour de cette charité que l'on « fait »...). Mais peut-être l'argument pourrait-il se retourner aujourd'hui : le terme « amour » ne s'est-il pas plus encore appauvri, si l'on songe à toutes les confusions, caricatures ou même contrefaçons auxquelles il a donné lieu ? En contrepoint, le terme « charité » ne ressort-il pas plus neuf, purifié, en quelque sorte de quelques décennies de disgrâce ? Il n'est pas difficile de rappeler son étymologie, qui est riche, et il est accrédité des plus belles lettres de noblesse biographiques ou littéraires : Catherine de Sienne, Vincent de Paul, Blaise Pascal, Frédéric Ozanam, Charles Péguy, Charles de Foucauld, Jean Rhodain...

> « Tous les corps ensemble, et tous les esprits ensemble, et toutes leurs productions, ne valent pas le moindre mouvement de charité. Cela est d'un ordre infiniment plus élevé.
> De tous les corps ensemble, on ne saurait en faire réussir une petite

62. « Ce qu'on aime de charité est estimé d'un grand prix, comme l'indique le nom même de charité » (THOMAS D'AQUIN, *Somme théologique*, Ia, IIae, qu. 26, art. 3, en écho à AUGUSTIN qui, dans *La Cité de Dieu*, entendait « chèreté » dans « charité » (XIX, 19).

63. Voir Olivier BOULNOIS, « L'amour est-il Dieu ? », in *Communio*, n° 116, décembre 1994.

pensée : cela est impossible, et d'un autre ordre. De tous les corps et esprits, on n'en saurait tirer un mouvement de vraie charité : cela est impossible, d'un autre ordre, surnaturel[64]. »

Dira-t-on que « charité », qui est presque du latin, demande à son tour une traduction ? Il faut bien que quelques termes, du moins, viennent le déterminer, tant il est vrai, comme nous l'avons déjà noté, qu'un vocable, en restant isolé, voit son sens se diluer. Une première expression assez bienvenue serait celle d'*amour fraternel*. La charité consiste à aimer l'autre moins en tant que désirable ou amical qu'en tant que frère ou sœur, c'est-à-dire non seulement comme mon semblable, mais comme un être auquel je suis lié par des liens comparables à ceux de la parenté, par une parenté réelle si nous croyons en une origine commune. Ainsi comprise, la primauté de l'agapè-charité aura des incidences éthiques : aimer l'autre – fût-il son conjoint ou son enfant – d'abord comme frère ou sœur (devant Dieu) conduira à l'aimer autrement. D'un amour plus constant, plus désintéressé, plus respectueux de l'égalité, moins soumis aux aléas du désir et de l'affection, plus ouvert à l'universel.

Bonté serait le deuxième terme proche. Cette notion si simple, renvoyant elle-même à une qualité toute simple, va droit à l'essentiel. Être « bon comme du bon pain », c'est, quittant la dureté du heurt des égoïsmes, passer du « pour soi » au « pour autrui » ; non seulement se préoccuper de sa nourriture, mais accepter de devenir nourriture pour lui. La bonté est accès à l'autrement qu'être, c'est-à-dire, selon Lévinas, à la subjectivité véritable qui n'est pas d'abord conscience de soi mais rapport à l'autre que soi. « La bonté donne à la subjectivité sa signification irréductible[65]. » Rappelons que son nom est une des traductions d'un autre terme par lequel l'hébreu désigne l'amour : *hesed*[66]. Elle y voisine avec la tendresse, la compassion et la fidélité. Rencontrer un être « bon » est un des plus grands bienfaits en cette vie,

64. B. PASCAL, *Pensées*, Br. 793 ; Ch. 829.
65. E. LÉVINAS, *Autrement qu'être*, *op. cit.*, p. 22.
66. Voir au chapitre II.

surtout pour ceux qui sont malmenés par celle-ci. Une lumière dans la nuit.

Patience sera le troisième terme que nous retiendrons. Son extension semble moins grande que celle des termes précédents, elle ne dit pas tous les aspects de la charité, mais elle se situe en son cœur. Catherine de Sienne ne disait-elle pas que « la patience est la moelle de la charité[67] » ? Elle est le versant passif de cette vertu qui a aussi son versant actif. Le terme grec *hupomonè*, peut-être plus riche, signifie aussi « persévérance ». Combien de temps durerait un amour sans patience ? Et quelle serait sa valeur ? Nous avons déjà noté le lien entre accueillir l'autre tel qu'il est et supporter ses limites, ses défauts. Associée à l'espérance, « l'agapè couvre tout, supporte tout ». Elle ne le fait pas de manière passive, résignée, par faiblesse, mais de manière créatrice, sereine, par force d'âme.

Un des traits majeurs de la patience, particulièrement associé à l'espérance, sera la faculté de pardonner. Proche de l'amour des ennemis, le pardon est, comme celui-ci, une des manifestations les plus pures de l'agapè. Il ne saurait relever du seul sentiment, il exige un acte de la volonté, cette dernière appelant elle-même un surcroît d'énergie. Le pardon n'est pas l'oubli ; il n'est pas non plus l'excuse ou l'indulgence, moins encore le refoulement de la rancœur. Il supporte et même suppose la conscience de la faute, du mal subi. Il appelle même, pour être le plus clair possible, la possibilité de dire ceux-ci, de dire le tort, dire la peine. Il est « don-par », c'est-à-dire, selon la lecture, « achèvement du don » ou « don-par-delà » l'offense. Confiance redonnée, paix rétablie, affirmation pratique que l'autre ne se réduit pas à son acte, même s'il en est bel et bien responsable. Ainsi, dans le pardon, la charité se révèle-t-elle comme particulièrement fécondée par les deux autres vertus dites « théologales », dont elle est indissociable, la foi et l'espérance.

---

67. Catherine de Sienne, *Le livre des dialogues*, trad. fr., Seuil, 1953, chap. 10, p. 77, 154.

L'analyse du pardon serait le meilleur point d'ancrage pour mettre en lumière l'étroite parenté entre la charité et la foi d'une part, entre la charité et l'espérance d'autre part. Aimer l'autre, c'est croire en lui, le verbe n'indiquant pas seulement une croyance (moins encore la crédulité), mais la fiance ou confiance, l'acte de se fier en lui. Le pari sur la validité de cet acte qui vise le meilleur de l'autre, son humanité authentique, sa capacité d'aller plus loin. Une telle foi rejoint l'espérance, dans la reconnaissance de la part spirituelle de la personne, c'est-à-dire de la présence en celle-ci d'un dynamisme créateur, d'une transcendance, ce qui veut dire qu'elle ne se réduit à aucune de ses images, aucun de ses actes, aucun de ses résultats. Attente et accueil avec lui de son avenir. Foi et espérance que, sous un regard aimant, à commencer par le mien, l'autre peut naître à nouveau, que sa naissance est encore en avant de lui. « Les vrais regards d'amour sont ceux qui nous espèrent[68]. »

Le visage de l'amour

Si, chez saint Paul, l'agapè vient de Dieu et va vers autrui, le mot n'est presque jamais employé dans le sens qui va de l'homme à Dieu. Pourquoi cela ? L'agapè y est radicalement théocentrique ; elle vient de Dieu, non de l'homme. Ce dernier ne peut que la recevoir. N'y aurait-il alors aucun mouvement de l'homme vers Dieu ? Et que devient le commandement : « Tu aimeras le Seigneur ton Dieu… » ? Paul est loin de méconnaître ce mouvement, mais, usant d'un vocabulaire d'une grande précision, il lui donne le nom de « foi » (*pistis*). Le terme souligne le caractère de réponse de notre don, qui est don en retour, précédé par un don primordial.

Saint Jean aura moins de réserve et osera parler de notre amour *pour* Dieu. Comme Paul, il affirme que cet amour est précédé par celui qui vient de Dieu[69]. Aussitôt après, il souligne

68. Citation souvent donnée par Paul BAUDIQUEY, notamment dans son commentaire du *Retour du prodigue* de Rembrandt (Mame, 1995).

69. « Quant à nous, aimons, puisque Lui nous a aimés le premier » (Jean 4, 19).

aussi que la vérification de l'authenticité d'un tel amour se trouve dans l'amour du prochain : « Celui qui n'aime pas son frère, qu'il voit, ne saurait aimer Dieu qu'il ne voit pas » (1 Jean 4, 20). Mais il pose également le mouvement en sens inverse, qui est beaucoup plus rarement relevé et souligné, alors qu'il est aussi important dans le texte : « À ceci nous reconnaissons que nous aimons les enfants de Dieu : lorsque nous aimons Dieu et que nous faisons ce qu'il commande » (1 Jean 5, 2). On insiste volontiers sur l'implication qui va de l'amour de Dieu vers l'amour du prochain, mais on est très discret sur celle par laquelle l'amour du prochain naît de l'amour de Dieu. Si l'amour, comme nous l'avons dit, est reconnaissance, qu'est-ce donc qui sera « re-connu » dans l'autre ? Cet objet d'attente, cette similitude, cette réciprocité dont nous parlions plus haut ? Là n'est sans doute pas le dernier mot : plus fort sera l'amour accordé au regard de Dieu, en lequel ce n'est pas seulement le même, le proche qui est reconnu, mais l'enfant de Dieu, unique parce que né d'un acte créateur absolument singulier et portant la trace de cet acte, l'épiphanie, c'est-à-dire la brillance du Sujet absolu de toute existence[70].

C'est alors qu'autrui pourra apparaître comme « frère » ou « sœur ». Pourquoi n'a-t-on pas plus souvent conscience que la notion de fraternité suppose cette filiation ? Comment être frères, sœurs, sans être nés d'un même père, d'une même mère ? Enfant de Dieu comme moi, le prochain pourra être à la fois réellement autre et fondamentalement semblable. L'aimer, c'est s'approcher du regard de Dieu sur lui, en avoir l'intuition, le pressentiment, mieux, la révélation. C'est apercevoir non seulement sa fragilité, sa vulnérabilité, son exposition à la mort, mais encore sa gloire, c'est-à-dire le rayonnement en lui de l'origine, de la source de l'être, et de l'être comme don.

Que l'amour du prochain et l'amour de Dieu se révèlent l'un l'autre ne signifie pas qu'ils doivent ou puissent être confondus.

---

70. Sur la notion de trace, voir E. LÉVINAS, *Humanisme de l'autre homme*, *op. cit.*, p. 65, et *Autrement qu'être, op. cit.*, p. 14-15.

Le texte de l'Évangile qui rappelle « les deux premiers commandements » est à cet égard très net et très subtil à la fois. Au scribe qui lui demande quel est « le premier de tous les commandements », Jésus répond en récitant les deux versets, déjà rappelés, du Deutéronome et du Lévitique[71]. Il enchaîne l'un sur l'autre, traitant leur ensemble comme réponse à la question – au singulier – de son interlocuteur. Toutefois, il continue à les distinguer ; il ne les confond pas : « *Le premier*, c'est.... Et voici le *second...* » Le prochain n'est pas Dieu ; Dieu n'est pas le prochain[72]. Ce qui veut dire d'une part qu'il ne s'agit pas de diviniser autrui, ce qui relèverait de l'idolâtrie, d'autre part que l'on ne peut se satisfaire de formules comme « aimer Dieu en son prochain », comme si le regard traversait ce dernier en niant son individualité concrète[73].

Selon les textes, Dieu est donc alternativement ou à la fois objet et sujet de l'agapè. La nouveauté chrétienne réside surtout dans l'accentuation, la radicalisation même de sa reconnaissance comme sujet de l'amour. Il est le premier sujet de l'agapè ; « agapè » est cet amour qui a Dieu pour premier sujet. Cette doctrine a atteint son sommet dans la fameuse phrase de la première épître de Jean : « *O théos agapè estin* », « Dieu est amour ». Au-delà – ou en deçà – de la distinction sujet-objet, la vie de Dieu, son être même se confond avec le mouvement de l'agapè. Coupée de son contexte, la proposition est souvent lue à l'envers, entendue comme « l'amour est Dieu ». Ce sont alors les divinisations de l'amour, plusieurs fois critiquées dans cet ouvrage : Éros est Dieu, l'affection est divine, le sentiment est sacralisé. Dans la perspective de Jean, il ne s'agit pas de projeter en Dieu

---

71. Voir, plus haut, note 51.

72. On peut même relever que, dans le texte de Matthieu, Jésus parvient à dire dans le même mouvement la primauté du commandement concernant l'amour de Dieu et l'égalité des deux préceptes : « Voilà le plus grand et le premier commandement. Le second lui est *semblable...* » (v. 39).

73. « Dans l'amour vrai, ce n'est pas nous qui aimons les malheureux en Dieu, C'est Dieu en nous qui aime les malheureux » (S. WEIL, *L'attente de Dieu*, *op. cit.*, p. 138).

nos images spontanées de l'amour, pas plus que de cristalliser en ce dernier nos images naturelles du divin. Il s'agit d'entendre celui que, faute de mieux, l'on nomme « Dieu[74] » à partir de l'expérience réelle et irréductible de l'agapè et, inversement, de comprendre l'agapè à partir de la révélation du mystère de Dieu. La formule de Jean opère un déplacement de notre idée naturelle de Dieu comme de notre notion spontanée de l'amour. Elle ne saurait s'entendre comme l'affirmation d'une coïncidence pure et simple de ce que nous vivons de l'amour avec la vie divine elle-même ! Si « Dieu est amour », l'amour n'est pas Dieu, mais œuvre de Dieu, vie de Dieu. Dans la mesure où il est « mystère », c'est-à-dire au-delà de ce que nous vivons empiriquement, il est participation à la Vie absolue.

Avec l'agapè, nous sommes au cœur du réel. La joie qui l'accompagne en est l'indice : indice que ce cœur, c'est-à-dire le lieu de révélation de la vérité de l'être, n'est pas l'anonymat de la matière inerte, non plus que la force brute qui va aveuglément devant soi, mais qu'il est dans ce feu qui est douceur, dans cette puissance qui est brise légère, dans cette bonté qui se donne et s'abandonne, dans ce mouvement qui est à la fois unification intérieure et créateur de communion. L'être et la vie se rejoignent en une commune origine, une commune source qui est le pur mouvement du don. Nous sentons et nous expérimentons que la vie est don, que l'être lui-même est don. Cela tout particulièrement dans la vie spirituelle. Qu'est-ce qu'être esprit, sinon être donné à soi-même ? Claude Bruaire a très fortement formulé cela : « L'être d'esprit est donné à lui-même, et c'est pourquoi il est libre. [...] L'être-de-don est donné à lui-même pour être sujet, substance spirituelle libre, à soi, pour être auteur et acteur de son existence[75]. »

---

74. « Dieu » n'est pas son nom, mais un concept philosophique dont l'étymologie renvoie à « Zeus ». Son nom propre pour les juifs est imprononçable (YHWH), pour les chrétiens il ne peut être adéquatement prononcé que sous l'inspiration de l'Esprit-saint (voir Galates 4, 6).

75. C. BRUAIRE, *L'être et l'esprit*, Paris, 1983, p. 54, 57. Cette pensée est très bien présentée par Alain MATTHEEUWS in *Les « dons » du mariage*, Culture et vérité, Bruxelles, 1996, p. 27 et suiv.

L'affirmation de Dieu sera affirmation que le don en question n'est pas le fait de forces anonymes mais du Sujet absolu qui donne librement, c'est-à-dire par « grâce[76] ».

Si la source est don, le mouvement de la vie personnelle, le lieu de manifestation de la vérité de celle-ci, résidera dans l'acte de donner. C'est le concept de don qui permet de comprendre l'étonnant « qui perd gagne » propre à la vie spirituelle selon le christianisme (« Qui veut sauver sa vie la perdra, mais qui perd sa vie à cause de moi la sauvera[77]. ») Étonnant paradoxe que cette vie qui se trouve en se perdant, précisément parce qu'elle *est* don. La vie qui est don ne « partage » pas seulement, au sens moral et édifiant du terme ; elle ne se divise pas, elle se multiplie. Cela s'expérimente dans le joie de donner, qui s'accroît en se communiquant. « Donner, c'est multiplier plutôt que partager, déclare Jean-Claude Lavigne, dominicain et économiste. Le partage se résume à diviser ce qui existe déjà. Dans le don, il s'agit de prendre un risque pour démultiplier. Et ce, sans calcul ni retour. Dans l'Évangile, le Christ ne partage pas ; il *multiplie*[78]. » Allusion, bien sûr, en particulier à la « multiplication des pains » : « Il prit les cinq pains et les deux poissons, leva les yeux au ciel et dit la bénédiction, puis, rompant les pains, il les donna aux disciples qui les donnèrent aux foules. Tous mangèrent à satiété, et l'on ramassa le reste des morceaux : douze pleins couffins » (Matthieu 14, 19).

Un souffle nouveau

La contemplation de l'agapè divine, ou l'accueil de la charité selon l'Évangile donnera à l'amour du prochain une saveur, une énergie et un souffle incomparables. Une nouvelle dimension de

---

76. « Par "grâce" on entend ici la liberté du fondement d'être qui pose l'homme, liberté éprouvée par la finitude et la contingence » (Karl RAHNER, *Traité fondamental de la foi* (1976), trad. fr., Centurion, 1983, p. 48).

77. Luc 9, 24.

78. Entretien, in *La Croix*, 19 décembre 1996. J.-C. LAVIGNE est l'auteur d'un *Dictionnaire de la charité*, DDB, 1996.

l'amour et de la vie s'ouvre alors, celle d'une surabondance qui augmente en se donnant. Une vie qui, paradoxalement, est en même temps retrait et débordement. Il ne s'agit pas d'une expansion de l'ego mais de l'entrée dans ce que, paraphrasant Lévinas, nous pourrions appeler l'« autrement que vivre ». Le moment où je pourrais, à l'aune de la vitalité « naturelle », sembler reculer, être soumis à l'autre, être passif, est précisément le moment où je vis le plus intensément, vainqueur des limites et appétits de celle-ci, entrant dans un dynamisme qu'il n'est pas excessif de qualifier d'infini parce que, littéralement, il est « sans fin ».

« *Quelqu'un veut-il te faire un procès et prendre ta tunique, laisse-lui aussi ton manteau ; te requiert-il pour une course d'un mille, fais-en deux avec lui* » (Matthieu 5, 39).

Vécu dans son authenticité, le dynamisme du don selon l'agapè est tout le contraire d'une aliénation ou d'un assujettissement. Il est le fruit d'un mouvement libre et joyeux, non d'une tyrannie d'autrui ou du sur-moi. J'en reste le sujet, dans l'esprit de la parole évangélique : « Ma vie, nul ne la prend, mais c'est moi qui la donne » (Jean 10, 18). L'éthique du don ne devra pas être confondue avec la soumission à la culpabilité, à la mauvaise conscience ou au sentiment de devoir payer une dette. Il ne s'agit pas de névrose mais, au contraire, de libération, d'accès à la vraie liberté. Un discernement devra parfois avoir lieu entre ce qui relèverait de l'une ou l'autre logique.

Délicate est aussi la question des ressources de ce dynamisme. Qui pourrait ne vivre que de don ? Soyons réalistes : la plupart s'y épuiseraient, le psychisme et le corps ne suivraient pas. La condition humaine ordinaire exige d'assumer la vie naturelle, qui exige aussi de pouvoir se reprendre, se retrouver, de respirer sans s'épuiser. De connaître des moments de repos et de plaisir. On rencontre parfois des personnes qui, ne vivant que de dépense et de dévouement, en viennent à développer des traits de caractère ou des fragilités psychiques qui frôlent le pathologique (parfois même en relèvent). Ils appauvrissent ainsi leur capacité de présence à autrui, absolutisant leur action et les catégories de celle-ci, vivant sous la tyrannie de multiples impératifs et n'ayant à communiquer que leur fébrilité ou leur inquiétude permanente. Exactement comme la vie corporelle, la vie psychique a ses exigences. Nier celles-ci, par une sorte de volontarisme spirituel, reviendrait à se croire désincarné. Or, on le sait, « qui veut faire l'ange… ». L'élan spirituel ne déniera donc pas les attentes du psychisme. Un être sans vie personnelle, sans bonheur de vivre, sans paix intérieure n'aurait pas grand-chose à offrir à autrui. Cela dit, il importe aussi d'affirmer que la vie spirituelle à son tour est source de santé et de paix. Qu'elle permettra, mieux qu'aucune autre ressource, de vaincre et dépasser certaines blessures ou entraves, de relativiser certains « besoins ». Que ceux qui, tels les saints, sont entièrement embrasés par le feu de l'agapè peuvent aller très loin dans l'oubli d'eux-mêmes sans être aliénés. Leur vie n'est plus en eux-mêmes, mais dans le dynamisme de l'amour. Ils sont, dès leur vivant, transformés par le feu qui les brûle. Deux affirmations sont donc à tenir ensemble : d'une part le dynamisme spirituel, n'étant pas du même ordre que l'énergie psychique, ne peut pas purement et simplement se substituer à celle-ci ; mais, d'autre part, il peut la nourrir, la relancer, la guérir et la transformer.

El alma que anda en amor, ni cansa, ni se cansa.
« L'âme qui brûle d'amour ne fatigue ni ne se fatigue[79]. »

Il y a un côté infatigable de l'amour, qui est celui de la grâce elle-même. Lorsque les ressources du corps et du psychisme seraient en voie de s'épuiser, celui qui vit de la foi, de l'espérance et de l'agapè peut recevoir un second souffle, qui n'est pas du même ordre que les premières, qui n'est pas exactement un supplément de force, mais qui permet de vivre autrement la fatigue. *Fatigatus non lassatur*, « fatigué, il ne se lasse pas », dit de l'amour-charité un ouvrage spirituel cité par Jean-Louis Chré-

---

79. Saint JEAN DE LA CROIX, *Les maximes*, nº 144, *Œuvres complètes*, DDB, 1958, p. 989.

tien dans le beau livre qu'il consacre à ce sujet[80]. La charité peut être dite infatigable non en étant étrangère à nos fatigues charnelles, mais en venant les habiter, les transfigurer. Elle les délivre de tout ce qui serait complaisance avec l'ennui, la lassitude ou le désespoir. Elle en change le sens ; l'épuisement y devient réceptivité dans l'humilité, l'effort, offert, y devient offrande. « Nous recevons dans la fatigue même une infatigabilité qui est une fraîcheur nouvelle au sein de l'effort poursuivi. [...] La vraie force s'avance jusqu'à se perdre, sachant que ce n'est qu'en se perdant qu'elle deviendra la vraie force, celle qui est reçue[81]. »

Entre les ressources d'*agapè* et celles de nos affections naturelles, *philia* et *éros* en particulier, il y a donc à la fois discontinuité et convergence. Discontinuité dans la mesure où vivre de l'agapè suppose, et parfois exige la capacité de mourir à une vie ancienne, naturelle, celle que saint Paul attribue au « vieil homme » ou à « l'homme psychique » pour naître à la vie de « l'homme nouveau » ou « spirituel[82] ». Au cœur de tout ce qui est chrétien se tient le mystère pascal, mystère de mort et de résurrection. Convergence dans la mesure où des ressources du désir, de l'affection et de la charité, une très heureuse alliance peut être attendue[83]. Émondés, unifiés, clarifiés par le dyna-

---

80. J.-L. CHRÉTIEN, *De la fatigue*, aux éditions de Minuit, 1996, p. 27. La citation est tirée de *L'imitation de Jésus Christ*, classique de la spiritualité chrétienne, anonyme, XIIIe-XVe siècle (III, 5, 5).

81. *Op. cit.*, p. 76, 78. Plus loin : « Le caractère infatigable de la charité ne relève ni d'une miraculeuse exemption de la fatigue, ni d'une dénégation exaltée de celle-ci. L'infatigable [Dieu] ne se tient pas en surplomb au-dessus de nos fatigues humaines, car sa hauteur ne se mesure qu'à sa plongée dans les abîmes de la fatigue » (p. 160).

82. « Vous vous êtes dépouillés du vieil homme avec ses agissements, et vous avez revêtu le nouveau, celui qui s'achemine vers la vraie connaissance en se renouvelant à l'image de son créateur » (épître aux Colossiens, 3, 10). Pour la distinction entre « homme psychique » et « homme spirituel », voir la première épître aux Corinthiens, 2, 14.

83. Malgré le travail de clarification dont nous lui sommes redevables, on a pu reprocher à Anders Nygren de trop systématiser l'opposition entre *éros* et *agapè*, opposition qui, notons-le au passage, ne se trouve pas dans le Nouveau Testament. Y est impliquée l'opposition entre deux cultures, ce qui complique bien les choses. Malgré la radicalité de la conversion qu'exige le passage de l'une à l'autre, on ne peut pas poser *a priori* que tous les caractères de celle-ci soient incompatibles avec celle-là.

misme de la charité, le désir et le sentiment apporteront à cette dernière une incarnation qui lui donnera tout son prix. Tel est le cas des liens d'alliance et de filiation, qui figurent au rang des expériences humaines où affleure le mieux l'essence de l'amour comme don[84]. En ceux-ci mêmes toutefois il s'avère que les ressources du désir et de l'affection sont insuffisantes. Ce ne sont pas elles qui sauveront le lien lors de l'épreuve du vide et de la sécheresse. La charité sera la basse continue, le courant de fond, la racine première de nos affections. C'est elle qui suscitera, par exemple, certains actes de pardon sans lesquels il n'est nul lien humain qui puisse tenir. Un époux confiait à Jean-Claude Sagne : « J'ai fini par comprendre que, quand j'entends "aimez vos ennemis", je dois d'abord l'appliquer à mon épouse. » Que l'on ne fasse pas de contresens : cela ne signifie pas que cet homme n'aimait pas son épouse, mais qu'il était conscient premièrement des fragilités et des failles de son affection, secondement que celle-ci doit être sous-tendue, soutenue et, en dernier ressort, sauvée par la charité, qui est le seul roc absolument fiable de toute relation. Voici encore un paradoxe, que fondamentalement ce qui me lie au plus intime soit identique à ce qui me lie au plus lointain. La charité ouvre à la fois au singulier et à l'universel.

Si nous revenons aux trois termes synthétiques dégagés au début de ce chapitre, nous pouvons dire que l'union serait la fin

---

84. Cette option sur la compatibilité d'*éros*, *philia* et *agapè* peut sembler proche de celle que Luc FERRY croit discerner (et semble approuver) dans la culture contemporaine. L'assimilation des vertus de l'agapè, rapprochée aussi de la sympathie et de la compassion, sans discontinuité avec l'égoïsme naturel lui-même, serait une illustration de « l'humanisation du divin » qui est la thèse centrale de ce livre. Mais la tâche de discernement des articulations et des différences demeure nécessaire. L'attention à la source d'inspiration ultime également. Le syncrétisme a ses limites… Par ailleurs, on ne peut réduire l'éthique traditionnelle de l'agapè à n'être qu'extrinsèque ou éthérée. Il est pour le moins surprenant de lire que « pendant des siècles, dans notre Europe chrétienne, le seul amour qui fût légitime était réservé à Dieu » ! (*L'homme-Dieu, ou le sens de la vie*, Grasset, p. 150).

propre à l'*éros*, la reconnaissance le trait propre à la *philia* et le don propre à l'*agapè*. Mais il ne s'agit pas de compartimenter ; il n'y a pas, en ce domaine, de division du travail… L'agapè à sa manière tend vers l'un et nous avons parlé de reconnaissance à son propos. Du désir aussi nous avons vu qu'il tendait à la reconnaissance et qu'il est, en sa pointe ultime, désir de donner. Quant à l'amitié, reposant sur la *koinônia*, c'est-à-dire sur la « mise en commun », elle grandit elle aussi par le don. Jusqu'au bout nous nous rappelons donc que l'intuition propre au terme « amour » est à l'intersection des trois termes grecs, sans être totalement réductible à aucun d'entre eux. Toutefois, étant donné les fragilités et ambiguïtés foncières de l'éros, ainsi que les limites des ressources de la seule philia, dans notre pensée *c'est ultimement l'agapè qui commande*. Ce qui revient à dire que le fond de l'amour, c'est-à-dire le cœur de son cœur, son ressort ultime, n'est pas le désir mais la foi, ou, plus précisément, la foi qui est espérance.

CONCLUSION

DES MIRAGES AUX MIRACLES

– Ainsi il était bon qu'il m'aime ?
– Il était bon que tu lui apprennes le désir.
– Le désir d'une illusion ? d'une ombre
qui pour toujours lui échappe ?
– Le désir est de ce qui est, l'illusion est ce qui n'est pas.
Le désir au travers de l'illusion
Est de ce qui est au travers de ce qui n'est pas[1].

Il s'avère que les mirages n'étaient pas qu'illusion. S'ils peuvent apparaître comme le miroir aux alouettes du désir, ils laissent entrevoir une réalité qui pointe à l'horizon : le prix de la rencontre, la beauté de l'autre, le lieu de la vraie vie. C'est dans l'interprétation de l'image, dans le discours qui parfois se substitue à eux que gît la tromperie. Comme beaucoup d'erreurs, celle-ci provient de l'impatience, laquelle porte à s'imaginer que l'on a déjà trouvé ce qui ne fait que s'indiquer, que l'on possède déjà ce qui n'est encore que promesse. Si effectivement le mirage est miroir du désir, il serait infiniment regrettable de confondre ce dernier avec l'illusion. Il y a une science du désir, qui n'est pas celle du savoir objectif, mais qui, à travers la chair,

1. Dialogue de Doña Prouhèze avec son Ange gardien. Paul CLAUDEL, *Le soulier de satin* (1929), Pléiade, Troisième journée, scène VIII, p. 819.

le visage et le regard de l'autre, vise une réalité, une vérité. Ce qui peut se dire du désir pourra se dire avec encore plus de certitude de l'amour. Mais « l'amour est aveugle », entend-on souvent. S'il est vrai que celui qui aime ne voit pas certains traits, telle ou telle de ces limites que l'on nomme « défauts », n'est-il pas plus vrai encore que l'amour est connaissance, que seul il rend voyant, c'est-à-dire capable de voir l'autre comme personne, comme l'Unique, l'irremplaçable ? De recevoir la révélation de sa beauté – non d'une beauté plastique, mais de la beauté qui lui est propre, comme le rayonnement de son âme[2] ? On ne connaît vraiment que ceux que l'on aime. Ici encore, il ne s'agit pas d'un savoir. C'est un mystère qui est rencontré. Mais le mystère n'est pas le lieu où cesse toute compréhension ; il est le commencement d'une nouvelle compréhension. Il n'y aurait pas de mystère s'il n'y avait pas de révélation. Au demeurant, si nous sommes au-delà du savoir, cela ne signifie pas que toute idée de vérité soit abandonnée. Ce qui est appréhendé dans une telle connaissance, cette beauté, cette brillance du mystère ne sont-ils pas plus vrais, c'est-à-dire plus révélateurs, que tout énoncé sur la psychologie, le caractère, les aptitudes intellectuelles ? L'amour conduit plus loin que le savoir, en ce qu'il va au cœur de l'aimé, visant l'intérieur de celui-ci, son être même, sa substance charnelle et spirituelle. Le savoir, opère le mouvement inverse, captant la seule forme de l'objet pour, en quelque sorte, l'introduire dans l'intelligence. Il reste extérieur, alors que l'amour est co-naissance, naissance commune l'un à l'autre, l'un par l'autre.

C'est bien un prodige que je naisse à moi-même au moment où je nais à autrui, que le mouvement qui me porte vers l'autre puisse en même temps être celui qui me conduit vers moi-même. Que la générosité y soit vécue comme spontanée puisque, si c'est par amour que j'agis, j'éprouve plaisir et joie à donner. Qu'est devenu alors l'égocentrisme naturel du vivant ? Un tel

2. Sur les cinq degrés de beauté, je renvoie ici au premier chapitre de mon ouvrage *Le corps et l'esprit*, Vie chrétienne, 1995.

décentrement n'est-il pas un miracle? « Il n'y a pas de miracles », objectera-t-on, au nom de l'un des dogmes les plus souvent répétés aujourd'hui, en vertu d'un décret sans appel de la conscience qui se croit critique. Osons affirmer pourtant que l'amour opère des miracles. Peut-être même est-il possible de dire que seul il opère des miracles. Cela pourrait s'argumenter théologiquement : la gratuité de la grâce n'est-elle pas celle de l'agapè ? Mais cela peut se dire aussi d'un point de vue philosophique. Pour Jankélévitch, cela relève du miracle que de pouvoir « être avec un autre, être à la place de l'autre, être cet autre[3] ». Exception aux règles les plus élémentaires de l'individuation, au cours ordinaire de l'existence « pour soi ». La racine du terme est la même que celle de « mirage » : *mirari*, s'étonner. Mais dans le cas présent, il s'agit d'accueillir l'inattendu, d'être capable d'ad*mirer* (même racine encore) ce qui advient, plutôt que d'une fascination par le merveilleux ou d'une poursuite de celui-ci pour lui-même. Les miracles de l'amour ne sont pas magie, mais événements, avènements. Irruption de la bonté et de la douceur dans un monde régi par la force, de la joie sur un visage marqué par la tristesse, d'une volonté neuve dans une vie qui semblait vouée à la fatalité. L'attention portée au mystère de l'amour rendra réceptif à tous les miracles, petits ou grands, qui ponctuent nos histoires, et réciproquement.

« *Une existence privée de miracle est vouée à la monotonie des eaux stagnantes. Elle a, pour éveil, les voltiges de l'agrion*[4]. »

Cette victoire sur l'opposition entre le « pour soi » et le « pour autrui » peut aussi simplement signifier que celui qui entre dans le mouvement de l'amour accède à une vie plus centrale, qui est celle de son authentique subjectivité, au-delà de la clôture du moi. Lévinas nous enseigne que le précepte biblique « *Aime ton prochain comme toi-même*[5] » peut se lire, si l'on interprète la

3. *Les vertus et l'amour*, II, 2, *op. cit.*, p. 208.
4. E. JABÈS, *Le livre des questions* (1967), Gallimard, coll. L'imaginaire, p. 82.
5. Lévitique 19, 18.

graphie hébraïque d'une manière imperceptiblement différente : «*Aime ton prochain, c'est toi-même*», autrement dit : «C'est l'amour du prochain qui est toi-même[6].» Dans le dépassement de ton moi, dans le passage à l'autre tu trouves ta véritable ipséité, c'est-à-dire ta subjectivité authentique (ce qui suppose, rappelons-le, que ce ne soit pas cette dernière qui soit visée, mais bien la vie de l'autre, sinon nous retomberions dans l'égocentrisme). Tout se passe comme si notre vie véritable n'était pas en nous-mêmes seulement, mais dans le mouvement par lequel celle-ci se dépossède de soi pour se donner à l'autre. Il ne s'agit pas, soulignons-le bien, de s'aliéner. L'amour n'est pas aliénation dans la mesure où, comme nous l'avons vu, il est un acte libre et vit de la réciprocité du don et de l'accueil. Je me donne à un autre que j'accueille et qui m'accueille ; cela change tout. Il est vrai aussi que l'amour réciproque n'est pas la seule forme d'amour : l'amour du prochain n'attend pas de retour. Mais il se distingue de l'amour malheureux en ce que sa manière de donner consiste précisément à accueillir l'autre tel qu'il est, sans demander ou attendre de lui d'affection privilégiée. Il se distingue aussi de l'aliénation en l'autre dans la mesure où il provient d'un surcroît de vie, du débordement d'un cœur qui a reçu non seulement la puissance d'aimer, mais la certitude d'être aimé.

De même que la vie ne peut venir que de la vie, de même l'amour ne peut-il venir que de l'amour. L'amour donné provient de l'amour reçu. Ordinairement, cela passe par la médiation des affections humaines, tout particulièrement, lors de l'enfance, par l'expérience de l'amour maternel et paternel. Cette dernière a quelque chose d'irremplaçable ; mais si elle fait défaut, il y a encore place pour les miracles. La certitude d'être fondamentalement aimé, c'est-à-dire porté dans l'être par l'acte d'une liberté souveraine qui accorde un prix sans équivalent à notre existence, peut jaillir de profondeurs insoupçonnées. Deux mouvements de l'amour sont donc les lieux de la vraie vie, de

6. E. LÉVINAS, *De Dieu qui vient à l'idée*, Vrin, 1982, p. 145.

l'avènement à soi par-delà les vaines tentatives d'affirmation du moi : celui qui me porte vers l'autre et celui qui me vient de celui-ci. Aimer et se savoir aimé. Le sujet qui ne se sait pas fondamentalement aimé, qui s'éprouve comme « jeté dans l'être » doutera non seulement de la valeur de son existence, mais de son être même, de la réalité même de sa vie. C'est souvent pour compenser un profond doute sur soi, issu de cette absence du sentiment d'être aimé, que certains se jettent à corps perdu dans une recherche de l'amour que nous avons jugée désespérée. *L'amour est créateur*, et cela peut se comprendre en deux sens, actif et passif : d'une part aimer quelqu'un, c'est reconnaître son prix, l'aider à naître et à grandir ; d'autre part, croire que je suis créé, c'est croire que je suis aimé, c'est-à-dire que je ne suis pas le résultat de forces aveugles, mais le terme de l'acte d'une liberté souveraine qui m'accorde à la fois du prix, la vie et l'être, non par nécessité, mais par générosité. La certitude de cela donne une assurance et une joie fondamentales sans équivalent[7]. Être sujet : un rapport à soi qui est aussi, qui est d'abord, un rapport à l'Autre. Dans cette perspective, la vie subjective ne provient pas d'un « moins », mais d'un « plus ». Non d'un en-deçà de la vie (matière, processus physico-chimiques…), mais d'une plus haute vie, cette dernière pouvant être appelée amour si l'on désigne ainsi la vie lorsqu'elle est créatrice[8].

Si c'est une place tout à fait centrale que nous reconnaissons finalement à l'amour, le lecteur aura toutefois remarqué que le

7. « Au lieu de vivre avec en arrière-fond de sa conscience existentielle le sentiment plus ou moins explicite d'être de trop sur la terre, on vit avec le sentiment de devoir l'existence à un amour infini, et cela change radicalement la perception que l'on a de soi-même ainsi que sa relation avec le monde. La conscience redevient ce qu'elle était à l'origine, cette "conscience d'amour" dans laquelle le sentiment d'exister et celui de se sentir aimé coïncident totalement » (Jacques PHILIPPE, « Christianisme et évolution », revue *Feu et lumière*, n° 148, février 1997, p. 40).

8. « Le Soi singulier que je suis n'advient à soi que dans la venue en soi de la Vie absolue et la porte en lui comme sa présupposition jamais abolie, comme sa condition. Ainsi la Vie traverse-t-elle chacun de ceux qu'elle engendre de telle façon qu'il n'y a rien en lui qui ne soit vivant, rien non plus qui ne contienne en soi cette essence éternelle de la Vie » (Michel HENRY, *C'est moi la vérité*, Seuil, 1996, p. 133).

mot ne se suffit pas à lui-même. Il n'a pris sens dans les lignes qui précèdent que par l'éclairage d'autres termes : connaissance, naissance, révélation, beauté, don, dépossession, accueil, passage, création... En effet, et ce sera un autre versant de nos conclusions, *il ne suffit pas de parler d'amour*. Lorsque ce terme devient trop englobant, il se dévalue. Lorsque l'on en use comme d'une clé qui ouvre toutes les portes, il devient « passe-partout », stéréotype, lieu commun. Si on le définit par lui-même, il devient tautologique. Il ne garde sens que s'il demeure question : qu'est-ce qu'aimer, aimer véritablement ? La réponse renvoie alors à d'autres attitudes fondamentales : patience, attention, réjouissance, celles que nous venons de collecter, celles qui ont été retenues dans le dernier chapitre et la liste reste ouverte. Car l'amour ne fait pas système, il ne se laisse pas enserrer dans les mailles d'un réseau conceptuel, non plus que dans les mythologies sommaires évoquées. Par ailleurs, pas plus que sa notion ne se suffit à elle-même, l'amour ne peut à lui seul résumer toutes les valeurs de l'existence. Si c'est dans l'ordre de la subjectivité et de l'intersubjectivité que sa position est la plus centrale, même là d'autres attitudes ou vertus sont requises : équité, courage, loyauté, mémoire, créativité... L'existence, en outre, ne se définit pas que par son versant subjectif : elle est aussi historique, sociale, collective. Le familial lui-même a une dimension politique. D'autres enjeux sont donc à considérer, d'autres défis, difficultés. Vouloir vivre ensemble n'implique pas l'amour seulement, mais aussi, et même d'abord, le sens de la justice, de la définition des droits et des devoirs, de la négociation des conflits, de la discussion, etc. Enjeux et vertus politiques, civiques, communautaires, où la reconnaissance des sujets passe par des médiations très objectives. En résumé, le terme « amour » ne prend sens qu'en relation et en dialogue, et cela selon trois aspects : 1) *en lui-même*, par les termes avec lesquels il joue dans la compréhension même de sa notion ; 2) *en vis-à-vis*, avec les valeurs impliquées par d'autres dimensions de l'existence ;

3) *en sa réalisation*, par les étayages concrets sur lesquels il doit prendre appui.

Un des principaux facteurs de dévaluation du sens de l'amour est finalement le refus de reconnaître son caractère d'inachèvement, c'est-à-dire d'une part les limites de ses réalisations empiriques, d'autre part l'exigence de dépassement dont il est porteur. « Magique » est l'attitude qui consiste à nier les médiations, la croyance en l'immédiateté de mon pouvoir sur le monde. En relève une conception de l'amour selon laquelle celui-ci, tout-puissant, serait au-delà de tout vouloir moral, dispensant de tout effort, ne coûtant rien. Or multiples sont, nous l'avons vu, les raisons pour lesquelles l'amour exige et appelle constance, renoncements, patience. Toujours inachevé, toujours à reprendre et à refonder, rien n'y est jamais acquis. Selon la belle formule de Maurice Blanchot, les amants sont « *ensemble, mais pas encore*[9] ». Toujours en chemin, jamais parvenu à terme, l'amour est une aventure, un exode, une traversée. « *Loin d'être délicat et beau comme on se l'imagine généralement, il est dur, sec, sans souliers, sans domicile ; sans avoir jamais d'autre lit que la terre, sans couverture, il dort en plein air, près des portes et dans les rues*[10]. » Ces paroles de Socrate invitent à dépasser la confusion entre « amour » et « bonheur » ou, plus exactement, entre la visée de l'amour et celle d'images du bonheur, toujours insuffisantes, le plus souvent statiques et égocentrées. Bien plus qu'avec le bonheur, c'est avec la *joie* que l'amour est en parenté. Celle-ci est beaucoup plus intérieure, plus dynamique et, surtout, plus compatible avec la souffrance que celui-là. Elle est signe, signe d'une croissance de la vie, de la rencontre d'une réalité aussi riche que notre désir, encore plus riche que lui. Elle n'est pas visée pour elle-même ; elle se reçoit

9. Cité par E. LÉVINAS, *Sur Maurice Blanchot*, Fata Morgana, Montpellier, 1975, p. 38.

10. PLATON, *Le Banquet*, 203d trad. E. Chambry, Garnier-Flammarion, p. 64. À rapprocher de : « Les renards ont des tanières et les oiseaux du ciel ont des nids ; le Fils de l'homme, lui, n'a pas où reposer la tête » (Matthieu 8, 20).

comme un cadeau, par surcroît, dans la certitude que le chemin suivi est le bon, celui à la fois de l'accomplissement de notre être et de la rencontre de l'altérité.

Si la joie n'est pas visée pour elle-même, dira-t-on que c'est le cas de l'amour ? On pourrait le penser, dans la mesure où celui-ci a été reconnu comme lieu d'avènement de la vérité de l'existence. « La vie est un peu de temps offert à des libertés pour apprendre à aimer », ai-je entendu un jour lors d'un office du Carmel[11]. Mais cela ne signifie pas que l'amour soit une fin en soi. Aimer pour aimer, nous voyons l'ambiguïté : si c'est l'éprouvé ou l'agir qui est le but, alors le terme de la relation, c'est-à-dire autrui, devient un moyen. Il est occasion de connaître l'amour, mais il n'est pas aimé pour lui-même, en lui-même, vers lui-même. Dans l'amour authentique, c'est *la vie de l'autre*, sa croissance, ce qui est bon pour lui qui sont visés, désirés, voulus. Sans retour du sentiment ou du vouloir sur lui-même. Cela dit, rien n'oblige à opposer systématiquement le mouvement vers l'autre et le mouvement vers soi. Que je sente ou sache que, dans le mouvement qui me porte vers l'autre, je trouve la vraie vie n'ôte rien à l'authenticité du décentrement. Aimer ce mouvement ne diminue pas la générosité, l'augmente plutôt. Opposer systématiquement l'amour d'autrui et l'amour de soi ne se justifie pas, traduisant un *a priori* de type janséniste qui disqualifierait tout amour de soi. L'un et l'autre, on l'a vu, peuvent aller, vont fondamentalement dans le même sens – même si c'est au prix d'une mort aux attachements de l'ego. Cette vie qui se trouve en se perdant, cette inspiration par le mouvement joyeux vers la croissance de l'autre, appelons-la *sainteté*, c'est-à-dire inhabitation en soi de la Vie absolue qui n'est que don, et don créateur. En ce terme nous trouvons une seconde formulation de ce qui peut être dit fin de l'amour ou de l'existence. Donner et recevoir, se donner et se recevoir ne s'y opposent plus, une telle existence étant habitée par le sentiment

11. Carmel de Mazille, juillet 1994.

spontané que, selon le bel adage : « Ce qui n'est pas donné est perdu. » Si l'on considère de telles existences, ardentes d'un feu qui les dévore sans les détruire, on découvre que, mieux que leur « épanouissement », plus que le vécu de l'amour lui-même, ce qu'elles visent et désirent de toutes les fibres de leur être, c'est « donner le meilleur d'elles-mêmes », autrement dit porter du fruit. *Fécondité* sera alors le troisième terme par lequel nous désignerons ces fins de l'amour qui, sans lui être extérieures, vont plus loin que lui. Non que l'amour n'y soit réduit au rang de moyen ; il est bien reconnu comme le lieu de la vraie vie, mais il l'est au sein d'un dynamisme, celui du don, qui consiste précisément à se communiquer, se redoubler, se multiplier, au-delà du ou des sujet(s). Non comme une expansion de leur « moi » ou de leur vitalité, mais comme expérience que le centre de gravité de l'amour est en dehors de lui, le mouvement du don s'effaçant devant la joie que l'autre existe. Dès lors, le sens de ce que je vis ne vient pas de moi seulement, mais aussi, et même d'abord, de l'autre. L'accueil de celui-ci (et, *a fortiori*, du Tout Autre) ne fait qu'un avec l'accueil de l'à-venir, c'est-à-dire de ce qui vient à moi non à partir de mes intentions ou de mes projets, mais à partir de l'inconnu. Les fruits eux-mêmes de mon action ou de mon amour me sont, en dernier ressort, inconnus. Derrière les mirages, un radical non-savoir. Oui, « en ce chemin, entrer en chemin, c'est laisser son chemin [12] ».

---

12. JEAN DE LA CROIX, *La montée du Carmel*, II, 4, Bibliothèque européenne, DDB, 1967, p. 131.

BIBLIOGRAPHIE SÉLECTIVE

Ouvrages de lecture aisée

Hubert AUPETIT, Catherine TOBIN, *L'amour déboussolé*, François Bourin, 1993.
Jacques de BOURBON-BUSSET, *Lettre à Laurence*, Gallimard, 1987.
André COMTE-SPONVILLE, *Petit traité des grandes vertus*, PUF, 1995.
Alain FINKIELKRAUT, *La sagesse de l'amour*, Gallimard, 1984.
Xavier LACROIX, *Le mariage, tout simplement*, L'Atelier, 1994.
Xavier LACROIX, *Le corps et l'esprit*, Vie chrétienne, 1995.
France QUÉRÉ, *L'amour, le couple*, Centurion, 1992.
Denis SONET, *Découvrons l'amour*, Droguet-Ardant, 1990.
Xavier THÉVENOT, *Avance en eau profonde*, DDB-Cerf, 1997.
Gustave THIBON, *Ce que Dieu a uni*, Lardanchet, 1946.
Jean VANIER, *Homme et femme, il les fit*, Fleurus-Bellarmin, 1984.

Ouvrages d'étude

Tony ANATRELLA, *L'amour et le préservatif*, Flammarion, 1995.
ARISTOTE, *Éthique à Nicomaque*, livre VIII.
Éric FUCHS, *Le désir et la tendresse*, Labor et Fides, 1982.
Luce IRIGARAY, *J'aime à toi*, Grasset, 1992.
Vladimir JANKÉLÉVITCH, *Les vertus et l'amour* II (1970), Flammarion, 1986.
Soeren KIERKEGAARD, *Les œuvres de l'amour* (1847), *Œuvres complètes*, t. XIV, Éditions de l'Orante, 1980.
Xavier LACROIX, *Le corps de chair. Sur les dimensions éthique, esthétique et spirituelle de l'amour*, Cerf, 1992.
Xavier LACROIX (dir.), *L'amour du semblable. Questions sur l'homosexualité*, Cerf, 1995.
Gabriel MADINIER, *Conscience et amour*, PUF, 1962.
Virgilio MELCHIORRE, *Metacritica dell'eros*, Vita e Pensiero, Milano, 1977.
Paul MOREAU (dir.) *La famille, des sciences à l'éthique*, Centurion, 1995.
Jean-Claude SAGNE, *L'homme et la femme dans le champ de la parole*, DDB, 1995.
Hans URS VON BALTHASAR, *L'amour seul est digne de foi*, trad. fr., Aubier-Montaigne, 1966.
Denis VASSE, *Le temps du désir*, Seuil, 1969.

TABLE DES MATIÈRES

Cet ouvrage a été reproduit
et achevé d'imprimer en décembre 1997
dans les ateliers
de Normandie Roto Impression s.a.
61250 Lonrai

N° d'éditeur : 3221
N° d'imprimeur : 972873
Dépôt légal : octobre 1997

Imprimé en France